国家社会科学基金一般项目"微型金融领域中央与地方监管权的划分问题研究"（编号：15BFX1208）结题成果

中央与地方
金融监管权的划分问题研究

ZHONGYANG YU DIFANG
JINRONG JIANGUANQUAN DE HUAFEN WENTI YANJIU

孟 飞◎著

中国政法大学出版社

2024·北京

图书在版编目（ＣＩＰ）数据

中央与地方金融监管权的划分问题研究 / 孟飞著. -- 北京 ：中国政法大学出版社，2024. 8. -- ISBN 978-7-5764-1742-5

Ⅰ. F832.1

中国国家版本馆 CIP 数据核字第 2024HX4240 号

出 版 者	中国政法大学出版社
地　　址	北京市海淀区西土城路 25 号
邮寄地址	北京 100088 信箱 8034 分箱　邮编 100088
网　　址	http://www.cuplpress.com (网络实名：中国政法大学出版社)
电　　话	010-58908285(总编室) 58908433（编辑部）58908334(邮购部)
承　　印	北京鑫海金澳胶印有限公司
开　　本	720mm×960mm　1/16
印　　张	18.75
字　　数	280 千字
版　　次	2024 年 8 月第 1 版
印　　次	2024 年 8 月第 1 次印刷
定　　价	86.00 元

上海政法学院学术著作编审委员会

总 序 / FOREWORD

四秩芳华，似锦繁花。幸蒙改革开放的春风，上海政法学院与时代同进步，与法治同发展。如今，这所佘山北麓的高等政法学府正以稳健铿锵的步伐在新时代新征程上砥砺奋进。建校40年来，学校始终坚持"立足政法、服务上海、面向全国、放眼世界"的办学理念，秉承"刻苦求实、开拓创新"的校训精神，走"以需育特、以特促强"的创新发展之路，努力培养德法兼修、全面发展，具有宽厚基础、实践能力、创新思维和全球视野的高素质复合型应用型人才。四十载初心如磐，奋楫笃行，上海政法学院在中国特色社会主义法治建设的征程中书写了浓墨重彩的一笔。

上政之四十载，是蓬勃发展之四十载。全体上政人同心同德，上下协力，实现了办学规模、办学层次和办学水平的飞跃。步入新时代，实现新突破，上政始终以敢于争先的勇气奋力向前，学校不仅是全国为数不多获批教育部、司法部法律硕士（涉外律师）培养项目和法律硕士（国际仲裁）培养项目的高校之一；法学学科亦在"2022软科中国最好学科排名"中跻身全国前列（前9%）；监狱学、社区矫正专业更是在"2023软科中国大学专业排名"中获评A+，位居全国第一。

上政之四十载，是立德树人之四十载。四十年春风化雨、桃李芬芳。莘莘学子在上政校园勤学苦读，修身博识，尽显青春风采。走出上政校门，他们用出色的表现展示上政形象，和千千万万普通劳动者一起，绘就了社会主义现代化国家建设新征程上的绚丽风景。须臾之间，日积月累，学校的办学成效赢得了上政学子的认同。根据2023软科中国大学生满意度调查结果，在本科生关注前20的项目上，上政9次上榜，位居全国同类高校首位。

上政之四十载，是胸怀家国之四十载。学校始终坚持以服务国家和社会需要为己任，锐意进取，勇担使命。我们不会忘记，2013 年 9 月 13 日，习近平主席在上海合作组织比什凯克峰会上宣布，"中方将在上海政法学院设立中国-上海合作组织国际司法交流合作培训基地，愿意利用这一平台为其他成员国培训司法人才。"十余年间，学校依托中国-上合基地，推动上合组织国家司法、执法和人文交流，为服务国家安全和外交战略、维护地区和平稳定作出上政贡献，为推进国家治理体系和治理能力现代化提供上政智慧。

历经四十载开拓奋进，学校学科门类从单一性向多元化发展，形成了以法学为主干，多学科协调发展之学科体系，学科布局日益完善，学科交叉日趋合理。历史坚定信仰，岁月见证初心。建校四十周年系列丛书的出版，不仅是上政教师展现其学术风采、阐述其学术思想的集体亮相，更是彰显上政四十年发展历程的学术标识。

著名教育家梅贻琦先生曾言，"所谓大学者，有大师之谓也，非谓有大楼之谓也。"在过去的四十年里，一代代上政人勤学不辍、笃行不息，传递教书育人、著书立说的接力棒。讲台上，他们是传道授业解惑的师者；书桌前，他们是理论研究创新的学者。《礼记·大学》曰："古之欲明明德于天下者，先治其国"。本系列丛书充分体现了上政学人想国家之所想的高度责任心与使命感，体现了上政学人把自己植根于国家、把事业做到人民心中、把论文写在祖国大地上的学术品格。激扬文字间，不同的观点和理论如繁星、似皓月，各自独立，又相互辉映，形成了一幅波澜壮阔的学术画卷。

吾辈之源，无悠长之水；校园之草，亦仅绿数十载。然四十载青葱岁月光阴荏苒。其间，上政人品尝过成功的甘甜，也品味过挫折的苦涩。展望未来，如何把握历史机遇，实现新的跨越，将上海政法学院建成具有鲜明政法特色的一流应用型大学，为国家的法治建设和繁荣富强作出新的贡献，是所有上政人努力的目标和方向。

四十年，上政人竖起了一方里程碑。未来的事业，依然任重道远。今天，借建校四十周年之际，将著书立说作为上政一个阶段之学术结晶，是为了激励上政学人在学术追求上续写新的篇章，亦是为了激励全体上政人为学校的发展事业共创新的辉煌。

党委书记　葛卫华教授

校　　长　刘晓红教授

2024 年 1 月 16 日

目 录 / CONTENTS

引　言

一、研究背景与问题的提出

中央与地方金融监管权限划分是现代国家的基础性问题，在联邦制和单一制国家均是如此。在 2023 年全球 GDP 排名前 10 名的经济大国中，美国、德国、加拿大作为联邦制国家在联邦与州（省）发生金融监管权限的划分，而我国作为单一制国家也存在着中央与地方金融监管权限划分。然而，中央与地方金融监管权限划分受到一国政治经济社会结构的影响。

自 1949 年新中国成立以来，中央与地方金融监管权限划分随着经济体制改革的不同阶段而呈现出不同的样态，金融监管权限的具体含义与划分方式也存在着差异。现阶段中央与地方金融监管权限划分的特征事实发端于 2007 年之后开启的民间资本进入金融业的改革进程，同时伴随着防范化解金融风险的管理体制改革。具体而言，中央与地方金融权限划分发生的背景集中体现在以下三个方面：

其一，金融产品和服务日益成为居民消费和生产性活动的一部分，金融体系出现了以小额、分散、个性为特征的市场需求，传统金融体系及监管体制进行了适应性调整。根据中国社会科学院的统计，家庭部门持有的金融资产，包括现金、存款、债券、贷款、证券投资基金份额、股票及股权、保险准备金等，在金融自由化进程中出现了快速增长的趋势。金融资产规模从 2000 年 13.78 万亿元增至 2019 年 325.03 万亿元，在家庭总资产的占比从 43.1%

提高至 56.5%。[1] 然而，金融促进收入分配公平、缩小贫富差距的社会功能并没有得到充分的体现。传统意义上的金融机构和金融市场主要面向大型企业和高净值客户，对于市场脆弱性比较大、缺乏担保品的经济弱势群体而言，其获得金融服务的可得性较低，而且成本较高。这意味着，金融市场需求的新变化引致金融机构和市场作出适应性调整。因此，金融体系结构发生了变化，一些主要服务于小微企业、农户、居民的非正规或者正规的新型金融组织和业态应运而生。然而，传统中央集权式金融监管体制难以适应这些微型金融服务需求的结构性变化，而地方政府又存在着强烈的金融监管权诉求，旨在通过获得金融牌照的审批权，获取更多的金融资源。在中央与地方政府之间的多轮博弈中，地方政府逐步按照"谁审批、谁监管、谁负责"的政策原则获得监管权。遗憾的是，中央政策主导下的金融监管权限划分引发了地方政府金融监管权的合法性质疑问题，地方政府面临着执法依据不足、执法手段缺乏、执法力量薄弱等问题，引发了中央与地方金融立法权限的划分问题。

其二，民间资本进入金融业政策导致大量的以服务本地居民、企业的微型金融机构的涌现，中央与地方金融监管权限划分逐步成为中央政策和国家立法上的一个议题。为推进金融体系双向改革开放，中央金融管理部门于 2007 年初开始，允许地方政府批准设立小额贷款公司、融资担保公司、融资租赁公司、区域性股权交易市场等，但前提是省级政府必须承担市场准入、日常监督、市场退出以及风险处置责任。在省级政府获得金融审批权之后，这些特定的微型金融机构在数量上获得了快速的发展。民间资本管理公司、农民资金合作社也以星火之势出现在县域范围，并获得了浙江、江苏等省级政府政策的认可。但是，这些微型金融组织的业务在本质上仍是一种金融活动，居民、农户、小微企业在满足金融服务需求的同时仍面临着金融风险。然而在实践中，"先发展、后规范""边发展、边规范"的监管模式并未达到民间资本进入金融业的普惠性政策目标，反而引起了风险性事件的频发。因此，如何在中央与地方之间划分金融监管权限成为一个亟待解决的议题。

其三，金融科技加剧了中央与地方金融监管权限划分的难度。小额贷款公司、融资担保公司、民间资本管理公司等微型金融机构在发展初期主要借

---

[1] 李扬、张晓晶：《中国国家资产负债表 2020》，中国社会科学出版社 2020 年版，第 207 页、第 188 页。

助于地缘、业缘、亲缘等社会关系网络从事关系型或者准关系型金融交易，利用人际关系体现的信用信息进行风险识别和管理。但随着互联网技术、移动技术的普遍使用，小额贷款公司等微型金融机构也开始利用金融科技提供数字金融服务，甚至出现了专业的网络小额贷款公司。微型金融机构利用科技手段在为居民、农户、小微企业提供更为便利化金融服务的同时，也轻易地突破了经营地域范围的监管限制，提供跨区域金融服务。中央与地方在金融监管权限划分上出现了很大的分歧，在促发展、准入管理上都很积极，但对于繁琐的日常经营监管，则都避而远之。金融科技的运用不仅加剧了中央与地方金融监管权限划分法治化的难度，对以公共产品受益范围为基础的划分标准提出了挑战，而且金融科技运用中还夹杂着花样繁多、变化多端的非法集资活动，导致金融风险事件具有很高的技术化、组织化特征。因此，中央与地方金融监管机构在运用监管科技时，在权限界限清晰的基础上还需加强监管合作与协调。

综合而言，从小额贷款公司、民间资本管理公司、区域性股权市场、网贷 P2P 风波事件的 10 余年来的演变历程来看，中央与地方金融关系经历了七个阶段：中央授权→地方扶持→金融业态膨胀式发展→金融风波爆发→中央指导地方进行整顿→中央政策明确权限→地方寻求立法。这种以政策为主导的制度模式最终转向为以法治化、市场化为基本特征的中央和地方金融权限划分模式。

中央与地方金融监管权限划分是一个动态过程，金融监管事项的范围和划分依据随着金融体制改革的不断深化而逐步清晰。2017 年全国金融工作会议正式确定了地方政府金融监管权限的范围：负责对小额贷款公司、融资担保公司、区域性股权市场、典当行、融资租赁公司、商业保理公司、地方资产管理公司等金融机构实施监管，强化对投资公司、农民专业合作社、社会众筹机构、地方各类交易所等的监管，以及打击非法金融机构和非法金融行为。与此同时，金融立法不断加强，国务院于 2017 年颁布了《融资担保公司监督管理条例》。另外，《防范和处置非法集资条例》已经于 2021 年 5 月 1 日起施行。2020 年 5 月 11 日《中共中央、国务院关于新时代加快完善社会主义市场经济体制的意见》提出"依法依规界定中央和地方金融监管权责分工，强化地方政府属地金融监管职责和风险处置责任"。这表明，中央与地方金融监管权限划分的法治化进程加快。

在行政法规层面，中国人民银行已于 2021 年 12 月发布《地方金融监督管理条例（草案征求意见稿）》，向社会公开征求意见。《国务院 2023 年度立法工作计划》亦将《地方金融监督管理条例》确定为拟审议的行政法规项目。全国人大常委会法工委也着手研究地方金融立法问题。[1]

在地方性法规层面，山东、河北、天津、四川、上海、浙江、北京、江苏、福建、内蒙古、广西、江西、贵州、安徽、湖北、吉林、湖南、陕西等省级人大常委会颁布了地方金融条例或地方金融监督管理条例，而《厦门经济特区地方金融条例》亦于 2021 年 1 月 1 日起实施。另外，广东、重庆、海南等地方金融立法亦在稳步推进过程中。从公布时间来看，地方性法规在经过 2016 年和 2017 年的探索实践之后，在 2020 年至 2022 年进入了快速密集的立法阶段（见图 0-1）。

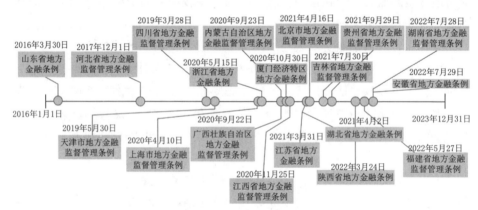

图 0-1 地方性法规的立法进程（2016-2023 年）

二、问题的提出

中央与地方金融监管权的划分问题实质是，在发展普惠金融时，通过寻求最优的分权结构提高微型金融机构监管效率。但是，中央和地方政府在解决这一问题的利益诉求和方式上存在很大的差异：中央政府试图通过"谁审批机构、谁处置风险"的属地管理原则下放监管权，但是地方政府把获取审

---

〔1〕 四川省人大经济委员会等编著：《四川省地方金融监督管理条例释义》，法律出版社 2020 年版，第 17 页。

批权作为发展本地金融产业的一种手段。而在地方政府体制内，省级政府在保留审批权的同时，将日常监督和风险处置责任逐级发包至县级政府。由于缺乏有效的法律机制，政府采取的这种行政逐级发包制做法不仅没有有效地解决问题，反而制造出新的问题。

中央与地方金融监管权限划分的困境在于，以政策主导为主的传统划分模式与不完备的法制划分模式并存，导致地方性法规的创制空间有限、地方金融监管机构的执法依据不足，金融监管权限划分目标无法有效实现。具体体现为：

其一，以政策为主导的传统监管权限划分模式体现了从中央到地方的逐级发包制特征。中央和省市县政府均享有特定的监管权限，中央试图在科层制内部引入市场机制，为地方提供经济激励，把行政权分配、经济激励、内部考核与控制结合在一起，体现了相互支持关系，但同时产生了内在不稳定性，导致市级和县级政府的监管定位较为模糊、地方金融监管效率的不平衡，以及金融消费者保护受到忽视等问题。

其二，地方金融监管法制的不完整。监管权限划分依据的法制化，应当是通过国家立法对中央与地方金融监管立法权和执法权的边界作出明确的规定。从理想法治图景来看，中央与地方金融监管权限划分依据应当依次体现为：宪法→立法法组织法→金融法律→行政法规→地方性法规。然而现实法制却是，宪法和立法法组织法缺乏对金融事权的明确规定，金融法律中仅有《中华人民共和国证券法》（后文简称《证券法》）授权国务院制定区域性股权市场管理办法的规定，行政法规中仅颁布实施《融资担保公司监督管理条例》。在地方缺乏国家法律依据，而现实问题又亟须地方来解决的困境下，地方性法规的制定成为现实选择，但在《中华人民共和国立法法》（后文简称《立法法》）所规定的金融基本制度缺乏法律解释的条件下，省级人大常委会制定地方金融监督管理条例的创制空间是有限的。

总体而言，现阶段中央与地方金融事权划分体现了从政策主导转向法制化的特征事实。因此，改善现阶段的划分状态必须明确，中央与地方金融监管权限划分的本质是什么？中央与地方如何优化金融监管权限划分标准？中央与地方如何正当的行使各自的权限与处理彼此间的关系。

三、研究的意义

从学术价值来看，项目研究丰富和拓展了中央与地方金融事权划分理论。行政分权划分模式根源于理论研究的不足，一方面，金融监管权理论主要集中在横向整合上，以适应金融混业发展的需求，另一方面，传统中央与地方事权划分理论不能较好适用于微型金融机构监管事务。本书在检讨传统事权划分理论的基础上，结合微型金融机构对监管权诉求因素研究中央与地方监管分权这一现实性问题，不仅深化了中央与地方事权划分理论，而且拓展了金融监管权理论。

从应用价值来看，项目研究推动了金融监管权限划分法治化的发展。解决现行体制内监管分权的做法所产生的流弊，必须转向法治化分权。本书根据《立法法》所规定的金融立法事项专属中央的规定，拟通过国家立法，从立法者的角度中立地确定中央和地方政府之间权责边界，同时通过省级人大立法确立省级相应监管机构的独立性和专业性，从本源上系统性解决划分问题。

四、文献综述

自 2007 年我国试点推行小额贷款公司、融资担保公司、区域性股权市场以来，中央与地方金融监管权限划分逐渐受到理论界的关注。尤其是 2017 年第五次全国金融工作会议正式确定了地方金融监管权限范围之后，金融监管权的纵向配置、地方金融监管权的性质、地方金融监管立法成为理论界关注的焦点。金融监管权限划分作为中央与地方事权划分的组成部分，理论界自《立法法》颁布后对地方政府事权亦展开了深入的研究，这为金融事权划分提供了理论基础。与此同时，经济学者亦对金融分权的制度特征、经济逻辑，以及与财政分权的关系进行了深入的研究，这也为法学者提供了新的研究视角和理论参照。

（一）权限划分的起因

理论界普遍注意到中央与地方在金融监管权限划分上存在着权责不对等、监管边界不清晰等问题，[1]主要体现为，地方政府存在强烈地争夺金融资源

---

[1] 参见杨松：《新金融监管体制下央地监管权关系再审思》，载《法学评论》2022 年第 6 期。

的动机，但在传统金融监管体制下不享有金融机构和市场的审批权，因而以金融管理权的名义向中央表达诉求。[1]而中央向地方政府授权后，由于缺乏详细的授权规则，地方政府几乎没有受到来自中央的监督。与此同时，中央金融管理部门之间权责边界的不清晰也加剧了中央与地方权限划分的失序，因而造成在市场准入、日常监督、市场退出和风险处置环节的失序。具体表现为，对于不同的中央金融管理部门，在促发展、准入管理上都很积极，出事后的处置则能推则推，日常行为监管避而远之。对于地方政府而言，试图倒推给中央，更多情形是层层往下推。重大性群体事件出来后才会重视，表现为事后、被动的运动式整顿，周而复始，教训深刻。[2]

中央与地方权限不对等的表现之一是，地方政府承担着城市商业银行、农村信用合作社以及商业银行、非上市公众公司强制退市等风险处置责任，而这些金融机构和金融行为的准入、日常监督等本属于中央金融管理部门负责，这也促使地方政府主动通过产权和人事权干预地方性商业银行。[3]这表明，地方政府行使的金融监管权与金融国有资产权、金融稳定权、金融资源配置和调拨权等是紧密结合在一起的。[4]在这种情形下，中央和地方都存在着金融分权的动因，对于地方政府而言，对金融资源的占有和支配是地方经济发展的内在需求，而中央分权的潜在动因主要来源于地方政府的不当干预。[5]

中央与地方金融监管权限划分的合理性受到地方政府财政职能改革的影响。在地方政府财政功能从发展型转向公共型过程中，政府金融功能也相应地从动员性金融向效率性金融和普惠性金融转变。[6]从公共选择的角度来看，地方政府之间存在着强烈的监管竞争，在中央和地方法律制度不完备的条件下，很容易造成监管竞争过度和不足并存、监管竞次等问题，引发中央与地

〔1〕参见殷剑峰：《关于我国财政金融体制改革的"顶层设计"的思考》，载吴敬琏主编：《比较》（第65辑），中信出版集团2013年版，第161-191页。

〔2〕参见孙天琦等：《金融秩序与行为监管——构建金融业行为监管与消费者保护体系》，中国金融出版社2019年版，第94页。

〔3〕参见李瑶：《推进金融监管体制改革》，载《中国金融》2018年第3期。

〔4〕参见苗文龙：《中国金融分权结构与金融体系发展——基于财政分权下金融风险的视角》，格致出版社2018年版，第16-19页。

〔5〕参见董世坤：《中央与地方金融权力配置研究》，载漆多俊主编：《经济法论丛》（第26卷），法律出版社2014年版，第158-172页。

〔6〕参见邱少春、崔兵：《什么是有效的金融集权与金融分权？——基于"中国式分权"背景的分析》，载《理论月刊》2015年第1期。

方监管权限划分的冲突。〔1〕一个典型的实例是，全国 31 个省级政府均颁布了小额贷款公司发展和监管的指导意见，但与中央金融管理部门发布的《关于小额贷款公司试点的指导意见》发生了很大的偏离，既包括中央政策没有规定的扩张型规则，也存在与中央政策不一致的冲突型规则。从制度绩效来看，冲突型规则对小额贷款公司发展没有任何影响，而扩张型规则越多，小额贷款公司的实收资本、贷款余额越少。〔2〕与此同时，扩展型规则也带来了政府机构扩张等寻租行为的活跃。〔3〕

在划分中央与地方金融监管权限时，必须考虑政府与市场的关系，即政府向市场放权；同时中央金融管理部门之间的权限边界也深刻影响着中央与地方权限的边界。〔4〕因此，从金融分权的全景图来看待中央与地方监管权限划分更具有完整性、准确性。

（二） 地方金融监管权的性质

中央与地方金融监管权限划分必然涉及地方金融监管权这一核心公权力。然而，理论界多是把地方金融监管权作为一种行政权或者特殊行政权来看待，进而寻求地方金融监管权的法源依据。

金融监管权不同于货币政策，属于政府履行微观监管的职能而赋予其行使的一种行政权，〔5〕地方金融监管权无疑属于行政权。〔6〕但从英美欧陆国家金融监管法律实践来看，金融监管机构还应当享有一定范围的准司法权，否则难以在违法违规行为或者风险事件发生的初期或者紧急情况时采取必要的措施。〔7〕从中央与地方事权划分法治化的角度来看，金融监管权在作为行政

---

〔1〕 参见李有星、柯达：《论政府竞争视角下的地方金融监管权配置》，载《浙江社会科学》2018年第9期。

〔2〕 参见唐应茂：《中央和地方关系视角下的金融监管——一个小额贷款行业的实证研究》，载《山东大学学报（哲学社会科学版）》2017年第6期。

〔3〕 参见唐应茂：《中央和地方关系视角下的金融监管——从阿里小贷谈起》，载《云南社会科学》2017年第5期。

〔4〕 参见洪正、胡勇峰：《中国式金融分权》，载《经济学（季刊）》2017年第2期；傅勇：《中国的金融分权与经济波动》，中国金融出版社2016年版，第40-55页。

〔5〕 参见盛学军：《政府监管权的法律定位》，载《社会科学研究》2006年第1期。

〔6〕 参见刘骏：《地方金融监管权真的可行吗》，载《现代经济探讨》2019年第1期。

〔7〕 参见孙天琦等：《金融秩序与行为监管——构建金融业行为监管与消费者保护体系》，中国金融出版社2019年版，第95-96页。

权时，必然涉及地方金融监管立法问题。从现代金融监管的起源来看，金融监管最严谨、最正式的表达是 Financial Regulation & Supervision。Regulation 侧重从法律法规层面说明金融监管的含义，而 Supervision 侧重于监督金融机构的运行，实施纠偏甚至违法惩治。显而易见，金融监管应当是"立法+执法"的完整统一。[1]因此，地方金融监管权可以看作一种团体权限，同时包括立法权和执法权。

理论界对地方金融办公室作为执法主体提出了诸多的批评意见，认为地方金融办不具有监管机构独立性的要求，如挂靠在省级政府办公厅，或者仅作为政府议事协调机构，[2]不具备功能、人事、预算的独立性。[3]尤其是地方金融办变成一种融资机构时，往往会成为政府干预经济的工具。[4]然而，地方金融办这种监管体制在 2018 年地方政府机构改革中得到了很大的改善。全国 31 个省级政府均设立了地方金融监管局，大多数市级政府也设立了地方金融监管局。然而，地方金融监管局的服务职能并没有完全剥离，同时挂靠金融服务局或者金融服务办公室，履行监督管理和协调服务职能。但是，这一状况在 2023 年金融监管体制改革后发生了变化，省级地方金融监督管理局改为地方金融管理局，不再加挂地方金融工作局、金融办公室等牌子。但是，地方政府扶持发展本地金融产业的偏好并未改变。

地方金融监管权的理性回归需要体现其公权力属性和监管对象的特征。因此，地方金融监管权应归属于地方政府，其权力行使应以监管为重。[5]如果从中央与地方权限划分层面上，这种理论观点具有一定的合理性。即使是把地方金融监管权作为一种特殊的行政权，由哪一层级的地方政府适宜行使，以及监管权的具体权能是什么，能不能分别行使？这些问题都需要做进一步的

---

〔1〕 参见周春喜、黄星澍：《地方金融的监管逻辑及规范路径》，载《浙江工商大学学报》2014年第5期。

〔2〕 参见刘志伟：《地方金融监管权的法治化配置》，载《中南大学学报（社会科学版）》2019年第1期。

〔3〕 参见马向荣：《地方"金融办"职能定位与金融分层监管体系催生》，载《改革》2014年第2期。

〔4〕 参见郭德香、李海东：《金融改革背景下我国地方金融监管模式研究》，载《郑州大学学报（哲学社会科学版）》2016年第5期。

〔5〕 参见刘志伟：《地方金融监管权的理性归位》，载《法律科学（西北政法大学学报）》2016年第5期。

探讨。在证成地方金融监管权作为一种新型公权力的同时，[1]应考虑其行使的现实基础。如果从金融监管有效性的授权、资源、独立性三个基本要素来看，地方金融监管权命题还需要更加深入的论证。[2]因而，地方金融监管适当性分析应基于社会正义观，从监管过程、结果和反馈三个方面，规则框架、法律范式、金融发展三个维度，对地方金融监管机构的职责履行状态予以评价。[3]

（三） 金融监管权的纵向配置

2017 年 7 月全国金融工作会议提出了"金融管理主要是中央事权"，这往往被界定为"中央监管为主，地方监管为辅"，[4]出现了金融监管权的纵向配置问题或者分层式金融监管体制创新。[5]

在金融监管权纵向配置问题上，理论界存在着分歧。一种观点认为，传统中央金融监管机构在县域范围派出机构及监管力量的不足，无法满足对地方金融组织进行监管的要求，而地方政府在掌握金融需求信息、提高监管效率、化解地方金融风险等方面具有比较优势。[6]

另一种观点则认为，地方金融监管体制应当实行省级以下垂直管理模式。[7]原因在于，其一，县级和市级政府在监管机构设置、监管人员配备、监管资源投入等方面，无法应对地方金融组织风险监测和处置的专业化、技术性要求。其二，县级和市级政府对其内设的地方金融工作部门履职进行不当的干预与控制，使其成为地方政府融资的通道。[8]因此，中央与地方金融

---

〔1〕 参见吕铖钢：《地方金融权的法律配置》，载《现代经济探讨》2019 年第 4 期。

〔2〕 参见刘骏：《地方金融监管权真的可行吗》，载《现代经济探讨》2019 年第 1 期。

〔3〕 参见屈淑娟：《传统与现代：实质理性视阈下地方金融监管的适当性》，载《法学评论》2022 年第 5 期。

〔4〕 参见管斌、万超：《论我国金融监管权"央–地"配置制度的科学设计》，载《中国矿业大学学报（社会科学版）》2020 年第 1 期；陈斌彬：《论中央与地方金融监管权配置之优化——以地方性影子银行的监管为视角》，载《现代法学》2020 年第 1 期。

〔5〕 参见吴弘：《法治经济的理论探索与市场实践》，法律出版社 2017 年版，第 159-187 页。

〔6〕 参见段志国：《金融监管权的纵向配置：理论逻辑、现实基础与制度建构》，载《苏州大学学报（哲学社会科学版）》2015 年第 4 期。

〔7〕 参见刘志伟：《地方金融监管权的理性归位》，载《法律科学（西北政法大学学报）》2016 年第 5 期；陈斌彬：《论中央与地方金融监管权配置之优化——以地方性影子银行的监管为视角》，载《现代法学》2020 年第 1 期。

〔8〕 参见管斌、万超：《论我国金融监管权"央–地"配置制度的科学设计》，载《中国矿业大学学报（社会科学版）》2020 年第 1 期。

监管权限的划分实际上指的是中央金融管理部门与省级地方金融监管机构之间的权限边界。

何种模式适合我国实情，在很大程度上取决于地方政府的监管能力，以及中央政府的控制能力。[1]在比较法上，美国实行的是联邦与州双重银行监管体制。[2]应当注意的是，美国双重银行监管体制具有两个特征：其一，联邦与州金融监管机构分别对不同的监管对象实施全过程监督，相互不发生交叉。美联储、货币监理署和联邦存款保险公司对在联邦注册的国民银行或者联邦储蓄机构或者联邦信用合作社承担监管职责，而州金融监管机构的监管对象包括在州注册的金融服务公司、农业信贷公司等非存款类金融机构，以及没有加入联邦储备系统或者联邦存款保险的州立银行。其二，联邦与州金融监管机构对加入美联储系统或者联邦存款保险、但在州注册的州立银行或者州储蓄机构或者州信用合作社同时实施监管，这就涉及联邦与州的金融协调机制。[3]

建立中央与地方金融监管协调机制成为金融监管权纵向划分的内在要求。金融监管协调机制包括以下几个方面的要求：其一，国务院原金融稳定发展委员会应当发挥其主导作用。原金融稳定发展委员会承担职责之一是指导地方金融改革发展与监管，对金融管理部门和地方政府进行业务监督和履职问责。这意味着，原金融稳定发展委员会应坚持合理分工原则，推动相关机制建设。[4]其二，基于原金融稳定发展委员会办公室设立在人民银行的工作机制特点，人民银行分支机构应当积极牵头建立地方金融监管协调机制。[5]其三，中央与地方金融监管协调机制应当实现监管信息的对接，以及征信信息的对接，并实行定期会商，协调与合作处置金融风险。[6]

---

〔1〕参见段志国：《金融监管权的纵向配置：理论逻辑、现实基础与制度建构》，载《苏州大学学报（哲学社会科学版）》2015年第4期。

〔2〕参见郑杨等：《全球功能监管实践与中国金融综合监管探索》，上海人民出版社2016年版，第21-28页；秦颐：《双层金融监管体制：国际经验与构想》，载《上海金融》2014年第6期。

〔3〕See Kennth E. Scott, "The Dual Banking System: A Model of Competition in Regulation", *Stanford Law Review*, Vol. 30, No. 1., 1977, pp. 1-50.

〔4〕参见肖龙沧：《完善地方金融监管协调》，载《中国金融》2018年第23期。

〔5〕参见王晓等：《完善地方金融监管协调体制》，载《中国金融》2018年第22期。

〔6〕参见陈斌彬：《论中央与地方金融监管权配置之优化——以地方性影子银行的监管为视角》，载《现代法学》2020年第1期。

然而，地方政府金融监管权仍应接受来自中央的监督，理论界建议引入中央金融监管的督察机制，由原金融稳定发展委员会代表中央政府对省级地方金融监管机构进行督察和问责。[1]

（四）研究误区与研究方向

理论界对中央与地方金融权责不对等、不匹配的制度成因、实践形态，以及地方金融监管权的属性与制度设计进行了广泛和深入的理论分析和实证检验。然而，理论界对于中央与地方金融监管权限划分的本质、划分标准、中央与地方之间的双向关系等问题还没有进行深入的讨论，并且一定程度上还存在着误区。

其一，理论界对地方金融监管权的认知存在偏差。地方金融监管权是不是一种行政权？理论界普遍性的把地方金融监管权作为一种行政权来看待，然后寻求其在地方性法规、行政法规和法律上的法源依据。这种研究路径在一定程度上分离了立法和行政之间的唇齿相依关系。在广义上，监管本身亦包括立法的要求，是同时涵括立法和行政的团体权限。而狭义上监管仅指行政权限。如果从中央与地方权限划分的角度来看，显然把金融监管权作为一种团体权限更能全面、准确地界定中央与地方之间的关系。

其二，理论界对地方金融监管的认知存在偏差。地方金融监管是不是等于地方政府监管？即使是把金融监管权界定为一种狭义上的行政权，那么，地方金融监管权是否等同于地方政府金融监管权呢？这实际表明，地方金融监管权在权能内容上是否仅由地方政府金融监管部门来行使。从《融资担保公司监督管理条例》来看，行政法规已经规定得很清晰，业务规则和监管规则是由中央金融管理部门来制定，以实现全国法制统一。然而，理论界显然忽视了这一立法实践。与之相关的问题是，由哪一层级地方政府的金融监管部门来行使？无论是省级以下垂直监管模式，还是省市县三级监管模式，均承认了一个共同的前提条件，即地方金融监管权只能由一个地方金融监管机构来行使，负责全过程的市场准入、日常监督、市场退出及风险处置。如果从这个角度来区分省级以下地方金融监管权行使的话，上述两种模式均不适宜。这就需要打开金融监管的黑箱，具体分析不同的监管阶段和监管权能，

---

〔1〕 参见陈斌彬：《论中央与地方金融监管权配置之优化——以地方性影子银行的监管为视角》，载《现代法学》2020 年第 1 期。

从而为其匹配不同层级的行政机关。

其三,理论界没有明确区分地方金融监管与中央金融监管之间的差异。地方金融监管与中央金融监管存在的差异是什么?对于这一核心问题,理论界注意到了地方金融监管对象主要是秉承地方经营、具有草根特质、利用地缘、亲缘、业缘等开展经营的地方金融组织。但是,理论界对这些地方金融组织提供的金融服务性质与承载的社会功能认识不足。在本质上,地方金融监管对象是普惠金融服务的基本主体,在接受地方金融监管机构监督的同时,也接受政府财政部门提供的补贴和其他扶持措施。正是在这一种意义上,地方金融监管应定位于行为监管。

其四,理论界对中央与地方金融监管权限之间的关系尚未作出全面的界定。理论界已经认识到中央与地方金融监管机构之间应当建立畅通的合作机制,并试图通过发挥原金融稳定发展委员会的牵头地位建立中央与地方监管协调的工作机制。在监管协调中,除了组织工作机制外,中央与地方金融监管协调更需要通过谅解备忘录、合作协议等方式详细界定协调的领域、方式、联合监管行动的触发条件、监测预警信息系统对接等。另外,中央对地方金融监管机构实施监督是中央与地方金融监管权限划分法制的核心内容之一,但如何实施监督,理论界并没有提出完整的方案。

中央与地方金融权限划分,既涉及行政权,也涉及立法权,既是部门法议题,更是宪法问题,是中央与地方事权划分的重要组成部分。经济宪法之重要内涵包括宪法基本原则、经济基本权利、经济权限划分、经济基本国策。因此,中央与地方金融监管权限划分需要结合宪法、立法法及组织法、行政法律、金融法律、行政法规、地方性法规等法律文本和法律实践,并重点考虑地方金融监管对象——地方金融组织作为普惠金融服务主体的功能定位、微型金融服务的业务特征。只有如此,中央与地方金融监管权限划分才会具有坚实的法理基础、完备的制度设计。

五、研究思路与方法

（一）基本思路

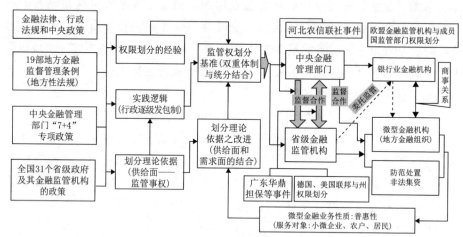

图 0-2　研究思路

研究思路：（1）从法规和政策文本中发掘问题的实质：通过对现行监管分权政策的梳理，厘定中央和地方划分监管权的实践逻辑，明确划分问题的本质，以此确定现行中央地方划分做法存在的局限性。（2）找出解决问题的关键：中央地方分权与政府市场分权交织存在、互为条件，以此为基础，提出解决划分问题的三个关键词"依法""安全""有效"，并确定完善划分的实体基准和程序保障。（3）提出可行的对策建议：从中央地方权限边界确定和互动关系两个方面提出全国立法和省级立法的建议，并对核心法律制度展开深入的具体研究。

（二）研究方法

1. 比较分析方法。比较研究行政法规、中央监管政策文本、地方性法规、地方金融监管政策文本，整理并分析地方性法规与行政法规、中央监管政策之间的衔接机制，整理归纳 31 个省级监管政策的差异，探讨其形成的制度原因。比较研究德国、美国联邦与州金融立法权和行政权的划分方式、划分标准，以及联邦与州金融监管机构之间的合作关系。比较研究欧盟与成员国监管机构权限划分中，欧盟金融监管机构对成员国监管机构的制约机制，以及紧急情况下的直接执法权。

2. 法律解释方法。运用文义、体系、目的、历史等方法进行解释学研究，分析立法文本中金融基本制度的法律含义、金融监管事项的范围、金融监管的内涵与外延、地方金融监管的法律界定等，以及地方金融监管机构与中央金融管理部门派出机构之间的行政协作关系、地方金融监管机构与其他行政机关的行政协助关系。

3. 法与经济理论方法。运用行政发包制经济理论模型分析金融分权的行政逻辑。通过行政权的分配、经济激励、内部考核与控制描述金融分权的特征及其相互支持关系，并分析行政发包制的内在不稳定特征，进而探讨对微型金融体系产生的重大影响，这是法与经济理论（law and economic theory）实证分析的一个具体运用。

4. 案例分析方法。分析河北农村信用联合社、广东华鼎担保公司等风险事件，探讨中央金融管理部门派出机构对地方金融监管机构的监督机制，以及在各自监管对象存在金融风险转移可能性的情况下，如何形成监管合力。

5. 法律要素量化评估方法。对于地方性法规的完备性，采用了要素量化评估法，通过确定 17 个核心评估要素，即立法目的、管辖、责任、具体目标、定义、注意义务、职责分工、机构、政策、教育、考察和研究、公共参与、市场规划、市场管理、资金机制、实施、纠纷解决等，从横向与纵向相结合的角度评估单部地方性法规、某一要素在地方性法规的完备程度，并进一步分析其形成的原因及解决路径。

6. 社会调研方法。课题组通过多次座谈、研讨会的方式分析地方金融监管机构的监管依据、监管能力、法律地位，以及省级人大常委会在制定地方金融监督管理条例时遇到的法律困境，汇集地方金融组织的监管诉求。

六、研究内容

本书以金融监管权限在中央和地方之间如何依法、有效、安全地配置和行使为研究对象，把金融监管立法权和执法权划分作为微型金融监管质的提升，而非量上在不同层级之间的分割，旨在跳出收放治乱循环的怪圈。研究内容主要包括六个方面：

其一，中央与地方金融监管权限划分的法理基础。中央与地方金融监管权限划分法治化必须在法理上解决三个本源性问题，即界定权限划分所指的金融监管事项是什么？金融监管事项属于中央还是地方，或者中央地方共享？金融监管权限划分的制度特征是什么？第一章在金融宪法维度进行法理分析。

其二，中央与地方金融监管权限划分的特征事实。金融监管事权既具有一般事权的特征，也体现了金融业的性质。从我国金融监管权限划分的法制演变可以看出，对于不同的金融监管事项，中央与地方权限划分的依据、标准存在着很大的差异。中央与地方金融监管权限划分的特征事实集中体现为：首先，现行划分依据主要是以政策为主导，逐步转向法治化划分。中央和地方政策主导的划分方式体现了中央政府逐级下放权限至县级政府的行政发包制特征。其次，金融监管权限划分对象在中央和地方是同一的，即对同一对象上出现了中央与地方金融权限划分的议题，而非对不同对象而形成的权限划分。更为重要的是，划分对象是一种典型意义上的微型金融机构，其定位于服务小微企业、农户、居民等社会弱势群体。第二章从法制演进和行政分权两个方面进行探讨。

其三，中央与地方金融监管权限划分的域外经验。金融监管权限划分在联邦制和单一制国家存在着差异，但与其它事权划分不同的是，大多数联邦制国家在金融监管权限划分上秉承集中统一的金融监管体制，即州层面并不享有金融立法权和行政权。但德国、美国受制于宪政结构传统，分别由联邦和州立法机关和行政机关行使相应的权限。总体来看，域外宪法对金融事项的类型作出了规定，确定了发展金融业的本质和目的，并在法律技术上确立了联邦与州金融监管机构之间的关系。第三章比较分析了德国、美国联邦与州金融监管立法权和行政权划分的法制特征及其借鉴意义。

其四，中央与地方金融监管权限划分的法律标准。宪法既没有明确一般事权划分的法律标准，也没有对金融事项作出明确的界定，仅确定了"中央的统一领导"与"充分发挥地方的主动性、积极性"原则，这就导致其他法律和政策在划分金融立法权和执行权时缺乏准确的、具体的法律标准。在法理上，中央与地方金融事权划分的法律标准既要遵照宪法和立法法组织法，更要遵守金融立法确定的划分标准。2017年《融资担保公司监督管理条例》已经确定了中央与地方政府对于融资担保公司的监督管理、风险处置、扶助发展的不同权限。国务院根据法律规定和立法工作计划还将颁布有关非存款类放贷组织、处置和处置非法集资、区域性股权市场等行政法规，这就需要根据行政法规，并结合中央政策对金融监管权限划分的法律标准进行检视和省思。第四章对金融监管权限划分的实体标准、程序保障、权限表达进行了研究。

其五，中央与地方金融监管权限行使的法律制度。在明确和优化金融权限划分基准之后，中央和地方金融权限应当作出适应性调整，通过组织、机制、程序来提升权限的有效性。对于中央而言，国务院应当加快行政法规的制定以及健全对省级政府的监督机制，而中央金融管理部门亦应主动建立地方监管政策实施的定期评估机制，从而优化中央监管制度和规则。与此同时，省级人大及其常委会制定地方金融立法亦应接受全国人大常委会的法律监督。对于地方而言，地方金融监管立法应当在确立省级地方金融监管机构法律地位的同时，建立监督管理、风险处置、普惠金融发展的具体规则。第五章和第六章分别对立法权和行政权的行使进行探讨，并量化分析了行政法规与地方性法规、地方性法规之间的差异及其成因。

其六，中央与地方监管机构互动关系的法律确认。微型金融机构的一个显著特征是，其日常运营与商业银行等中央监管对象存在着紧密的商业联系。这就需要中央与地方金融监管机构（省级政府及其地方金融监管机构）之间建立良性的互动关系：一方面，中央金融管理部门及其派出机构承担着监督地方金融监管工作的职责；另一方面，中央金融管理部门及其派出机构应当与地方政府建立通畅的合作机制，防止因一方监管懈怠或者不当而将风险监管责任转移至另一方。第七章则对协调、监督关系进行了专题探讨。

七、关键概念的界定

（一）微型金融

微型金融（microfinance）指的是为小微企业、农户、居民等社会弱势群体提供的小额、分散、个性的机构和服务。前者称为微型金融机构，后者称为普惠金融服务或者基本金融服务。现行政策对普惠金融服务及其主体的规定，集中体现在国务院《推进普惠金融发展规划（2016-2020年）》以及省级政府制定的实施方案。中央政策要求国有金融机构提供普惠金融服务，国家金融监督管理总局亦设立了普惠金融司，协调推进银行业和保险业普惠金融工作，但并未涉及小额贷款公司、融资担保公司等新型金融组织和业务形态。而在国家金融监督管理总局的内设机构中，普惠金融司、金融消费者权益保护局两个部门的职责涉及普惠金融服务、金融消费者保护，但仅限于金融机构及其提供产品服务的对象。为此，本书界定小额贷款公司等为微型金融机构，在范围上包括中央政策所界定的"7+4"地方金融组织，但还包括其他类型的组织，如农民资金合作社、民间资本管理公司、地方金融控股企业等，后者仅在部分省域内存在，即"7+4+X"。

（二）地方金融组织

现行地方性法规将其监管对象界定为地方金融组织，也就是中央政策界定的"7+4"监管对象，具体包括小额贷款公司、融资担保公司、区域性股权市场、典当行、融资租赁公司、商业保理公司、地方资产管理公司、投资公司、农民专业合作社、社会众筹机构、地方各类交易所。但是，浙江地方金融立法和其他省级政策亦涵括民间资本管理公司、农民资金合作社、地方金融控股企业等。本书认为，地方金融组织实际上是中央提供微型金融制度的具体组织形式。因此，地方金融组织和微型金融机构的内涵和外延是一致的。

（三）金融监管权限

金融监管权限是涵括立法权和执法权在内的团体公权力。从内容上看，金融监管权限是指对监管对象实施的全过程监督管理，包括市场准入、日常监督、市场退出、风险处置。值得注意的是，中央政策和地方立法确定的地方政府及其监管机构承担的金融风险处置责任，不仅包括地方金融组织风险事件，而且包括特定范围的中央监管对象风险事件，还包括普通商事企业或者个人可能引发的非法集资风险事件。

从立法权限内容来看，地方金融监管立法指的是有关地方金融组织及其业务监督管理的法律、行政法规、地方性法规。换言之，地方金融监管立法权的行使主体不一定是省级人大及其常委会，国务院、全国人大及其常委会亦有权行使。在立法实践中，国务院已经颁布了《融资担保公司监督管理条例》《防范和处置非法集资条例》。在立法技术上，地方金融监管立法既可采取单项立法模式，亦有可能制定一部统一的地方金融监管条例或者地方金融监管法。因此，本书将地方金融监管立法区分为金融法律、行政法规、地方性法规。

从行政执法权限内容来看，中央金融管理部门已经依法行使有关地方金融组织的规则制定权，而其他权限则由地方金融监管机构来行使。因此，地方金融监管权并不完全等同于地方政府行使的监管权。

（四）地方金融监管

地方金融监管是中央与地方金融监管权限划分的核心概念，也是制定地方金融监督管理条例的主题词。中央政策对地方金融监管的对象作出了明确的界定，但与此同时，地方亦承担着属地化的金融风险防范处置责任。从《上海市地方金融监督管理条例》和其他地方金融监管立法过程来看，地方金融监管不仅包括地方金融组织监督管理，而且包括地方政府及其部门实施的金融风险防范处置，更多地还原了"地方政府在金融领域履行监管职责"的本义。

八、可能的贡献及存在的不足

（一）可能的贡献

其一，在研究视角上，本书从宪法→立法法组织法→金融法律→行政法规→地方性法规的综合角度来探讨中央与地方金融监管权限划分问题，克服了传统立法事权划分标准的模糊性。换言之，本书提出了金融宪法的概念性分析框架，分析比较宪法上金融事权的类型和范围，并进而对行政法规和地方性法规的立法内容差异、地方性法规与中央政策之间的关系进行分析，提出了微型金融领域的中央与地方双重监管体制的基本特征，避免得出一个看似正确、但毫无实践意义的结论：地方政府负责监管地方金融。

其二，在研究内容上，本书提出了解决现阶段中央与地方金融监管权限划分缺陷的三维路径：首先，明确中央与地方金融监管立法权执法权的边界，尤其是我国金融事权划分的微型金融领域这一特征，从而界定我国中央与地方金融事权划分的特殊性，以及金融监管权限的特定范围；其次，明确中央和地方在各自权限范围内应当依法、有效地行使，进而实现金融监管权限划分的目的；最后，中央和地方之间如何进行合作和监督形成良性的互动关系成为权限行使的保障，这也是发挥中央与地方两个积极性的法制体现。

其三，在研究方法上，本书运用行政发包制经济理论分析了以政策为主导的中央与地方金融权限划分的实践逻辑，并分析其产生的市场效应，从而为金融监管权限划分的法治化转向提供基础。另外，本书运用要素量化评估方法评价现行地方金融监督管理条例的完备性，进而分析制度成因，从而为国务院制定统一的地方金融监督管理条例和其他省级人大常委会制定地方金融监管管理条例提供法制参照。

（二）存在的不足

由于数据的不可得性，本书没有对地方政府金融监管进行量化评估。通过建立地方金融监管治理评价指标体系，可以对全国 31 个省级地方金融监管局的监管能力进行量化评估。但由于 31 个省级地方金融监管局均是在 2018 年地方政府机构改革中组建的，并在 2023 年开启的地方金融监管体制改革过程中，其职能得到了优化。但由于无法获得完整的"7+4"地方金融组织的机构数量、业务规模、服务对象等数据，仅可获得省级地方金融监管机构颁布实施的政策文件。因此，本书尚未开展地方金融监管能力的量化评估，这是今后亟需补充的重要内容。

中央与地方金融监管权限划分的法理基础

在中央与地方经济关系中，金融事权划分无疑具有关键性的意义，直接影响着地方金融监管立法进程和金融监管实践。中央先后发布《国务院办公厅关于加强影子银行监管有关问题的通知》（国办发〔2013〕107 号）、《国务院关于界定中央和地方金融监管职责和风险处置责任的意见》（国发〔2014〕30 号）、《中共中央、国务院关于服务实体经济防控金融风险深化金融改革的若干意见》（中发〔2017〕23 号），对中央与地方金融监管职权和风险处置责任作出界定。但是，中央与地方金融监管权限划分法制化始终是一个备受关注而又倍感困惑的难题，在理论界和实务界中存在很大的分歧。争议的焦点是，《立法法》第 11 条规定了有关金融基本制度属于国家专属立法权事项，地方据此是否享有地方金融监管立法权？如果有的话，地方金融监管立法权限的边界是什么？

争议的存在并未影响地方金融监管立法进程。山东、河北、天津、四川、上海、浙江等省级人大常委会已经颁布实施了地方金融监督管理条例，而海南、广东、重庆等省级人大常委会均已启动了制定地方金融监督管理条例的工作议程。理论界主要围绕地方金融监管权的性质、金融监管权的纵向分配、中央与地方双层监管体制等问题而展开探讨，旨在通过完善立法明确地方金融监管权限的边界，并与中央金融监管权限形成良性互动关系。但是，完善立法究竟是完善哪些法律？中央与地方金融监管权限互动关系的具体内涵是什么？理论界并未给出明确清晰、令人信服的理论分析。换言之，理论界在界定金融监管权是一种行政权的同时，并未对国家专属立法权事项问题给予回应，有意或者无意地回避了这一难题。

中央与地方金融监管权限划分在本源上属于宪法问题，需要综合考虑《中华人民共和国宪法》（后文简称《宪法》）《立法法》《中华人民共和国地方各级人民代表大会和地方各级人民政府组织法》（后文简称《地方各级人民代表大会和地方各级人民政府组织法》）《中华人民共和国银行业监督管理法》（后文简称《银行业监督管理法》）《证券法》《融资担保公司监督管理条例》等综合考量。具体而言，包括三个问题：首先，要界定权限划分所指的金融监管事项是什么。其次，要判定金融监管事项属于中央还是地方，或者中央地方共享。最后，要明确金融监管权限划分的制度特征是什么。只有对这三个本源性法理问题有完整的认识，才能准确地理解我国中央与地方金融监管权限划分的法制化问题。

第一节　金融监管事项的性质与范围

明确金融监管事项内涵和外延的一个前提是，金融的法律含义是什么？金融的多维含义引发了理论上的分歧，也导致了金融监管事项界定上的宽窄不一。

一、金融的法律含义

我国《立法法》第 11 条规定了金融基本制度的立法权归属，但并未对金融的含义作出界定。《中华人民共和国人民银行法》（后文简称《人民银行法》）《中华人民共和国商业银行法》（后文简称《商业银行法》）《银行业监督管理法》《证券法》《中华人民共和国保险法》（后文简称《保险法》）等国家立法亦没有界定金融的法律定义，而是从单项立法的角度分别对人民币地位、货币政策、银行业务、证券产品、保险业务的范围进行规定。

在法理上，我国现行采取的多部专项金融立法不适宜对金融作出统一的规定。但是，域外制定一部金融法典的英国亦没有对金融作出法律界定。根据英国《2012 年金融服务法》（Financial Services Act 2012）规定，英国《2000 年金融服务与市场法》（Financial Services and Markets Act 2000）第 1I 节界定的英国金融系统主要包括：（1）金融市场和交易所；（2）受规制行为；

（3）与金融市场和交易所有关的其他行为。[1]从英国金融立法可以看出，立法所界定的金融法律概念实质上指的是金融机构、金融行为和金融市场（包括金融基础设施）。至于具体规范的金融含义，则根据具体条款进行判定。

美国多部联邦金融法律没有对金融的法律含义作出统一的界定，多是在单部立法中对若干金融事项的含义作出界定，州金融立法亦是采取这种模式。《加利福尼亚州金融法典》第 1 章第 300 条在界定金融法典适用对象时，没有对金融事项作出明确的规定，而是对立法适用的对象作出列举式规定。[2]

我国法学界多是从交易标的的角度对金融的含义进行学理解读，把金融界定为货币资金的融通，[3]或者界定为货币流通和信用活动的融合，[4]并指出信用和信用制度是金融的内涵。[5]在法理上，信用背后蕴含的法律意义在于因货币资金而形成的法律上权利义务关系的确认及维护，但信用本身具有多种涵义，[6]并非全部信用形式均纳入金融法的调整对象。

金融不仅是一个法学概念，也是一个经济学概念，但我国与国外经济学

---

[1] See Financial Services and Markets Act 2000 1I Meaning of "the UK financial system" In this Act "the UK financial system" means the financial system operating in the United Kingdom and includes— (a) financial markets and exchanges, (b) regulated activities, and (c) other activities connected with financial markets and exchanges.

[2] California Code, Financial Code-FIN § 1, 300 (b): There is in the state government, in the Business, Consumer Services, and Housing Agency, a Department of Business Oversight, which has charge of the execution of, among other laws, the laws of this state relating to any of the following: (1) banks or trust companies or the banking or trust business; (2) savings associations or the savings association business; (3) credit unions or the credit union business; (4) persons who engage in the business of receiving money for transmission or such business; (5) issuers of stored value or such business; (6) issuers of payment instruments or the payment instrument business; (7) business and industrial development corporations or the business and industrial development corporation business; (8) insurance premium finance agencies or the insurance premium finance business; (9) persons offering or making any contract constituting bucketing; (10) persons offering or selling off-exchange commodities; (11) deferred deposit originators; (12) finance lenders and brokers; (13) residential mortgage lenders and servicers; (14) capital access companies; (15) check sellers, bill payers, and proraters; (16) securities issuers, broker-dealers, agents, investment advisers, and investment adviser representatives; (17) mortgage loan originators employed or supervised by finance lenders or residential mortgage lenders; (18) escrow agents; (19) franchisors; or (20) persons holding securities as custodians on behalf of securities owners.

[3] 参见朱崇实、刘志云主编：《金融法》，法律出版社 2022 年版，第 2-3 页。

[4] 参见徐孟洲、谭立：《金融法》，高等教育出版社 2019 年版，第 1-2 页。

[5] 参见刘隆亨主编：《银行金融法学》，北京大学出版社 2020 年版，第 2-3 页。

[6] 参见强力、王志诚：《中国金融法》，中国政法大学出版社 2010 年版，第 3 页。

界的认识并不一致。[1]我国经济学界多是从交易标的的角度来看待金融活动的。从金融系统（financial system）的角度来看，金融可界定为资金盈余单位和资金短缺单位之间的资金融通。[2]在金融市场实践中，任何金融交易都必须通过合约的方式来完成。合约是居民、企业、政府作出的承诺，而承诺是一种信用关系。因此，金融就是对信用的风险定价，金融交易的实质是信用创造。[3]主流经济学理论多是从金融功能角度对金融作出界定，最为典型的是诺贝尔经济学奖获得者罗伯特·C.默顿（Robert C. Merton）提出的概念：金融是跨时间、跨空间的价值交换或者资源配置的有效方式。金融决策区别于其他经济资源配置决策的两项特征是：（1）金融决策的成本和收益是跨期分摊的；（2）无论是决策者还是其他人，通常都无法预先确知金融决策的成本和收益。[4]换言之，时间和风险是金融决策的两项基本要素。[5]这实际上是从金融决策行为的角度确认，金融的经济性质是金融资产的定价机制，是典型意义上的商学院范式，[6]但为法律上界定金融服务的性质和监管策略提供了基础性指引。

那么，如何理解两个版本的《中华人民共和国立法法释义》（后文简称《立法法释义》）对金融的界定呢？2000年3月15日九届全国人大三次会议审议通过《立法法》之后，全国人大常委会法制工作委员会于2000年5月编写了《立法法释义》，明确了金融的含义：金融是各种金融机构之间以及它们与公民、个人或者其他组织之间，从事的货币发行、信贷、结算、信托、保险、票据贴现、汇兑往来、证券交易等活动。实际上，这种描述性的定义并没有清晰地界定金融的法制内涵，因为全国人大及其常委会已经分别于1995年和1998年颁布了《人民银行法》《商业银行法》《中华人民共和国票据法》（后文简称《票据法》）《保险法》《证券法》等金融法律。

2015年3月15日十二届全国人大三次会议审议通过《中华人民共和国立

---

[1] 参见张新：《中国金融学面临的挑战和发展前景》，载《金融研究》2003年第8期。

[2] 参见易纲、吴有昌：《货币银行学》，上海人民出版社1999年版，第77-79页。

[3] 参见易宪容：《金融的本源、本质及危机》，载《探索与争鸣》2017年第12期。

[4] 参见［美］兹维·博迪等：《金融学》，曹辉、曹音译，中国人民大学出版社2018年版，第3页。

[5] 参见宋逢明编著：《金融经济学导论》，高等教育出版社2006年版，第1-9页。

[6] 参见张成思编著：《现代金融学的历史演进逻辑》，中国人民大学出版社2023年版，第1-40页。

法法修正案》，但并未对金融基本制度作出修改。2023 年 3 月 13 日十四届全国人大一次会议第二次修正《立法法》时，有关专属立法权的规定并没有发生变化，仅是根据修正内容的调整，将原第 8 条改为第 11 条。全国人大常委会法制工作委员会国家法室编写的《中华人民共和国立法法释义》仍将金融基本制度界定为宏观调控的基本制度，但进一步提出了归属国家专属立法权的具体理由：对金融活动的统一和有效管理，是巩固公有制为基础的社会主义经济制度，落实国家的经济政策，协调经济发展，保持社会稳定，改善人民生活和促进对外金融交往的重要保证。因此，金融基本制度的事项应当由国家统一立法。[1] 这种立法权限划分方式实际上是采用了事务影响程度作为金融基本制度的权限划分，即对国家具有重大影响的金融基本制度的立法权属于国家，那么，有关金融的非基本制度的立法权属于中央，还是地方？《立法法释义》对此语焉不详。根据反对解释，理论界提出，有关金融的非基本制度属于地方事权，中央和地方均有权制定规则。[2] 但是，金融基本制度与非基本制度的区分仍是一个难解之谜。

对于地方而言，对中央金融事权范围的理解是比较谨慎的。在制定全国首部地方金融促进法《上海市推进国际金融中心建设条例》时，有关金融基本制度及金融业务、金融监管的立法属于国家事权，地方立法不应涉及，这成为起草制定条例的指导思想之一。[3]

综合来看，在一部立法中对所有的金融活动作出统一规定的难度是比较大的，只能在专项金融立法中对所调整的特定金融行为和金融服务作出具体界定。根本的原因在于，金融创新的组织形态、产品类型、服务形式在很大程度上是基于规避现行法律和监管规则而涌现的。另外一个影响因素是，对金融作出统一的界定只适宜由一部金融法典来作出，但立法机关颁布一部金融法典是非常困难的。实践中金融业发达的国家很少制定一部统一的金融法典，即使是制定金融法典的国家，也是在具体的条款中确定不同金融服务的法律含义。这意味着，对于金融法律含义的理解只能依据专项金融法律，并

---

〔1〕　参见全国人大常委会法制工作委员会国家法室编著：《中华人民共和国立法法释义》，法律出版社 2015 年版，第 56 页。

〔2〕　参见罗培新：《着力推进互联网金融的包容审慎监管》，载《探索与争鸣》2018 年第 10 期。

〔3〕　参见时任上海市政府副秘书长蒋卓庆于 2009 年 2 月 23 日在上海市十三届人大常委会第九次会议所作的《关于〈上海市推进国际金融中心建设条例（草案）〉的说明》。

结合国家政策来进行判断。换言之，中央与地方金融监管权限的划分方式应当秉承宪法→立法法组织法→金融法，在遵从宪法、立法法和组织法原则的基础上，根据专项金融法律来作为划分依据。

二、金融监管事项的性质

现代金融监管的概念具有广义和狭义之分。广义上的金融监管包括三个不同的层次：第一个层次是政府金融监管部门对金融机构和市场的监督、管理和检查，以及辅助政府金融监管部门的会计师等中介参与查核鉴证、审核及评估。第二个层次是金融机构本身的自律系统，包括内部控制、稽核系统以及风险管理等，即通常意义上的自我监管（self-regulation）。第三个层次则是来自金融市场的制裁力量，包括存款人、投资者、贷款人之制裁力量以及金融同业公会的自律力量。此三者构成紧密且完整的金融监管体系。[1]中央地方权限划分意义上所指的金融监管是第一层次上政府金融部门对金融机构和市场的监督。

政府金融监管部门实施的监管行为属于典型的规制行政或曰管制行政，是对营业自由的限制或者禁止。在法理上，营业自由成为宪法保障的一项基本权利，经济主体有权利在法律允许的范围内从事产品和服务的生产与交易。而金融服务业是一个高度管制的行业，接受监管成为一种通例，这在域外宪法中得到了明确规定。例如，《瑞士联邦宪法》第100条第3款指出，在货币和银行领域，联邦可在必要时背离经济自由原则。这表明，金融监管权的行使应当受到宪法规范的约束，其在权限配置时应当以宪法规范为基准。

政府金融监管部门实施的监管行为亦属于新型的风险行政。金融业的组织形态和产品种类随着市场竞争的加剧而不断创新，而金融业开放程度的提高也加快了金融创新的速度。这意味着，金融监管机构必须具有独立的权限，实时对金融风险进行预警、监测、管理及处置。金融监管机构享有的独立权限不仅包括行政许可、行政处罚、行政强制，同时包括行政管制措施。金融监管机构根据对监管对象风险评估的程度采取不同的监管措施，如监管谈话、限制特定业务、禁止股份转让、行政接管、重组或者撤销等。与行政处罚不

---

〔1〕 参见强力、王志诚：《中国金融法》，中国政法大学出版社2010年版，第47-48页。

同的是，金融监管机构采取行政管制措施的原因，可能不是监管对象发生了非法行为，而是监管对象将其风险外溢给金融系统，对其他金融企业和消费者产生了负外部性影响。

对于金融业而言，行政管制措施具有重要的意义。金融企业进行风险管理是其提供金融产品和服务的基本职能，金融风险的形成与其非法行为具有一定的关联，但不完全一致。金融企业面临的风险可能是由非法行为引起的，也有可能是经营策略失误，甚或是宏观经济条件的变化所导致。当金融监管机构发现金融企业风险加剧时，就应及时采取相应的预防性措施或者制裁性措施，即行政管制措施。但是，行政管制措施仅仅是对违法行为或者风险事件的消除或者限制，亦即停止违法违规经营行为以恢复合法状态，本身并不是对监管对象的裁罚。然而，作为行政程序的一种类型，行政管制措施应当体现程序正当性，并符合比例原则。金融监管机构在采取和实施行政管制措施时应当符合以下三个要求：（1）在采取行政管制措施之前，应当为管制对象提供一个自我纠正的机会，即令其限期改正，逾期未改正的，采取相应的管制措施。（2）具体管制措施应当与其违法违规及风险状况相匹配，即比例原则。（3）行政管制措施具有临时性，在违法违规行为或者风险事件消除后，金融监管机构应当及时解除行政管制措施。

（三）金融监管事项的范围：根据监管权能划分

金融监管作为金融系统的子系统，分为四个相互关联的部分：法规、监督、检查、处罚。法规（law and regulation）系指金融监管相关设置的规范基础以及实施法定职权时的法律基础，包括监管方法、监管标准以及采取制裁的规定，其不仅是指形式上的法律，金融监管机构依据法律授权或者依本身职权所订定命令皆包括在内。法规从范围上来看，既包括金融监管机构行使权力的法律依据，也包括自身制定的监管规则和工作守则（rule-making）。前者涉及立法权，后者涉及行政权。

监督（supervision）则指金融监管机构根据法律规定，知悉、监测金融企业的经营情况，督促其遵守法律法规的要求，一般而言分为金融行政管理和金融业务管理。然而，金融监管机构获悉金融企业合规情况的信息，还可能来自金融企业内部人员的举报，这也会引发金融监管机构采取相应的监管行动。

检查（examination）系指金融监管机构于必要时，派员实地检查金融企业之业务或账目或要求于限期内造具报表查核，透过金融检查获得资讯，了解金融企业实际经营情况，进而发现问题之所在。金融监管与其他经济监督不同的是，监管目的不仅在于防止非法行为的发生，而且控制因商业经营决策或者意外因素导致发生的风险事件。因此，对监管对象信息的获悉程度决定了金融监管的效率。金融监管机构实施的行政检查包括搜集资料（information gathering）、查阅（inspection）和调查（investigation）。

处罚（sanction）系指在监督管理或者检查过程中，对于金融企业违背金融法律或其他法令规定的行为，命其纠正改善，必要时并得施以行政制裁，例如警告、罚款、吊销营业执照或者其他必须措施，如限制分支机构设立或者解任董监事等。处罚所采取的措施，既包括行政处罚，亦包括行政管制措施。

法规、监督、检查、处罚环环相扣，构成了金融监管事项的完整链条。区分不同监管权能的实益在于，除法规中的金融立法权之外，其他监管事务是否必须由同一监管机构来行使，还是可以由不同的监管机构分别行使？这就涉及金融监管权限划分问题。

理论界提出中央金融管理部门不适宜对地方金融组织行使监管权的一个重要理由是，地方政府更便于获悉地方金融组织的信息，而中央金融管理部门派出机构设置在省级或者市级，监管力量没有触及县域范围。这种现实约束条件确实为中央与地方之间权限划分提供了重要依据，但尚未解决中央金融管理部门派出机构如何对县域范围的监管对象实施有效监督问题，亦没有对省级与市级、县级之间的具体监管事项的划分提供理据。换言之，法规制定、监督、检查、处罚等具体监管事项是可以由不同层级或者不同机构分别行使，并非由同一机构承担全部的具体监管事务。

区分监管权能的意义，除了明确中央与地方金融监管权限的边界之外，还体现在中央与地方金融监管机构的监管合作。对于交叉问题的监管，甚或自己管辖范围的问题，中央和地方金融监管机构可以通过共享监管信息、联合执法、行政协助等方式提高监管效率。在国外，这是一种监管实践的通常做法。日本金融改革确定了金融监督厅的一元监管体制，地方自治体不享有监管权限。然而，金融监督厅对信用组合的检查监督采取机构委托的方式，由被委托的各都道府县的知事负责承担。各都道府县知事在内阁总理大臣的领导下，以都道府县为主体对信用组合等进行检查监督。[1]这种委托监管机制较好地解决了监管信息距离问题。

四、金融监管事项的范围：根据监管对象划分

金融监管对象是指金融企业和金融行为。金融企业和金融行为构成了金融的核心，然而其法律含义具有一定的抽象性。金融企业提供的金融服务应当属于监管对象，这是毫无疑问的。但存在的问题是，金融企业的内涵和外延是什么？对于非金融企业提供的金融服务，是否应当被纳入监管？后者通常是以非法金融机构和非法金融活动的外部形式表达出来的。

对于第一个问题，我国中央金融管理部门和其他部门始终坚持获得金融许可证的机构才是金融机构的做法，只有经中央金融管理部门审核并颁发金融许可证，才能被认定为金融机构，并据此适用相关的财政补贴和税收政策。那么，融资担保公司和其他地方金融组织是不是金融机构呢？我国现行金融法律没有对此作出规定，而《融资担保公司监督管理条例》明确其获得业务经营许可证，显然不同于金融许可证。现行地方金融监督管理条例均把小额贷款公司、融资担保公司、融资租赁公司、商业保理公司、典当行、地方资产管理公司、区域性股权市场等地方核发业务经营许可证的机构界定为地方金融组织，理论界和实务界亦称其为准金融机构、类金融机构。从现行法律和政策来看，监管对象应当包括金融机构和地方金融组织两种类型，二者区分的标准在于前者是由中央金融管理部门核发金融许可证，而后者则是由地方金融监管机构核发业务经营许可证。

对于第二个问题，我国司法政策和监管政策实行分工管辖。对于工商企业、个人之间或者相互间提供的资金借贷，按照《最高人民法院关于审理民间借贷案件适用法律若干问题的规定》（法释［2020］17号）实施司法保护和规制。而监管政策则是从防范和处置非法集资的角度对其实施行政制裁。但在实践中，非法集资活动的侦查和制裁往往通过刑事法律来实现的，在一定程度上造成了刑事制裁优先的格局，有悖于刑法谦抑性原则。根据刑法谦

---

[1]　参见［日］丹宗昭信、伊从宽：《经济法总论》，［日］吉田庆子译，中国法制出版社2010年版，第344页。

抑性原则，刑事处罚应当作为民事、行政手段之后追究责任的措施。[1]金融监管机构更侧重于非法金融活动监测预警体系的建设与运营。

现阶段，我国中央与地方权限划分主要是依据监管对象来确定的。对于中央金融管理部门核发牌照的金融机构，中央与地方不存在权限划分议题。中央与地方权限划分主要体现在地方金融组织和非法集资方面。但是，正由于非法集资监管涉及各类商业活动的财务问题，造成金融监管部门承担不可承受之重。[2]

五、与金融监管密切相关的其他金融事项

（一）货币政策

货币政策是宏观经济调控的基本政策之一，以实现币值稳定。在计划经济和市场经济发展初期，地方政府对人民银行分支机构的人事和信贷管理进行实际控制，在一定程度上加剧了 1990 年代的通货膨胀。为此，中央通过立法和人民银行分支机构管理体制的调整，禁止地方政府对货币政策制定和执行的干预。1993 年《宪法修正案》第 15 条增加了第 2 款："国家加强经济立法，完善宏观调控"。这里的经济立法当然包括中央银行立法。为此，八届全国人大三次会议于 1995 年 3 月 18 日审议通过《人民银行法》。与《商业银行法》《中华人民共和国担保法》（以下简称《担保法》）《票据法》《银行业监督管理法》《证券法》《中华人民共和国信托法》（以下简称《信托法》）《保险法》不同的是，《人民银行法》是由全国人大行使立法权的，而其他金融立法则是由全国人大常委会制定的。这表明，中央银行独立的法律地位对我国经济增长和经济秩序具有根本性意义。货币政策事项是金融事项的基础性内容，属于金融基本制度。在宪法中明确规定中央银行的地位和任务成为现代宪制的一种通例，尤其是在欧陆国家。《德意志联邦共和国基本法》第 88 条、《芬兰共和国宪法》第 91 条、《塞尔维亚共和国宪法》第 95 条、《斯洛文尼亚共和国宪法》第 152 条、《阿尔巴尼亚共和国宪法》第 161 条、《捷克

---

〔1〕 参见肖凯：《互联网金融领域行刑衔接法律适用问题研究》，载最高人民检察院法律政策研究室编：《金融犯罪指导性案例实务指引》，中国检察出版社 2018 年版，第 59—71 页。

〔2〕 参见殷勇：《进一步完善地方金融监管的几点思考》，载《清华金融评论》2018 年第 11 期。

共和国宪法》第 98 条、《荷兰王国宪法》第 106 条、《克罗地亚共和国宪法》第 53 条、《立陶宛共和国宪法》第 125 条、《列支敦士登公国宪法》第 23 条、《匈牙利基本法》第 41 条均对中央银行的独立性、货币政策的制定和实施作出了明确规定。

（二）金融风险处置责任

现行法律和政策界定的风险处置事项分为三类：一是地方金融组织发生风险事件时的行政接管、行政清理及其他处置措施；二是特定范围的中央监管对象发生风险事件的属地处置责任；三是宽泛意义上的非法金融机构和非法金融活动引发的风险处置责任，集中体现为防范处置非法集资活动。

（三）对普惠金融服务（基本服务、普遍服务）的扶助发展[1]

地方金融组织主要服务于小微企业、农户、居民，提供的金融服务在某种程度上具有公共产品的性质，属于普遍服务的范畴。普遍服务是指对社会公众提供的最低限度的金融服务，该服务具有已确定的特定质量，并且服务的价格必须让所有的使用者都可以接受。[2]这种定义实际上等同于普惠金融服务，正如《山东省地方金融条例》第 20 条和《河北省地方金融监督管理条例》第 12 条、《江苏省地方金融条例》第 15 条第 2 款所界定的保障人民群众（社会公众）享有价格合理、便捷安全的基本金融服务。

欧陆和亚洲国家通常是通过公共金融体系来为低收入群体和小微企业提供普遍服务。德国、瑞士、意大利、马来西亚、印度等国家宪法和法律对此做出了特别规定。欧陆国家的公共金融机构主要是储蓄银行，即由地方政府作为唯一或者主要投资者，其法律性质为公法人组织，但以市场化原则提供信贷资金和其他金融服务。

从全球范围来看，德国储蓄银行具有典型性。德国储蓄银行与商业银行、合作银行共同构成了德国银行体系的三大支柱。与其他欧陆国家相同的是，

---

[1]　普遍服务概念源于德国《电信法》，并适用于其他基础设施立法领域，在金融领域类同于普惠金融服务。普遍服务的提供是中央和地方权限划分的一个主要考量因素。《瑞士联邦宪法》第 43A 条确定了联邦与州之间的工作分配与完成的五项原则，其中之一是 "4. 普遍服务必须以可参照的方式提供给每个人。"

[2]　本书对普遍服务的定义参考：[德] 乌茨·施利斯基：《经济公法》，喻文光译，法律出版社 2006 年版，第 284 页。

德国储蓄银行主要是由乡镇或者乡镇联合体组建的，承担为本地中小企业和农民提供金融服务的公共任务。对于储蓄银行的功能，正如《巴登—符腾堡州储蓄银行法》第 6 条第 1 款所指出的："储蓄银行是独立的经济企业，地方对其负有保证义务，其任务是在市场和竞争要求的基础上首先在其业务地区内加强竞争，为该地区所有居民、产业，尤其是中小型企业，以及公权力部门提供适当和充足的金融和信贷服务，并以此支持乡镇机关履行其经济、地方政治、社会保障和文化领域的公共任务。储蓄银行促进广大民众的储蓄意识、财产创造和青年的经济教育。"[1]另外，《意大利共和国宪法》第 117 条、《马来西亚联邦宪法》附表九第一表第 7 条、《印度宪法》附表七目录 I 联邦职权之 39 对储蓄银行和邮政储蓄银行立法权限作出了特别规定。《列支敦士登公国宪法》第 23 条也对公共信贷体系的立法权属作出了特别规定。

而我国国有商业银行在做大做强的过程中，往往偏离了服务经济弱势群体的公共目标。中央在金融开放政策中，鼓励和引导民间资本设立小额贷款公司、融资担保公司等定位于服务小微企业和农户的地方金融组织。但是，地方金融组织在提供普遍服务时具有内在的脆弱性，需要地方政府提供财政补贴、风险补偿，以及其他扶持政策。在这一方面，政府在承担着发展地方金融组织的职责，鼓励其提供普遍服务。而在公共金融体系方面，我国开始通过政策性担保公司或者政府担保基金的形式为农户和小微企业提供普遍金融服务。

第二节　金融监管权限的归属：中央地方共同事务

一、中央—地方事权的类型

从中央与地方关系来看，金融监管权限指的是立法权还是执法权？在一般意义上，国家权力包括立法权、行政权、司法权。在我国，金融事权指的是立法权和行政执法权，并不包括司法权。中央与地方事权划分中的金融事权是一项包括立法权和行政执法权在内的团体权限。换言之，在确定金融监

---

〔1〕　参见［德］弗里茨·里特纳、迈因哈德·德雷埃尔：《欧洲与德国经济法》，张学哲译，法律出版社 2016 年版，第 446 页。

管权限划分时应当综合考虑立法权和行政执法权，而不是孤立地分别考量两项权力。

判断金融监管权限属于中央，还是地方，首先要解决的前提性问题是，中央—地方立法事权的类型。《立法法》确定了中央立法权和地方立法权两种类型。然而，即使是中央立法权确定的监管事务亦有可能出现地方政府作为执法机关的情形。如果把立法权和执法权综合考量，中央—地方事权则会出现三种情形：中央立法并由中央行政机关执行、地方立法并由地方行政机关执行、中央立法但由地方行政机关执行，分别称为中央事权、地方事权、中央地方共同事权。

（一）中央—地方事权三分法的国际实践

中央—地方事权的三分法也是国际通行的做法，在联邦制和单一制国家均存在，主要体现在成文宪法中。综合来看，事权类型主要分为中央专属、地方专属、中央和地方共享，并确定剩余事项的权限归属。而在划分方式上，德国、瑞士、印度、马来西亚、日本提供了不同的模式。

1. 德国

《德意志联邦共和国基本法》第 70-74 条将立法事项区分为：联邦专属事项、联邦和州共同事项、州剩余事项三种，通过对联邦专属事项、联邦和州共同事项的列举式规定，首先明确了联邦享有的立法权的范围，并确定基本法未授予联邦立法权限的，各州都有权立法，即享有剩余立法权。[1]但在行政权划分上，《德意志联邦共和国基本法》第 83-87 条确定州负责执行联邦立法的一般原则，在特定情形下，联邦通过其自己的行政机关或者其他社团机构执行联邦法律，但州亦接受联邦委托执行联邦法律。[2]

2. 瑞士

《瑞士联邦宪法》没有通过明文列举的方式规定联邦和州享有的立法事项，而是在具体的权力分配中确定联邦和州的权限。第 54-125 条具体规定十类事项中联邦和州的职责，包括：（1）对外关系；（2）国家安全、国防与民

---

[1] 《德意志联邦共和国基本法》，参见朱福惠、邵自红主编：《世界各国宪法文本汇编（欧洲卷）》，厦门大学出版社 2013 年版，第 193-194 页。

[2] 《德意志联邦共和国基本法》，参见朱福惠、邵自红主编：《世界各国宪法文本汇编（欧洲卷）》，厦门大学出版社 2013 年版，第 196-197 页。

防；（3）教育、科研与文化；（4）环境与国土管理；（5）公共建设工程与交通；（6）能源与通讯；（7）经济；（8）住房、就业、社会保障和健康；（9）外国人的暂住和永久定居；（10）民法、刑法、度量衡。实际上，在具体事项中，联邦和州的立法权限的边界是非常清晰的。[1] 与德国类似的是，联邦法律主要是由州负责实施的，但在完成联邦法律实施过程中的特定目标时，州有权获得联邦的财政支持。

3. 印度和马来西亚

印度和马来西亚的划分方式是一致的。《印度宪法》对联邦与邦之间的立法权和行政权的划分基本是一致的，第 246 条将立法事项区分为三种：联邦专属事项、联邦与邦共同事项、邦专属事项，并在附表七目录Ⅰ、Ⅲ、Ⅱ分别给予列举式规定，而第 248 条确定了未列事项的剩余立法权属于联邦。[2] 联邦和邦各自的权限是独立的。在立法权上，只有联邦议会基于国家利益、紧急状况等特定情况才可对各州职权目录中的事项行使立法权。各邦负责执行联邦法律和本邦法律，但在特定情况下，联邦可向各邦授权或者邦向联邦委托行使本邦行政权限范围内的事项。[3]

《马来西亚联邦宪法》第 74 条、第 77 条确定了联邦和州之间的立法权限，即分为联邦专属事项、联邦与州共同事项、州专属事项，并在附表九目录Ⅰ、Ⅲ、Ⅱ作出具体列明，对于没有列入附表九的剩余立法权属于州。行政权的划分与立法权的划分是基本上一致的，即联邦行政权包括联邦议会制定法律的事项，相应的是，州行政权包括一切由该州立法机关制定的事项。[4]

4. 日本

日本自 1990 年代开始地方分权改革，于 1999 年 7 月制定《地方分权一揽法》正式废除了机关委任制度，极大地扩展了地方自治体可自行决策领域。具体而言，以往的机关委任事务中，除了极其例外的、需要废除的，以及由

---

〔1〕《瑞士联邦宪法》，参见朱福惠、邵自红主编：《世界各国宪法文本汇编（欧洲卷）》，厦门大学出版社 2013 年版，第 456-464 页。

〔2〕《印度宪法》，参见朱福惠、王建学主编：《世界各国宪法文本汇编（亚洲卷）》，厦门大学出版社 2012 年版，第 896-901 页。

〔3〕《印度宪法》，参见朱福惠、王建学主编：《世界各国宪法文本汇编（亚洲卷）》，厦门大学出版社 2012 年版，第 856-857 页。

〔4〕《马来西亚联邦宪法》，参见朱福惠、王建学主编：《世界各国宪法文本汇编（亚洲卷）》，厦门大学出版社 2012 年版，第 338 页。

国家直接执行的事务之外，都分割为自治体的自治事务和法定委托事务。换言之，事务类型划分为三类：国家直接执行的事务、委办事务、自治事务。但即使是地方自治事务，仍须根据中央立法而执行，并不能排斥中央立法权。地方办理的事务包括委办事项和地方自治事项。自治事项本属于地方，基于自治权之保障，地方应能自行决定该事务之执行。因此，中央仅能对地方执行该事务合法与否作合法性监督。但是，委办事项本属于中央，只是基于行政管理效率等原因而授权地方来执行。因此，中央在对地方执行该事务进行合法性监督之外，还需进行适当性或者合目的性监督。地方自治事项进一步区分为自愿性自治事项和义务性自治事项。地方在处理自愿性地方事务，不待法律明文规定，惟依行政之主动性。另外，中央法律已将规定为地方自治事务，但由法律或者法规命令所规定，地方不可规避。

（二）中央—地方事权三分法的中国实践

我国《宪法》第 3 条第 4 款规定了中央和地方权限的配置应当体现两个积极性原则，但没有对中央和地方事权划分标准作进一步的规定。这就到导致了第 3 条第 4 款成为一个高度不确定的法律条款。从文义解释来看，国家机关职权的划分当然地包括立法机关和行政机关，这就涉及中央与地方权限划分时的立法权和行政权之间的关系。

《宪法》第 89 条界定了国务院职权之一："规定中央和省、自治区、直辖市的国家行政机关的职权的具体划分"。因此，国务院通过颁布政府文件的形式，确定了某一领域中央和地方事权划分的基准，例如《医疗卫生领域中央与地方财政事权和支出责任划分改革方案》《科技领域中央与地方财政事权和支出责任划分改革方案》《教育领域中央与地方财政事权和支出责任划分改革方案》。

《立法法》第 11 条明确规定了国家立法机关的专属立法权限，这意味着存在对应的地方立法权限。与其他国家宪法不同的是，我国《立法法》确定的国家专属立法权是最低标准范围的权限，即这些事项的立法权只能由全国人大及其常委会行使，其他行政机关和地方立法机关无权行使。但全国人大及其常委会的立法权除了专属立法权之外，亦包括其他事项的立法权。在法理上，全国人大及其常委会有权对任一事项行使立法权。

那么，《立法法》明确规定了中央事务、地方事务，除此之外，是否包括其他事务呢？主流的理论观点持二分法，即包括中央事务和地方事务，中央立法权指向中央事务，地方立法权指向地方事务，而剩余立法权属于中央，这与我国单一制的政体是一致的。但二分法存在的一个问题是，地方事务在《立法法》中没有得到明确的界定，导致实践中二分法的模糊性。

结合《立法法》第 80、81、82 条来看，存在这样两种立法情形。情形一：对于特定的具有显著地区差异性的事项，中央立法仅规定框架性结构，允许地方在中央立法的基础上根据本地方实际情况，进一步制定实施性法律，并由地方政府负责法律的执行。情形二：对于特定的对象，地方有权先行制定立法，在中央出台相关的法律或者行政法规后，再给予调整，并且地方立法不得与中央立法相抵触。

反观我国立法现实，这两种立法情形的存在是非常广泛的，前者称为实施性立法权，后者称为先行先试立法权，并成为地方立法权的主要形态，也是实践中发生合法性危机的主要领域。从比较宪法来看，这两种立法情形属于德国、印度、马来西亚宪法所言的中央和地方共同事务。因此，《立法法》实际上确认了三种类型的立法事务：中央立法事务、中央和地方共同立法事务、地方立法事务。在法理上，地方制定实施性法律是一种常态，而先行先试则是一种例外。从这里可以看出，我国中央和地方共同事务与德国、日本的委办事项存在着差异，具体体现在以下两个方面：其一，对于中央与地方共同事务，中央和地方均享有立法权，但中央立法权具有优先地位。而德国和日本中央与地方立法权是相互平衡的，因此存在着先占理论。其二，省级政府享有较大的自由裁量权确定地方执法机关及其层级。

中央和地方共同事务在中央政策中得到了明确的界定。《科技领域中央与地方财政事权和支出责任划分改革方案》（国办发〔2019〕26 号）和《教育领域中央与地方财政事权和支出责任划分改革方案》（国办发〔2019〕27 号）提出了"中央财政事权""中央与地方共同财政事权""地方财政事权"三种事权类型。这两部中央政策是对财政支出责任提出的要求，明确提出了事权的三种基本类型，这为确定中央与地方金融监管事项的归属提供了参照。

2018 年《中共中央关于深化党和国家机构改革的决定》在确定地方机构的原则时，对中央和地方共同事务的权限分工作出了规定："属于中央和地方协同管理、需要地方负责的事项，实行分级管理，中央加强指导、协调、监督"。然而，中央承担的"指导、协调、监督"意味着，中央不再对具体事务进行直接管理，其工作的对象是地方机关，而不是管理对象。地方根据中央法律和指令要求，具体负责实施工作。

二、金融监管权限的归属

从现行法律政策来看，中央与地方金融监管权限的界限相对比较清晰，但从以政策主导转向以法治为基础的权限划分还有很大的改善空间。如果结合监管对象和权限内容，中央与地方金融监管权限划分内容包括以下三个方面：

（一）金融机构的监管权限归属于中央

从金融立法实践来看，《人民银行法》是由全国人大制定的，而《商业银行法》《银行业监督管理法》《证券法》《保险法》《票据法》《信托法》《中华人民共和国期货和衍生品法》则是由全国人大常委会制定的。显而易见，对银行、证券、保险等金融业的监管原则上应由全国人大及其常委会立法，并由中央行政机关负责执法。从这八部金融立法来看，有关金融基本制度的特征集中体现为：其一，法律适用范围是全国性的，而不是仅局限于省域。其二，金融交易行为的发生不受行政区域限制，大多数金融机构在全国范围内提供金融服务。其三，立法确定的是基本原则、核心制度，具体监管规则尤其是禁止性和限制性规则由国务院和中央金融管理部门制定。

在欧陆成文宪法中，金融监管事权属于联邦是一种通例。《瑞士联邦宪法》第 98 条要求联邦应当通过立法管理银行、证券系统、私人保险，以及其他领域的金融服务。《匈牙利基本法》第 42 条规定："关于监督金融中介体系的机构之规则，应由基本法律规定。"《奥地利联邦宪法》第 102 条要求联邦机关直接管理"货币、信贷、股票交易、银行"。《西班牙宪法》第 149 条第 1 款规定国家享有专属权力事项，其中包括"关于信贷、银行和保险规制的原则"。

但对定位于区域经营的金融机构和上市公司风险处置，中央监管政策却赋予了地方政府相关责任（见表 1-1），这在一定程度上导致了中央与地方权限划分的不对等，与金融法律规定不一致。《银行业监督管理法》第 13 条仅规定了地方政府的行政协助义务，即中央监管机构在处置银行业金融机构风险、查处有关金融违法行为等监管活动中，地方政府应当给予配合和协助。《证券法》第 180 条亦是规定仅在处理擅自公开发行或者变相公开发行证券设立公司时，中央监管机构会同地方政府予以取缔，以处置非法集资风险。

表 1-1 地方政府与中央监管部门派出机构职责分配一览表[1]

监管对象	地方政府职责	中央监管部门派出机构职责
证券公司、公募基金管理人、期货公司	地方政府配合实施。	派出机构负责与地方政府相关部门建立风险处置的协作机制。
上市公司	地方政府对辖区上市公司实施托管,处置有关上市公司风险。	派出机构负责配合,建立健全上市公司退市工作协调机制。
非上市公众公司	地方政府开展非上市公众公司风险处置工作。	派出机构负责协助、配合。
公司债券	地方政府负责具体风险处置。	派出机构按照规定负责公司债券违约事件的处置工作。
清理整顿各类交易场所	地方政府开展辖区各类交易场所清理整顿工作。	派出机构负责配合。
区域性股权市场	地方政府实施监管。	派出机构进行业务指导、协调和监督,对金融风险进行预警提示和处置督导。
私募基金	地方政府与派出机构协作	派出机构进行风险监测,与地方政府建立协作机制,共同实施风险处置。
银行业和保险业	地方政府承担属地金融风险处置责任	派出机构承担监管责任

（二）地方金融组织监管权限的归属

实务界和理论界对有关地方金融组织监管权限的归属存在很大的分歧,并基于大部分省级人大常委会已经制定或者拟定地方金融监督管理条例的立法议程,而将其权限界定为地方事务,即省级人大常委会立法并由地方金融监管机构作为执法机关。这种观点如果说在地方金融组织试点初期还有一定理据的话,那么,2017 年颁布的《融资担保公司监督管理条例》和 2019 年修订的《证券法》已经提供了法律上的一般原则:对地方金融组织的监督管理属于中央和地方共同事权,即中央立法,并由地方行政机关负责执行,但中

---

〔1〕 根据中国证券监督管理委员会令 2022 年第 199 号《关于修改〈中国证监会派出机构监管职责规定〉的决定》和原中国银行保险监督管理委员会令 2021 年第 9 号《中国银行保险监督管理委员会派出机构监管职责规定》整理。

央金融监管机构享有规则制定权。

1. 2017 年《融资担保公司监督管理条例》对监管权限的划分

2017 年《融资担保公司监督管理条例》作为行政法规是在 2010 年原银监会等七部委颁布的《融资性担保公司管理暂行办法》的基础上制定的。在 2010 年之后，全国 30 个省级政府（西藏除外）均颁布了相应的实施细则或者试行办法。《融资担保公司监督管理条例》既是对先前暂行办法效果评估基础上的一次法制完善，也是对地方金融监管机构权力的制度约束。与其他金融立法不同的是，《融资担保公司监督管理条例》第一次将普惠金融写入立法，明确了融资担保公司作为普惠金融服务主体的法律定位，同时也是第一次在中央立法层面对中央和地方金融权限划分作出规定。

2. 2019 年《证券法》对监管权限的划分

2019 年 12 月 28 日十三届全国人大常委会十五次会议第二次修订《证券法》时，明确对区域性股权市场的法律定位作出了规定，即区域性股权市场是为非公开发行证券的发行、转让提供场所和设施。但对于具体管理办法，《证券法》第 98 条授权国务院制定。根据文义解释，《证券法》通过授权方式确定国务院来制定管理办法，而这项权限亦本应全国人大常委会来行使。显而易见，区域性股权市场的立法权属于中央。《证券法》第 98 条规定是对区域性股权市场 10 年来政策实践的教训和经验的一个总结。自 2008 年天津设立第一家区域性股权市场以来，中央政府就把准入审批、日常监督等权限转移至省级政府。《国务院关于同意建立清理整顿各类交易场所部际联席会议制度的批复》（国函〔2012〕3 号）及附件正式确定了中央和省级政府之间的权限边界，《国务院办公厅关于规范发展区域性股权市场的通知》（国办发〔2017〕11 号）进一步明确区域性股权市场服务于中小微企业的功能定位。

3. 中央政策对监管权限的划分

2017 年 7 月全国金融工作会议明确提出："地方政府要在坚持金融管理主要是中央事权的前提下，按照中央统一规则，强化属地风险处置责任"。那么，如何理解金融管理主要是中央事权？政策实践一直坚持"谁审批、谁负责、谁处置"原则，即地方审批的，地方监管，地方担责，中央对地方有效监督，纠偏问责，这成为国家对地方金融监管的基本定位。[1]换言之，除经

---

〔1〕　参见殷勇：《进一步完善地方金融监管的几点思考》，载《清华金融评论》2018 年第 11 期。

营规则、监管规则、监管制度由中央金融管理部门制定之外，其他监管权限均由地方来行使。

为有效建立中央与地方金融监管机构的良性关系，国务院原金融稳定发展委员会办公室承担相应的沟通协调职责：协调建立中央与地方金融监管、风险处置、消费者保护、信息共享等协作机制；承担指导地方金融改革发展与监管具体工作；拟订金融管理部门和地方金融监管问责办法并承担督导问责工作。[1]而根据 2023 年 3 月中共中央、国务院印发的《党和国家机构改革方案》，组建中央金融委员会，设立中央金融委员会办公室，不再保留国务院金融稳定发展委员会及其办公室，将国务院金融稳定发展委员会办公室职责划入中央金融委员会办公室。

综合现行法律和政策来看，我国已经建立了对地方金融组织的双重监管体制，全国人大及其常委会和国务院享有立法权，而在监管行政权限上，除规则制定权属于中央金融管理部门之外，其他的监督权、检查权、处分权均属于地方（见图 1-1）。

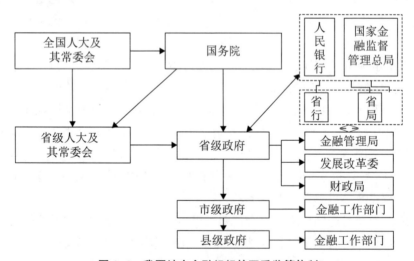

图 1-1　我国地方金融组织的双重监管体制

---

　　[1]　参见 2019 年《中国人民银行职能配置、内设机构和人员编制规定》第 3 条。

（三）防范处置非法集资事务的权限归属

在 1990 年代的金融秩序整顿中，主要是由人民银行组织领导取缔非法金融机构和非法金融业务，地方政府负责取缔之后的社会稳定问题，控制利益相关者对社会秩序的影响。随着金融业开放程度的提高，非法集资行为呈现出膨胀发展之势，尤其是借助互联网技术，非法集资涉案组织和涉案金额呈现井喷式增长，对金融秩序造成严重的破坏。根据非法集资犯罪的司法解释，[1]除存款类金融机构之外，其他金融机构、地方金融组织、普通企业或者个人均有可能实施非法集资行为。由于非法集资行为主体的广泛性，国务院于 2007 年 1 月同意建立由原银监会牵头的处置非法集资部际联席会议制度，会员由中央 18 个部门组成。与此相应的是，省级政府建立了由多部门组成的非法集资联席会议制度，其中包括中央金融管理部门派出机构。中央和地方在处置非法集资领域的权限划分体现了网格化的社会治理特点。根据《国务院关于进一步做好防范和处置非法集资工作的意见》（国发〔2015〕59 号）和《防范和处置非法集资条例》的规定，省级政府是防范和处置非法集资的第一责任人，地方各级政府实行属地管理责任。国务院建立处置非法集资部际联席会议制度，负责督促、指导有关部门和地方开展防范和处置非法集资工作，协调解决防范和处置非法集资工作中的重大问题。

第三节　地方金融组织的微型金融功能及对权限划分的影响

现阶段，我国中央与地方金融监管权限划分的基本框架已经清晰，但同时也出现错位和失位问题。一个核心议题是为何在微型金融领域发生权限划分？这就涉及地方金融组织监管权限划分之本质。

一、地方金融组织的形成与性质

小额贷款公司、融资担保公司、区域性股权市场等地方金融组织为什么会在 2007 年左右规模化出现，并在数量上获得迅速增长？这主要是由金融供

---

〔1〕《最高人民法院关于审理非法集资刑事案件具体应用法律若干问题的解释》（2022 修正）（法释〔2022〕5 号）。

给侧结构的失衡所驱动的制度变迁的结果。

我国国有银行股份制改革导致 1990 年代农村地区经营网点的大规模缩减，农村信用合作社也已经改制为农村商业银行，即使是仍然保留农村信用合作社的名称，但实际已经与商业银行没有本质上的差别。在这种情况下，农户为改善家庭成员生活以及扩大农业生产经营活动时无法获得便利化、适当的信贷资金。与农户相同，小微企业在获得信贷资金上也遭遇融资难融资贵的困境。由于小微企业本身缺乏充分的担保品以及信用记录，商业银行也不愿意为其提供信贷资金和其他金融服务。

为了解决农户被主流金融机构边缘化的问题，人民银行和原银监会于 2006 年开始试点新型农村金融机构，通过设立村镇银行、贷款公司、农村资金互助社等组织形式在县域范围内为农户和小微企业提供信贷资金。但是，中央金融管理部门推行这三种农村金融机构是非常慎重的，须经原银监会审批获得金融许可证之后才能在县域或者乡镇（行政村）范围提供金融服务。由于审批数量的有限，[1]这三种农村金融机构无法满足现实的需要，人民银行和原银监会于 2008 年初正式推行小额贷款公司。与贷款公司不同的是，小额贷款公司只需经过省级政府确定的主管部门的审批即可成立。而省级政府获得小额贷款公司试点资格的前提条件是，确定相应的主管部门，并承担风险处置责任。对于省级政府而言，若市级政府获得小额贷款公司的试点资格，也应确定主管部门并承担风险处置责任，这种行政发包制做法延伸至县级政府。融资担保公司、商业保理公司、典当行、融资租赁公司、地方资产管理公司、区域性股权市场亦经历类似的试点推行过程。

不幸的是，2007 年秋爆发的华尔街次贷危机很快波及全球，我国亦受影响。为刺激经济增长，中央采取了一系列的应对政策，其中之一是鼓励民间资本进入银行业。《国务院关于鼓励和引导民间投资健康发展的若干意见》（国发〔2010〕13 号）支持民间资本进入小额贷款公司，并对其涉农业务实行与村镇银行同等的财政补贴政策。

小额贷款公司、融资担保公司、区域性股权市场等审批权下放到地方政

---

[1] 根据在国家金融监管总局官网中的数据库查询统计，截至 2023 年 12 月 31 日，共有 14 家贷款公司、49 家农村资金互助社、1662 家村镇银行取得金融许可证，但分别有 13 家贷款公司、30 家农村资金互助社、26 家村镇银行退出市场。

府，进一步加剧了地方政府为获取金融资源而开展的相互竞争。产生的一个消极性后果是，地方金融组织成为我国影子银行体系的重要一环，既不接受中央金融管理部门的监督，地方政府亦缺乏实施监督的经济动因，导致先后发生了 2011 年温州民间借贷风波、鄂尔多斯民间借贷风波、云南泛亚有色金属交易所非法集资案、P2P 网络借贷非法集资案、农民专业合作社非法集资等重大金融风险事件。地方金融组织的业务经营在资本逐利的驱动下渐渐偏离了中央金融管理部门设定的服务农户和小微企业的政策目标。

为明确中央金融管理部门和地方政府之间的权责边界，中央政府先后发布《国务院办公厅关于加强影子银行监管有关问题的通知》（国办发〔2013〕107 号）、《国务院关于界定中央和地方金融监管职责和风险处置责任的意见》（国发〔2014〕30 号），确立了"谁审批、谁负责、谁处置"的基本准则。另外，国务院于 2015 年 12 月发布《推进普惠金融发展规划（2016—2020年）》，在国家政策中第一次将小额贷款公司、融资担保公司、融资租赁公司、典当行、区域性股权市场、农民专业合作社信用合作、众筹机构、投资公司（并购投资基金、私募股权投资基金、创业投资基金）作为普惠金融服务主体。与此同时，《推进普惠金融发展规划（2016—2020 年）》也明确了省级政府作为防范和处置非法集资的第一责任人。自此，承载普惠金融功能的地方金融组织进入了法制化发展轨道。国务院于 2017 年颁布实施《融资担保公司监督管理条例》，其立法目的就是支持普惠金融发展，并将《非存款类放贷组织条例》《处置非法集资条例》列入立法工作计划。

显而易见，地方金融组织的法律政策是将其作为主要服务农户和小微企业的普惠金融服务主体来对待的。这意味着，地方政府承担着双重职责：不仅对其实施监管，而且对其提供扶持措施。而这两种关系常常处于一种冲突状态。

从提供的金融服务特征来看，地方金融组织属于典型的非存款类、专业型的金融企业，并在业务经营地域范围上受到严格的限制。地方金融组织属于单体经营的非存款类金融机构，具有贴近服务对象的信息优势，缺乏跨区域从事金融服务的比较制度优势。在这种条件下，地方金融组织与商业银行集团化、国际化经营策略存在本质上的不同。地方金融组织提供小额、分散、非标准化的信贷资金及其他金融服务，集中体现为零售金融业务。区域性股权市场也是秉承私募股权市场和地方政府扶持中小微企业政策措施的综合运用平台的定位，禁止集中化、标准化的交易方式。

二、地方金融组织功能定位对监管权限划分的特殊要求

地方金融组织的功能及其服务性质对监管权限划分提出了特殊要求，主要体现在以下四个方面：

（一）立法权限属于中央，但应授权地方浪大的创制空间

在一般情况下，金融立法权限属于中央，但对于公共金融体系中的金融企业，地方亦应当有相应的立法权限，以因应不同地方的小微企业、农户、居民等生产经营与家庭生活的差异性。这在德国、意大利、瑞士等国家宪法和法律中得到了明确规定。

德国、意大利、瑞士并不存在类似我国地方金融组织的金融机构，而是通过地方政府出资成立的储蓄银行或者州立银行的方式为本地中小企业和居民提供金融服务。德国和意大利储蓄银行属于公法组织，由区、省、市镇政府出资组建。而农村银行、地区性信贷机构、区土地和农业信贷机构则是本地化经营的专业金融机构，为手工业、农业、中小土地所有者提供金融服务。瑞士州立银行与德国、意大利储蓄银行的性质是相同的，属于公法组织，承担履行相应的行政任务。存在差别的仅是，瑞士州立银行的出资者是州政府，而德国储蓄银行的出资者主要是州政府以下的地方政府，但基于瑞士人口和面积，这种区分的实际意义是不大的。

德国并不存在单独的一部储蓄银行立法，联邦《银行法》（KWG）第40条仅对储蓄银行的名称使用和组建条件作出了明确的规定，只有符合三个条件才能被认定为储蓄银行。[1]在法制演变中，前民主德国于1962年颁布了《储蓄银行法》，但在德国统一后成为州法继续有效，其后所有的新联邦州都

---

〔1〕 德国联邦《银行法》（KWG）第40条界定的储蓄银行条件包括：（1）公共储蓄银行符合《银行法》第32条规定的许可证授予条件，并获得金融许可证；（2）其他组织按照以前的法规以合法方式使用储蓄银行名称的；（3）储蓄银行在其制定的组织章程中，明确规定其特殊的任务，尤其是服务大众的商业经营目标、主要服务于注册所在地的地方经济的区域原则。第三个条件实际上要求，储蓄银行必须在组织章程中明确规定，如何提供金融服务以惠及本地经济，同时要求储蓄银行必须在注册所在地开展经营活动，原则上禁止跨出资者所辖行政区域提供金融服务。

制定了自己的储蓄银行法。[1] 各州的储蓄银行法进一步明确了所管辖区内的储蓄银行设立、出资、管理的规则，以及如何组建地区性和全国性的联合会。

《意大利共和国宪法》第 117 条在界定国家和区的立法权限分配时，分为国家专属立法权和区专属立法权，但列明 20 个具体事项可由国家授权给各区，由各区行使立法权。其中的授权立法事项包括储蓄银行、农村银行、地区性信贷机构，以及区土地和农业信贷机构。对于授权立法事项，国家仍然制定相关法律，确定各区立法的基本原则。

《瑞士联邦宪法》第 98 条第 1 款要求联邦立法应当考虑州立银行的特殊功能和地位。据此，瑞士《联邦银行法》（Bankengesetz，BankG）第 3a 条规定，州立银行是根据州法成立的公法组织，州政府必须持有至少三分之一的银行资本，并且拥有三分之一以上的表决权，并对州立银行的债务承担全部或者部分责任。虽然根据 1995 年《联邦银行法》，州政府不再必须为州立银行的储蓄存款提供担保，但事实上大多数州政府仍为州立银行提供担保。

德国、意大利、瑞士储蓄银行或者州立银行属于公法组织，通过地方政府直接投资的方式履行提供普遍金融服务的公共任务，在功能上与我国地方金融组织相同。值得注意的是，我国部分地方政府已经出资组建了小额贷款公司和融资担保公司，各级政府也设立了政策性融资担保公司或者基金，建立了全覆盖的政策性融资担保体系。

作为金融服务业的组成部分，地方金融组织接受的监督管理属于高权的一部分。为此，地方金融组织立法权限应当属于中央，从而保护其营业自由权。如果由地方单独行使立法权限，则很有可能对地方金融组织营业权利造成不当侵害。然而，地方金融组织提供金融服务的种类、提供服务的方式则会因居民、农户和小微企业所在的地域、行业、气候、季节、天气变化、生产方式、区域发展水平等存在很大的差异。因此，中央立法设定全面、统一的业务规范和监管规范是不适宜的，立法难度是非常高的。中央立法确定的应当是基础性的业务规范和监管规范。所谓基础性规范是指，中央立法设定规范所辖的具体范围，在特定范围内划定统一标准，并明确授权地方变更统

---

[1] 参见［德］汉斯·J. 沃尔夫等：《行政法》（第三卷），高家伟译，商务印书馆 2007 年版，第 282 页。

一标准的具体事项及要求。《融资担保公司监督管理条例》已经做出了初步的尝试，第 7 条第 1 款要求注册资本不低于 2000 万元，同条第 2 款则授权省、自治区、直辖市可以提高注册资本最低限额。根据文义解释，授权的对象既包括省级立法机关，也包括省级政府。因此，《四川省地方金融监督管理条例》第 13 条明确要求设立融资担保公司的注册资本不低于 1 亿元。遗憾的是，现阶段仅有融资担保公司行政法规对注册资本最低限额采取了这种做法。然而，《融资性担保公司管理暂行办法》授权省级政府制定实施细则是否涵括其他监管事项，行政法规和部门规章并未作出明确规定。

从立法权限划分来看，国家法律和行政法规属于框架性立法，规定基础性规范，省级人大及其常委会制定的地方性法规应当侧重于本省（市、区）范围的实施性规范。而现实的问题却是，在仅存在一部融资担保公司行政法规的条件下，省级人大及其常委会如何制定一部地方金融监督管理条例，涵括所有类型的地方金融组织。

（二）行政权限主要属于地方，但不适宜层层下放至县级政府

地方政府作为执法主体已经在行政法规和中央政策中得到了明确的规定，但现存的一个问题是，地方政府是指省级政府及其确定的地方金融监管机构，还是市级和县级政府及其确定的地方金融工作部门。对于这一问题，中央与地方存在一定程度的分歧。

《融资担保公司监督管理条例》第 4 条第 1 款授权省级政府确定的部门负责监督管理，但省级政府确定的部门是指省级政府部门，还是市级和县级政府部门呢？行政法规没有对此作出明确规定。但从《融资性担保公司管理暂行办法》第 7 条规定的省级政府确定的监管部门应向国务院融资性担保业务监管部际联席会议报告工作来看，省级政府确定的监管部门应当是省级政府部门，即省（市、区）地方金融管理局。

《国务院关于界定中央和地方金融监管职责和风险处置责任的意见》（国发〔2014〕30 号）明确要求"省级人民政府承担的金融监管职责，不能层层下放到市、县两级政府"。2018 年中央发布的《关于地方机构改革有关问题的指导意见》亦强调"省级人民政府承担的金融监管职责不能层层下放到市、县两级人民政府，各地要按照中央深化金融改革的精神，加强地方金融监管，

强化省级监管责任"。[1]

但现阶段，省（市、区）地方金融管理局的监管资源和监管能力还无法实现监管全覆盖，还需要借助市级和县级政府的行政力量。对此，现行地方金融监管立法采取了不同的做法。其一，《天津市地方金融监督管理条例》明确规定市地方金融监管部门负责实施；其二，绝大多数地方性法规确定了省市县政府地方金融监管部门按照"属地管理、分级负责"原则落实三级监管责任，具体包括山东、河北、湖北、内蒙古、安徽、吉林、江西、江苏等地方金融监督管理条例；其三，《四川省地方金融监督管理条例》则采取了折衷方式，在确定省地方金融主管部门负责监督的原则下，将地方金融组织的日常检查、数据统计等事项授予市级和县级政府地方金融主管部门承担，并行使省地方金融主管部门委托的行政处罚权。

但是，县级、市级、省级政府地方金融监管部门的权限配置存在一定的差异。《上海市地方金融监督管理条例》则明确了市与区金融部门之间的权限边界，即市地方金融监管部门负责地方金融组织及其活动的监管，承担制定监督管理细则、开展调查统计、组织有关风险监测预警和防范处置等职责。而区金融工作部门根据市地方金融监管部门的要求，对登记注册在本行政区域内的地方金融组织承担初步审查、信息统计等职责。换言之，对地方金融组织经营活动的实际规制权仍然集中在上海市地方金融管理局，而区地方金融工作部门主要负责辅助性和事实性监管行为。《浙江省地方金融条例》确定省地方金融监督管理部门负责全省地方金融组织监督管理以及组织、协调、指导金融风险防范与处置，而设区的市地方金融工作部门和县（市、区）政府确定的部门负责本行政区域内金融风险防范与处置以及特定的地方金融组织监督管理。如果说天津市、上海市地方金融监管机构统一行使行政权具有直辖市特点的话，那么，四川、浙江的做法显然更为符合行政法规和中央政策的要求。

从经济大国的国际实践来看，不存在一级政府、一级监管的金融监管体制。即使是美国和德国实行联邦与州金融监管权限的划分，也仅是要求州行使金融立法权和行政权，州以下的立法机关和地方政府并无监管权限。

---

〔1〕　引自浙江省地方金融监管局局长张雁云于 2018 年 11 月 27 日至 11 月 30 日浙江省十三届人大常委会七次会议所作的《关于〈浙江省地方金融条例（草案）〉的说明》。

在地方金融组织类型中，地方资产管理公司和区域性股权市场的数量受到中央政府的严格控制。地方资产管理公司在省、自治区、直辖市的数量至多为2家，而区域性股权市场在省、自治区、直辖市、计划单列市的数量最多为1家。在这种情况下，省（市、区）地方金融监管机构实施监督的难度较小，而小额贷款公司、融资性担保公司、典当行、融资租赁公司、商业保理公司、投资公司、农民专业合作社信用合作等数量之多，难以在省域范围内由一家地方金融监管部门实施监管全覆盖。在这种现实条件下，由市级和县级政府地方金融工作部门行使日常监督权、检查权，负责监管信息的搜集、整理、报送，并以受委托的方式行使行政处罚权，无疑具有现实合理性，并能提高监管效率。

从四川省的做法可以看出，金融监管权限中的监督、检查、制裁是可以分别由不同层级政府的金融监管或者工作部门来行使，至于如何具体配置，则主要取决于本省（市、区）执行监管事务的合理性、效率性等因素的考量。

在综合考虑省级与市县级政府行政权限配置时，应当同时把政府承担的扶持地方金融组织发展的职责考虑在内。与监督管理体现的规制行政不同的是，政府提供的扶持政策措施属于给付行政。而给付行政更多的是由地方政府来承担，允许并鼓励地方因地制宜地提高扶持力度。

由于监督管理和扶助发展存在一定的紧张关系，在监管权上收省级地方金融监管机构的同时，省市县级政府财政部门承担扶持措施职责，这要求地方金融监管机构与财政部门在适当分离的同时应建立协调机制，以促进地方金融组织的安全稳健与健康发展。从这一方面，监管行政权限并不适宜于层层下放至县级政府，建立委托授权模式较为适宜。

理论界亦提出建立省域范围的地方金融垂直监管体制，由省（市、区）地方金融监管部门及其派出机构对地方金融组织实现监管全覆盖，以此保证地方金融监管的独立性。[1]这种督察式金融监管体制借鉴了中央金融管理部门及其派出机构的模式，能够在一定程度上提高金融监管的权威，但忽视了地方金融组织与商业银行、保险公司等金融机构在金融服务类型、提供服务方式、市场功能定位上的差异。另外，中央金融监管机构改革的重心之一是

---

[1] 参见刘志伟：《地方金融监管权的理性归位》，载《法律科学（西北政法大学学报）》2016年第5期；王一鸣等：《完善地方金融监管体制思考》，载《中国金融》2019年第6期。

监管力量下沉，更能发挥基层监管优势。而委托授权模式的地方金融监管体制的优势在于，在适度分离金融监管机构与财政部门的同时，对市级和县级地方金融工作部门能够实施更大范围的监督制约，防止或者纠偏其管理行为。

（三）地方金融监管法制的核心：行为监管与金融消费者保护

2008 年国际金融危机的一个深刻教训是，金融监管机构过度崇尚传统的监管理念，即单个金融机构的稳健性能够确保整个金融体系的稳定。因此，在国际金融危机发生之前，英美欧陆国家对金融机构实施了非常严格的资本充足监管，允许商业银行高杠杆水平运营等。但是，国际金融危机表明，即使能够确保单个金融机构的稳健性，但金融机构不会自觉地把对于整个金融体系和顺周期金融监管有风险的行为内部化，而是外溢给金融市场，造成金融体系的不稳定。[1]因此，我国与其他国家在加强微观审慎监管的同时，加强了货币政策与宏观审慎管理协调的双支柱框架建设。显然，地方金融组织不涉及宏观审慎管理问题。

微观审慎监管的政策工具主要包括金融业的市场准入、资本监管、治理与风险管理、存款保险、最后贷款人、金融机构救助及破产等六个方面。显而易见的，地方金融组织仅涉及市场准入、资本监管、治理与风险、救助与破产等方面，但也显著不同于商业银行和其他金融机构。

不容忽视的是，美国、英国、德国、日本等金融业发达国家在国际金融危机后进行金融立法改革，加强了金融消费者保护，通过对金融机构经营行为（business conduct）的监管，[2]以保护金融消费者权益。

行为监管要求金融企业公平对待消费者。通过建立现场检查和非现场检查工作体系，金融监管机构对金融企业经营行为实施监督，包括信息披露要求、反欺诈误导、个人金融信息保护、反不正当竞争；规范广告行为、合同行为和债务催收；促进弱势群体保护；消费争议解决等。[3]显而易见，行为

---

[1] See Xavier Frexias etc., "Systenic Risk, Crises, and Macroprudential Regulation", *MIT Press Books*, Vol. 1, 2015, p. 199.

[2] See Andrew F. Tuch, "Conduct of Business Regulation", in Niamh Moloney, Eilís Ferran, and Jennifer Payne (eds), *The Oxford Handbook of Financial Regulation*, Oxford University Press, 2015, pp. 537–567.

[3] 参见孙天琦等：《金融秩序与行为监管——构建金融业行为监管与消费者保护体系》，中国金融出版社 2019 年版，第 17–18 页。

监管在监管工具选择上不同于微观审慎监管、宏观审慎管理，以及货币政策，在监管目标上存在着协同与冲突的双重关系。[1]

从地方金融组织的性质和定位来看，行为监管和金融消费者保护应当成为地方金融监管法制的核心。有效的审慎监管本身也是对金融消费者权益的有效保护，但行为监管更直接涉及每一位消费者的切身利益，并可通过监管保护得到救济。自2018年机构改革以来，中央金融管理部门加强了行为监管和消费者保护，但管辖的机构范围并不涵盖地方金融组织，而地方金融监管机构在组建中也忽略了作为弱势群体的金融消费者权益保护的职责。除山东省地方金融管理局设置了专门的金融消费者保护处之外，其他30个省级地方金融管理局均未设立专门的金融消费者投诉处理处室。

对于非存款类金融机构的监管，世界银行于2017年发布的《金融消费者保护的良好经验》认为，由于非银行信贷机构在大多数情况下不向社会公众吸收现金，主要是发放消费贷款，因而不属于审慎监管的范围。[2]小额贷款公司、融资担保公司、融资租赁公司、典当行、保理公司等作为专业型、非存款类金融机构，不具备较强的风险外溢性及风险传染性，与其他金融体系的关联度较低，[3]对其实施审慎监管措施可能会提高合规成本，进而提高金融服务的价格。尽管我国已经建立了较为完整的扶持地方金融组织发展的政策体系，以保障居民、农户和小微企业获得便利化的金融服务。但从居民、农户和小微企业作为金融消费者来说，提高其风险意识和水平、培养获取金融资源的技能和调配资金使用的能力更为关键。因此，地方金融监管机构应当建立通畅的投诉渠道，及时处理消费者投诉，与中央金融管理部门派出机构进行投诉信息共享与分析，为金融消费者提供救济应当成为地方金融监管法制的核心。

有效的行为监管和消费者保护需要中央与地方金融监管机构之间建立有效的投诉受理、处理、反馈机制。即使是属于中央金融管理部门派出机构的

---

〔1〕 参见黄辉：《中国金融监管体制改革的逻辑与路径：国际经验与本土选择》，载《法学家》2019年第3期。

〔2〕 参见孙天琦等：《金融秩序与行为监管——构建金融业行为监管与消费者保护体系》，中国金融出版社2019年版，第31-32页。

〔3〕 参见曾刚、贾晓雯：《重构地方金融监管模式》，载《中国金融》2018年第3期；颜苏、王刚：《地方金融监管立法仍在路上》，载《中国金融》2019年第12期；王一鸣等：《完善地方金融监管体制思考》，载《中国金融》2019年第6期。

事权，地方金融监管机构统一受理后亦应将事务处理移交中央金融管理部门派出机构，或者中央金融管理部门派出机构将其受理事务移交有管辖权的地方金融监管机构，这些合作机制都会大大提高金融消费者权益保护水平。

以行为监管和消费者保护为核心的地方金融监管法制也有助于防范处置非法集资活动的发生。近年来发生的大多数非法集资案件中均有地方金融组织显性或者隐性地参与其中。非持牌的商业企业也为消费者提供了金融产品。如果地方金融监管机构将消费者投诉与处理纳入日常工作，将会通过消费者投诉信息及时发现地方金融组织、非持牌商业企业甚至其他金融机构从事的非法集资和其他非法金融行为，进而采取防范处置非法集资的监管措施，并及时将涉及刑事案件移交公安机关进行侦查。

（四）监督管理与非法集资事项交织，监管科技驱动权限划分变革

2018 年中央金融监管机构改革之后，全国 31 个省级政府均成立了地方金融监管局，管辖范围涵盖了地方金融组织的全部类型。面对地方金融组织数量众多、经营分散的特点，省级地方金融监管机构加强了监管科技的运用。上海、广东、浙江、重庆、北京等地方金融管理局联合中央金融管理部门派出机构和其他部门建立了新型金融业态监测分析平台或者非法集资预警监测系统。预警监测系统的数据来源地方金融组织、工商数据、公共信用信息数据、舆情数据，并接入中央金融监管信息，以及线下数据等。这种预警监测系统实际上是涵盖了几乎所有的金融活动信息，通过大数据能够对地方金融组织和金融活动进行综合的、全面的数据采集，[1]无疑提高了对地方金融组织和非法集资活动实时监控的能力。

从新型金融业态监测分析平台或者非法集资预警监测系统的信息集成来看，两种不同金融事项合二为一进行预警监测显然能够提高事权的效率，但也对中央与省级、省级与市县级政府的权限划分产生一定的影响。具体来说：

其一，新型金融业态监测分析平台或者非法集资预警监测系统的信息采集、集成、管理、分析、可视化、安全与隐私保护、共享是一个完整的闭循环，需要省级地方金融监管机构与中央金融管理部门派出机构协作相互开放系统层面数据接口。只有整合跨行业、跨部门基础数据，才能提高监测地方

---

〔1〕　参见刘世平、马新：《大数据在地方金融监管中的应用》，载《清华金融评论》2018 年第 3 期。

金融风险与金融活动的及时性和准确性。那么，在金融事权划分明确的前提下，地方金融监管机构与中央金融管理部门派出机构之间的工作联动机制是实时性、动态化的，共享金融风险监测数据、风险监管信息自动报送、监管行动主动通告等已经成为各自管理工作的一部分。

其二，地方金融组织在业务经营上已经与商业银行建立了紧密的经济关系，按照监管规则在商业银行开设资金账户，或者与商业银行合作提供金融服务，或者从商业银行融入借款。因此，无论是中央金融管理部门派出机构对商业银行行使监督检查权，还是地方金融监管机构对地方金融组织行使监督检查权，均可展开联合执法检查，以提高识别、监测交叉金融风险的能力。新型金融业态监测分析平台或者非法集资预警监测系统为中央与地方金融监管机构联合执法、相互报送监管行动报告提供了精确的技术指引。

其三，新型金融业态监测分析平台或者非法集资预警监测系统在数据来源和采集上要求地方金融监管机构与市场监管部门、行业主管部门之间建立制度化的分工和协作关系。新型金融业态监测分析平台或者非法集资预警监测系统的数据来源除了线上数据之外，还来自线下数据，即地方政府基于社会网格化管理体系而挖掘、采集的数据。地方政府把防控非法集资活动纳入了基层社会网格化管理体系，将排查信息接入监测系统，对线下金融风险进行日常监测。因此，如何划分地方金融监管机构、市场监管部门、行业主管部门、基层社会管理部门之间的职权职责，成为制约中央与地方金融监管权限划分法制效果的重要影响因素。换言之，省级地方金融监管机构运用监管科技在提高监管效率和非法集资预警监测能力的同时，更加依赖与市县级政府、其他政府主管部门之间的紧密协作。

我国金融体系已经进入了金融社会化、普惠性阶段，金融服务成为社会成员经济行为和家庭生活的不可缺少的一部分。尤其对于低收入群体而言，获得基本金融服务具有缩小收入分配差距过大的经济效应。因此，金融体系结构的变化引发中央与地方金融监管权限的划分方式、划分标准、权限边界，以及二者良性互动关系的重塑。然而，我国采取了实用主义做法，在试点推行普惠金融服务主体时，并未提供详尽的业务经营规范和监督管理规范，而是在发生重大风险事件时采取运动式执法来整顿金融秩序。但地方在执法时，却发现执法依据、执法手段缺乏中央立法的明确授权，地方金融监管立法亦面临着"中央与地方金融立法事权必须准确划分"的达摩克利斯之剑。[1]

　　中央与地方金融监管权限划分的逻辑起点是监管事项的性质，在本质上属于金融宪法议题，这就需要宪法和金融法律对权限划分作出明确的界定，并体现金融事项的功能。与德国、美国联邦与州（省）金融监管权限划分不同的是，金融监管事项与普惠服务事项、金融风险处置事项交织在一起，这就需要在中央与地方金融权限划分时，不仅考虑立法权和行政权的配置，而要还要考虑规制行政权、给付行政权如何在省级与市县级政府之间的优化配置。

---

　　[1]　参见郑杨：《地方金融监管制度供给短缺 亟须地方立法高质量出台》，载《金融时报》2019年7月6日，第002版。

中央与地方金融监管权限划分的特征事实

我国中央与地方金融关系历经多次调整，金融事权的内涵和外延不断地发生变动，并曾出现多次反复。随着市场化、法治化金融市场的发展，中央与地方金融关系呈现相互调适的趋势。因此，从制度变迁的角度来探讨金融监管权限划分更能全景图式地深入了解中央与地方关系法治化进程的基本特征及其法律机理。

理论界对中央与地方金融关系已经开始了研究，探讨了新中国以来金融事权划分关系的阶段性特征，[1]但这种金融事权划分关系的范畴是宽泛的，而非法律意义上的金融监管权限划分。学者亦分析了金融改革开放以来地方政府参与金融管理的转型特征及走向，旨在实现从金融管理向真正意义金融监管的转变。[2]本书则以重大法制事件为基点，探讨不同阶段中央与地方金融关系的基本历程及其体现的特征事实，从而更为全面、准确地判定中央与地方金融监管权限划分的本质及其法制结构。

第一节　中央与地方金融监管权限划分的法制演进

在我国金融体制改革过程中，如何处理中央与地方政府之间的金融关系成为一个核心问题，贯穿于新中国金融体制 70 多年的发展历程。中央与地方政府对发展金融产业和调控管理金融风险的认知和实践并不完全一致。地方

---

〔1〕　参见傅勇：《中国的金融分权与经济波动》，中国金融出版社 2016 年版，第 42-52 页。

〔2〕　参见刘志伟：《改革开放后地方政府参与金融管理的历史与走向》，载洪艳蓉主编：《金融法苑》（第 100 辑），中国金融出版社 2019 年版，第 108-119 页。

政府在量化的经济发展指标考核下，采取的金融管理措施和手段很可能偏离中央金融政策的目标。这就需要在中央与地方政府之间对金融资源的管理权限作出合理的划分，即金融事权划分。当然，金融事权划分在我国不同时期呈现出不同的特征，亦曾出现集权—分权的循环现象。总体而言，中央与地方金融事权划分划分为两个阶段：一是新中国成立至改革开放初期（1949－1978）的金融事权划分阶段，二是改革开放以来（1979 年至今）的金融事权划分阶段。第一阶段呈现鲜明的不稳定特征，中央与地方金融事权划分的制度模式多次发生改变，真正意义上的金融体制尚未建立。第二阶段则随着我国社会主义市场经济的建立健全呈现出稳定性特征，但亦因中央与地方金融事权划分的不适当导致多次出现金融失序，最终通过全国范围的清理整顿才得以恢复。至 2008 年之后，中央与地方金融事权划分的制度模式更为正式化、制度化。中央与地方金融事权划分的制度演变不仅体现了中央与地方政府管理控制金融资源的权限划分，而且更为深层次地体现了政府和市场的关系，以及金融的本质。理论界已经对金融事权划分的演变进行了探讨，[1]但划分的标准及相应的阶段存在着差异。本书根据重大政策事件为标准，区分改革开放之前和之后两个阶段进行具体分析。

一、新中国成立至改革开放初期的金融事权划分

新中国是在对国民政府金融体制进行改造的基础上推进金融建设的。金融事权作为中央与地方经济管理权限的核心内容之一，历经了"集权→分权→集权→分权"之后，在改革开放前期进入了金融秩序整顿阶段，大致分为五个时期：

（一）金融体制恢复和逐步集权时期（1949－1957 年）

新中国在筹建时，面临着官僚资本、民族资本、私人资本与国有资本并存的经济格局。由于当时的生产力水平的限制，国家经济政策并不是立刻消除官僚资本和私人资本，而是通过没收官僚资本、引导民族资本和私人资本的方式，利用、限制、改造私人资本主义，国家逐步将金融资本及其管理权

---

〔1〕 参见傅勇：《中国的金融分权与经济波动》，中国金融出版社 2016 年版，第 42-52 页；洪正、胡勇锋：《中国式金融分权》，载《经济学（季刊）》2017 年第 2 期。

限集中于中央。

1949 年 9 月 29 日，中国人民政治协商会议第一届全体会议审议通过了具有临时宪法性质的《中国人民政治协商会议共同纲领》。（后文简称《共同纲领》）在宪法史上第一次对中央与地方金融关系作出了规定，主要体现为：其一，第 26 条规定金融政策作为经济政策之一，国家在金融政策方面调剂国营经济、合作社经济、个体经济、私人资本主义经济和国家资本主义经济。在宪法意义上，金融事项是以经济政策的功能来界定的，对行政机关提出了明确的工作指引。其二，第 39 条进一步从三个方面对金融政策的内涵进行了规定。首先，金融事业作为特殊行业应当接受国家管理，这是对金融事项的总体要求，包括货币事项、国有金融事业和私人金融事业。其次，货币发行权和法定货币是国家主权的体现和国家稳定的基础，只能由国家行使和经营。最后，私人金融事业受到宪法的保障，但应当接受国家监管。

而在实践中，人民银行已经于 1948 年 12 月成立，接管国民政府遗留下来的官僚资本银行，并将其改造成人民银行在各地的分支机构，逐步建立了国家银行体系，统一实施金融货币管理。人民银行实行总行、区行、分行、支行四级管理结构，由总行实施统一管理。

金融体制集中管理的模式对货币的统一和贷款调控能力的提高发挥着关键性作用，这在一定程度上保障了"一五"计划的顺利推进。在这一时期，地方政府没有获得相应的金融权限，人民银行统一领导银行管理体制，既承担发行货币、实施金融监管的任务，同时负责经营全国金融信贷业务，具有中央银行和商业银行的双重属性。[1]

（二）金融权限跃进式下放时期（1958-1960 年）

1957 年"一五"计划的提前完成，致使中央在作出经济决策时充满盲目乐观情绪。"二五"计划的一个鲜明特征是改革"一五"期间的中央集中管理体制，批量式下放经济管理权限。

1958 年 9 月，国务院发布《关于进一步改进财政管理体制和相应改进银行信贷管理体制的几项规定》，重新划分中央与地方信贷管理权限，授予地方最大程度上的权限。这次银行信贷管理权限坚持"存贷下放，计划包干，差

---

[1] 参见陈鹏、高瑞娜：《中国中央与地方经济关系研究（1949-1978）》，知识产权出版社 2018 年版，第 83 页。

额管理，统一调度"的原则，即人民银行总行除管理中央财政存款和中央企业贷款之外，其他存贷款业务的权限下放给地方政府。这次信贷管理权限下放突破了原来金融规章制度的规定，实行"大破大立""先破后立"，甚至出现部分地方的贷款计划权直接下放给企业，导致了信贷规模急剧膨胀。

1959 年 5 月《中共中央关于调整专区和县两级信贷管理权限的指示》提出，国家信贷资金管理权限应当较多地集中，不宜过分分散，应当由中央和省自治区两级集中管理，专区和县两级的信贷管理权要适当缩小。但由于当时的大跃进运动，后期的信贷管理权限上收的成效并不显著。

（三）金融权限再次集中时期（1961–1968 年）

基于对信贷管理权限引发通货膨胀的教训，中央加强了对货币发行和资金管理权限的统一行使。1961 年 1 月《中共中央关于调整管理体制的若干暂行规定》要求货币发行权归属于中央。人民银行亦于 1961 年 4 月发布《关于改变信贷管理体制的通知》，要求加强季度信贷计划管理，改变 1958 年以来实施的差额包干管理办法。1962 年 3 月国务院《关于切实加强银行工作的集中统一，严格货币发行的决定》指出，银行工作必须实行中央高度的集中统一，不仅包括货币发行权，而且包括信贷管理权。

1964 年 9 月全国计划会议提出"大权独揽、小权分散""统一领导、分级管理"的原则改进工作方法，扩大地方政府在计划管理、投资、物资分配等方面的权限，但金融权限仍由中央统一行使。

（四）金融权限下放时期（1969–1976 年）

自 1969 年 2 月全国计划会议之后，金融信贷管理体制发生了重大变革：其一，金融管理机构发生了变化，信贷管理权限也随之下放。人民银行与财政部于 1969 年 7 月合并，省级政府有权自行决定银行各级分支机构的设置，地方政府获得了对信贷资金的支配权。其二，信贷管理制度发生变化，实行农村信贷包干，对信贷利率进行全面调整。

特别是 1972 年人民银行重新制定《信贷、现金计划管理办法》，强化了地方政府管理权限。中央和地方共同管理物资、供销企业的信贷计划，地方政府负责计划的执行，并且有权调剂贷款指标和周转指标。

虽然这次信贷管理权限的下放有利于地方政府扩大基础设施规模，但大多属于盲目投资，重复建设。1972 年 9 月召开的全国银行工作会议强调银行管理的集中性，将财政业务和银行业务分开。但是，这些调整并没有改变"文化大革命"时期的经济失序局面。

（五）金融秩序整顿时期（1977-1978 年）

1977 年 11 月，国务院发布《关于整顿和加强银行工作的几项规定》，旨在加强银行机构和银行业务的集中统一管理。这次整顿进一步界定了金融与财政、中央和地方管理的关系：其一，人民银行与财政部分开，地方分支机构以此与地方财政部门分开。其二，地方各级银行机构实行双层管理体制，接受人民银行总行和地方政府的双重领导，以总行领导为主，统一银行管理体制。通过整顿，金融秩序逐步得到了恢复。

二、改革开放以来的中央与地方金融事权划分

改革开放以来，中央与地方金融事权划分也经历了"放权→收权→放权"阶段，但规范化、法制化的程度得到了显著提高。

（一）金融体制的恢复和重建时期（1978-1993 年）

改革开放初期，经济快速发展对信贷资金的需求大幅度增加，地方政府为了实现经济扩张的目的，变相将计划内资金转变为计划外资金，地方政府对管理权限的诉求增加。[1]1978 年 1 月，人民银行正式从财政部独立出来。与此同时，金融机构也得到了恢复和组建，包括农业银行、中国银行、中国人民建设银行、工商银行。特别是 1983 年国务院颁布《国务院关于中国人民银行专门行使中央银行职能的决定》，人民银行在货币政策制定和执行上的权限得到了明确的界定。然而，四大国有专业银行分支机构的管理模式类似于人民银行，接受总行和地方政府的双重领导。在这种管理体制下，地方政府对信贷资金的实际控制权得到了强化。

1982 年《宪法》的颁布具有里程碑的意义，与前四部宪法比较而言，对中央与地方关系的调整具有主要体现在以下几个方面：首先，在立法权方面，对全国人大及其常委会、国务院、省级人大及其常委会的立法权限进行明确的界定。其次，确立了中央和地方政府的经济管理权限，并且授权国务院确

---

〔1〕 参见卜启圣、蔡建和：《建立中央与地方金融双层控制体制的设想》，载《财经理论与实践》1990 年第 5 期。

定中央和省级政府行政机关职权的具体划分。最后，确定了中央和地方国家机构职权划分的基本原则，即遵循在中央的统一领导下，充分发挥地方的主动性、积极性的原则。但是，与《共同纲领》比较而言，1982 年《宪法》缺乏对金融事项的专门条款规定，而是将金融作为经济工作的内在一部分。在其后的政治管理体制调整中，中央下放了对地方政府领导人的人事管理权，由原来的"下管两级"转变为"下管一级"。

虽然国家法律和政策没有对中央和地方金融权限进行划分，但地方政府实际上具有一定范围的信贷管理权，在一定程度上推动了地方经济发展，但由于缺乏正式的法律制度，后期出现了金融秩序混乱问题。地方政府对金融信贷管理权的实际获取主要是通过以下几种方式：

其一，人民银行享有信贷审批权，但其分支管理体制是按照行政区划设置的，除总行之外，在省级设立一级分行、地级市设立二级分行、县级设立支行。然而，省分行长的人事任命权集中在各省党委，因而受到地方因素的影响。地方通过人民银行分支机构向总行施加压力，从而要求向本地企业增加贷款规模或者放松对本地金融机构的监管。

其二，地方政府对国有商业银行进行实际控制，从而要求国有银行向本地企业提供贷款资金。四大国有专业银行在分支机构设置上采取的模式与人民银行是相同的，分为总行、一级分行、二级分行、支行。与此同时，国有专业银行分行长的人事决定权在地方，地方党委享有对分行长的任命、考核、晋升等人事权。在这种条件下，国有专业银行分行长会与地方进行紧密合作，甚至会联合地方政府，获得分支机构在地方信贷的支配权。而在同期的股份制银行组建中，如上海浦发银行、深圳发展银行、福建兴业银行等，省级政府成为主要股东，以影响股份制银行对本地经济发展的信贷资金投放规模。

其三，地方政府参与成立信托投资公司，利用利率管制宽松的监管规则进行制度套利，成为地方政府筹措资金的重要管道。信托投资公司为非存款类金融机构，不得向社会公众吸收存款。但在实际运行中，信托投资公司往往变相地从事吸收存款业务和其他不当行为，破坏了正常的金融秩序。[1]国务院先后于 1982 年、1985 年、1988 年进行三次信托业整顿。

在这种条块结合的模式下，中央金融政策往往不能真正落实，人民银行

---

〔1〕　参见陈印歧：《中央与地方的金融管理权限关系》，载《经济研究参考》1994 年第 Z1 期。

分支机构的职能严重地方化，亟须重塑中央和地方分层次的金融宏观调控机制。[1]

（二）金融秩序整顿时期（1994-2006 年）

《国务院关于金融体制改革的决定》（国发〔1993〕91 号）提出了加快制定金融立法的要求，这大大推动了金融立法进程。标志性的事件是，1995 年成为中国金融立法年。全国人大及其常委会先后颁布《人民银行法》《商业银行法》《担保法》《保险法》《票据法》，这为金融秩序整顿提供了法律依据。这五部立法虽然没有涉及中央与地方金融事权划分问题，但地方金融风险仍然不可忽视。

金融整顿的一个重点是农村合作基金会。在一些地方政府的不当干预下，农村合作基金会向社会公众吸收存款，用于地方建设，甚至被乡政府挪用，背离了农村资金互助的初衷。[2]关闭农村合作基金会的一个前提条件是，农民在合作基金会的存款得到兑付。1994 年四川出现了许多农民聚众冲击乡政府要求合作基金会兑付事件。在中央和省级政府的协调下，四川救助方案是由国有商业银行借贷给省政府资金，年末抵扣四家银行对省政府上缴的营业税。但这种救助方式具有财政救市特征，其后在重庆方案中改采中央银行再贷款方式。人民银行与财政部联合发布《地方政府向中央专项借款管理规定》（银发〔2000〕148 号），确保了再贷款的有效收回。在面对处置金融风险事件时，中央和地方政府之间的协作成为关键性的制度安排。

在我国地方金融风险事件爆发和亚洲金融危机的影响下，中央加强了金融管理权限的集中，1997 年 11 月第一次全国金融工作会议专门研究讨论了《中共中央、国务院关于深化改革，整顿金融秩序，防范和化解金融风险的通知》。一个核心的问题是金融要适当集中，金融调控权集中于中央，地方不得干预。[3]为此，中央成立金融工委和国有大型金融机构系统党委，加强对金融工作的集中统一领导。另外，人民银行撤销省级分行，设立跨行政区域分行，防止地方政府领导不当干预中央银行分支机构。从金融监管机构设置来

---

〔1〕 参见黑延成：《发挥中央与地方两个积极性和分层次金融宏观调控》，载《天津金融月刊》1994 年第 11 期。

〔2〕 参见戴相龙：《对金融秩序八年整顿的回忆》，载《中国金融》2018 年第 14 期。

〔3〕 参见戴相龙：《回顾 1997 年全国金融工作会议》，载《中国金融》2010 年第 Z1 期。

看，证监会、原保监会、原银监会分别于 1992 年、1998 年和 2003 年成立，中央高度集中的金融监管体制已经形成。

国有商业银行根据《商业银行法》进行调整，由总行对分支机构实行统一核算、调度资金、分级管理制度，分支机构不再按照行政区划设立。这种调整产生的效应是双重性的，一方面，国有商业银行受到的地方政府的干预得到了削弱，但另一方面，国有商业银行县及乡镇分支机构的大规模撤离，导致农户获得信贷资金的难度增加，出现了农村金融排斥问题。

值得注意的是，地方政府承担着特定的金融风险处置责任，同时获得部分金融领域的实际控制权，主要体现在以下四个方面：其一，在 1993 年开始的金融秩序整顿中，对地方政府不当干预金融行为的纠正是一个重要内容。因此，地方政府开始承担属地意义上的责任。国务院于 1998 年 7 月发布《非法金融机构和非法金融业务活动取缔办法》确定了地方政府的职责：非法金融机构和非法金融业务活动发生地的地方政府，负责组织、协调、监督与取缔有关的工作，配合和支持人民银行领导的取缔工作。

其二，地方政府加强对城市商业银行的实际控制。1995 年《城市商业银行暂行管理办法》允许地方政府以财政资金设立城市商业银行，地方财政成为最大的股东，但持股比例不得超过 30%。然而，地方政府亦通过国有企业投资的方式间接控制城市商业银行的多数股权，实际控股高达 76.3%。另外，城市信用合作社在金融秩序整顿过程中发生组织变革，经过短暂的转制为股权不稳定的城市合作银行之后，最终改制为城市商业银行，而地方政府成为城市商业银行的控股股东。

其三，中央开始将农村信用合作社的管理权限下放省级政府。在农村信用合作社试点改革过程中，国务院于 2003 年 6 月发布《深化农村信用合作社改革试点方案》，首次确立了"国家宏观调控、加强监管，省级政府依法管理、落实责任，信用合作社自我约束、自担风险"的监督管理体制，对省级政府、原银监会的职能作出了列举式规定。国务院办公厅于 2004 年 6 月转发原银监会、人民银行《关于明确对农村信用合作社监督管理职责分工的指导意见》，进一步明确了省级政府全面承担的管理和风险处置责任，并规定了人民银行的职责。基于此，省级政府获得了对农村信用合作社的实际控制权，但中央金融管理部门缺乏对省级政府管理行为的约束，造成农村信用合作社可能成为省级政府的第二财政机构问题。

其四，省级政府通过获取上市公司配额的方式获得资本市场管理权，成为选择公司上市的实际控制者。1993 年《中华人民共和国公司法》（后文简称《公司法》）第 77 条要求股份公司的成立需要经过国务院授权部门或者省级政府批准，直至 2005 年修订时给予取消。这意味着，企业在申请上市时，必须先经省级政府或者中央企业主管部门审批后，才能到证监会进行复审。省级政府审批权的行使是受到约束，即对审批公司上市的数量必须在中央下达的发行规模内。这种审批权限划分旨在利用鼓励地方政府之间的竞争，对于选择公司比较好的地方政府，给予更多的配额指标；表现不佳的地方，在下一年度分配更少的指标，从而在中央政府和地方政府的行政关系中解决公司上市的选择问题。[1]

（三）地方金融快速发展时期（2007 年至今）

农村金融排斥问题随着农村信用合作社商业化改制变得更加严重，中央旨在通过新型农村金融组织的制度安排来解决这一问题。人民银行和原银监会以试点方式推行村镇银行、贷款公司、农村资金互助社，以及小额贷款公司。与其他农村金融组织不同的是，小额贷款公司的监管权限已经转移至省级政府。《关于小额贷款公司试点的指导意见》（银监发〔2008〕23 号）要求省级政府必须在明确一个主管部门负责监管，并承担风险处置责任的条件下，才能获得在县域范围试点小额贷款公司的资格。小额贷款公司的试点推行表明，地方政府正式地获得了对特定金融企业的监管权限。

此外，省级政府根据《国务院办公厅关于进一步明确融资性担保业务监管职责的通知》（国办发〔2009〕7 号）的规定，负责本地区融资性担保机构的设立审批、关闭与日常监督。典当行、融资租赁公司、商业保理公司的监管权限也于 2018 年 4 月起由商务主管部门转移至金融监管机构。[2]

在应对 2008 年国际金融危机时，为了解决中小企业融资难问题，中央下放了区域性股权市场和其他商品市场的审批权限。省级政府充分利用这一权限以发展本地金融产业，组建了股权交易市场和其他商品集中交易市场。但

---

〔1〕 参见沈朝晖：《证券法的权力分配》，北京大学出版社 2016 年版，第 137-152 页。

〔2〕《商务部办公厅关于融资租赁公司、商业保理公司和典当行管理职责调整有关事宜的通知》（商办流通函〔2018〕165 号）已于 2018 年 4 月 20 日将制定融资租赁、商业保理和典当行三类公司的业务经营与监管规则职责划给原银保监会。

由于怠于有效监管，区域性股权市场变相出现了集中竞价、非法集资等行为，中央开始实施对区域性股权市场的整顿，从数量进行控制，只允许省级政府成立 1 家股权交易市场。《国务院关于清理整顿各类交易场所切实防范金融风险的决定》（国发〔2011〕38 号）进一步划分了中央和地方监管权限的边界，即中央负责监督其审批成立的从事金融产品交易的交易场所，由国务院金融管理部门负责日常监管，其他交易场所均由省级政府按照属地管理原则负责审批监督，以及统计监测、违规处理和风险处置工作。

地方政府也积极推动金融组织创新，解决民间资金借贷引发的风险事件。《温州市民间融资管理条例》成为我国第一部地方金融的专项立法，提供了民间资本管理机构、民间融资登记服务机构两种组织形式。这种新型金融制度安排很快在山东、湖北、云南等地推行。

在中央政策主导、地方政府负责监管的模式下，地方金融监管权限的合法化成为亟待解决的问题。《中华人民共和国国民经济和社会发展第十二个五年规划纲要》第一次明确对地方金融监管事权进行了界定："完善地方政府金融管理体制，强化地方政府对地方中小金融机构的风险处置责任"。《中华人民共和国国民经济和社会发展第十三个五年规划纲要》进一步要求"完善中央与地方金融管理体制"。《中华人民共和国国民经济和社会发展第十四个五年规划和 2035 年远景目标纲要》对金融监管体系和金融监管能力提出了明确的要求，即"完善现代金融监管体系，补齐监管制度短板，在审慎监管前提下有序推进金融创新，健全风险全覆盖监管框架，提高金融监管透明度和法治化水平。"

2023 年 3 月，中共中央、国务院印发了《党和国家机构改革方案》将"深化地方金融监管体制改革"作为 19 项机构改革任务之一，明确要求"建立以中央金融管理部门地方派出机构为主的地方金融监管体制，统筹优化中央金融管理部门地方派出机构设置和力量配备。地方政府设立的金融监管机构专司监管职责，不再加挂金融工作局、金融办公室等牌子。"《国务院机构改革方案》推进的国家金融监督管理总局的组建、证监会职能的调整、人民银行职责及分支机构改革亦对地方金融监管体制改革产生关联性影响。

综合来看，从 2007 年中央授权省级政府金融监管权限以来，中央与地方金融事权划分出现了新的特点，具体表现为：其一，以监管对象为标准，地方政府获得了对特定范围的金融企业和业态的监管权限。2017 年 7 月全国金融工作会议及其后发布的《中共中央国务院关于服务实体经济防控金融风险深化金融改革的若干意见》（中发〔2017〕23号），明确了地方金融监管对象的范围，即负责对小额贷款公司、融资担保公司、区域性股权市场、典当行、融资租赁公司、商业保理公司、地方资产管理公司等金融机构实施监管，强化对投资公司、农民专业合作社、社会众筹机构、地方各类交易所等的监管，亦被称为"7+4"监管对象。

其二，"7+4"监管对象属于普惠金融服务主体，其机构的功能定位为小微企业、农户、低收入群体提供适当、有效的基本金融服务。而对于商业银行等存款类金融机构的监管权限仍由中央金融监管机构行使，地方政府不得干预。

其三，在地方政府对"7+4"监管对象实施监督时，中央有权制定相关的监管规则，实行中央统一规则下的地方政府负责制。换言之，中央金融管理部门对"7+4"监督权限仍是存在的，但仅限于全国统一业务规则和监管规则的制定，而地方负责市场准入、日常监督、市场退出及风险处置责任。

其四，中央与地方金融事权划分的法制化进程加快。国务院已经颁布了《融资担保公司监督管理条例》《防范和处置非法集资条例》，还将颁布地方金融监督管理条例等行政法规。山东、河北、天津、四川、上海、浙江等省市立法机关已经颁布实施了地方金融监督管理条例，广东、重庆、海南等地方金融立法正在稳步推进。

三、中央与地方金融事权划分制度的演变特征

综观新中国70多年的发展进程，中央与地方之间始终存在着权限划分问题，地方政府在最大程度上利用多种方式争取对金融资源的控制。中央与地方金融事权划分体现出三个方面的演变特征：

（一）金融事权划分的制度模式受到财政体制转型的影响

中央与地方金融事权划分显著地受到财政分权的影响，金融管理体制改革与财政管理体制是同步推进的。在新中国成立后的国民经济恢复和"一五"时期，中央建立了统收统支的财政管理模式，即"条条"财政管理体制，相应的银行体制也是高度集中模式。在其后的财权下放地方时期，金融信贷管理权同时下放给地方政府。即使是在国民经济调整时期和"文革"时期的财政集权和分权，金融信贷管理权也是同时上收和下放。在计划经济时代，金

融和财政是作为经济计划的主要手段而存在的。

但在改革开放后，地方政府获得较大的经济管理权限是经济快速发展的一个重要因素。在 1993 年之前，金融体制处于恢复和重建阶段。由于地方政府可以通过人事管理手段对人民银行和国有金融机构的分支机构进行人事控制，再加上地方政府财政收入较为充足，中央与地方金融关系处于相对稳定状态。但是，1994 年分税制改革加剧了中央与地方金融事权划分的紧张关系。

地方政府的财政收入随着分税制改革出现了减少，但承担的财政支出责任在加大。为了推动经济增长，中央一方面授权地方政府更大的经济管理权限，另一方面通过经济增长的量化指标考核逐级下放至县级政府，县级政府成为我国经济增长的基本单元。但是，地方政府财政收入满足不了固定资产投资的需求，因此会通过非正式的手段干预金融机构对本地经济的信贷资金投放规模。在国有商业银行分支机构跨行政区域设立和信贷审批权限上收后，地方政府对国有商业银行的实际控制减弱，但仍可以通过控制农村信用合作社、城市商业银行、信托投资公司等来施加影响。

在发展型财政体制下，地方政府往往通过对金融权限的诉求来吸引金融资源，满足发展地方经济的需求。在早期，地方政府利用信托投资公司推动地方优先项目的实施，但由于内部管理、资金运作和投资管理不善等产生诸多问题，导致金融失序。在经历中央政府领导的五次整顿后，地方政府的影响是非常有限的。

但在应对 2008 年国际金融危机时，中央政府提供了 4 万亿财政刺激方案，但其中的 70%的资金是由地方政府承担的。为保障地方政府有效的筹措资金，人民银行和原银监会于 2009 年发布《中国人民银行、中国银行业监督管理委员会关于进一步加强信贷结构调整促进国民经济平稳较快发展的指导意见》，允许地方政府组建融资平台，导致地方政府融资平台公司膨胀式发展。地方政府融资平台公司与影子银行业务交织在一起，成为系统性金融风险的主要来源之一。另外，地方政府对财政资金的需求导致地方政府对中央金融政策的选择性执行。

在公共型财政体制下，地方政府对金融资源的诉求出现了理性化趋势，即地方政府的监管对象提供的是金融领域的公共产品，满足经济弱势群体对普遍服务的需求。地方政府的金融职责在公共型财政体制下发生了变化，一方面，为普惠金融服务机构提供财政补贴、风险补偿和其他扶持措施。这里的金融机构包括中央金融监管对象，同时包括地方金融监管对象。另一方面，地方政府通过财政出资的方式设立政策性担保机构，将其定位为服务于小微企业和农户的公有制金融机构，重塑国有金融资本的公共属性。

（二）　金融事权划分的对象范围仅限于提供普惠金融服务的微型金融机构

金融事权划分的对象范围从中央银行和国有金融机构转变为普惠金融服务主体。在计划经济时期，人民银行除了承担中央银行职责外，还提供商业银行的业务。而国有专业银行同时提供商业性和政策性金融服务。地方政府享有的是对人民银行和国有专业银行分支机构的人事管理权和信贷资金控制权。但是，当人民银行恢复为中央银行，以及国有银行股份制改革完成后，地方政府享有权限的对象转移至由其控股的城市商业银行、信托投资公司等金融机构。但地方政府行使控股权受到《公司法》和国有金融资本管理制度的约束，地方政府不得随意进行干预，这就约束了地方政府的不当行为。实际上，中央政府组织的历次金融秩序整顿，其中的一个目的就是规范地方政府的金融行为。

高度集中管理的金融体制能够为工业化提供充足的信贷资金，但同时造成了小微企业融资难融资贵的问题，以及农村金融的空洞化。原有的金融体制无法解决这一问题。为此，中央提供了新型的金融制度安排，通过小额贷款公司、融资担保公司等为小微企业和农户提供金融服务。但是，这种新型制度安排具有鲜明的草根金融属性，主要是利用熟人社会的信用信息在县域范围内提供关系型信贷和其他金融服务，这也是其制度优势。这是中央与地方金融权限划分时必须考虑的一个重要因素。显而易见的是，中央金融监管机构无法延伸至这些微型金融机构，在这种条件下，中央授权省级政府指定的监管部门履行监管职责。另外一个的考量因素是，这些微型金融机构是因应解决金融排斥问题而出现的组织形态，其发展效果在很大程度上取决于地方政府的扶持力度。

在这两种因素的共同影响下，中央金融管理部门在将监管权限下放给地方政府的同时，要求地方政府提供相应的扶持政策。这表明，地方政府实际享有的权限空间是非常大的，有可能造成中央金融管理部门对地方监督的软约束，还有可能导致产生地方金融监管规则朝底竞争，放松监管强度。因此，对于小额贷款公司等微型金融机构，中央金融管理部门仍有权制定相应的业务规则和监管规则，并为地方制定实施性细则提供制度空间。从现阶段来看，中央与地方金融事权划分在对象范围方面具有双重内涵：其一，地方政府仅获取对小额贷款公司等微型金融机构的监管权限，负责市场准入、日常监督、市场退出及风险处置责任，地方政府无权对商业银行等存款类金融机构实施监督；其二，中央政府及金融监管机构有权对地方政府金融监管对象制定全国统一的业务规则和监管规则，并由地方政府及其金融监管部门负责实施。因此，小额贷款公司等微型金融机构的发展情况，不仅取决于地方政府金融监管的质量和效率，同时受到中央金融规则的影响。

（三）中央与地方之间职权职责并不完全匹配

在金融职权职责的匹配程度上，地方政府行使的职权和承担的职责并不是一一对应的，从非正式监管权发展到承担属地原则的风险处置责任之后，实现了正式的监管职权和风险处置责任的结合。

在计划经济和有计划的商品经济时期，地方政府对国有金融机构的控制权更多的是通过分支机构领导的人事任免来实现的，干预形式和手段是非正式化的。

为实现对地方政府金融干预行为的纠偏，中央在金融秩序整顿时，要求地方政府按照属地原则承担非法金融机构和非法行为的处置责任，试图通过将金融干预行为的动机和后果捆绑在一起的方式对地方政府行为进行约束，并取得了一定的成效。但在高度管制的金融体制下，造成了小微企业和农户的融资困境。

为解决金融排斥问题和应对2008年国际金融危机，中央政府通过大规模放权的方式发展普惠金融服务主体，并将监管权限及其风险处置责任下放至省级政府。与此类似的是，省级政府在保留审批权的同时，将日常监督、市场退出和风险处置的责任层层下放，直至县级政府，形成了鲜明的行政发包制特征。[1]

地方政府承担的职权范围和职责范围并不一致，风险处置责任的范围远大于其承担的监管职权的范围。在职权方面，地方政府仅能对"7+4"监管对象实施行政许可、行政处罚、行政强制、行政检查。但在职责方面，地方

---

〔1〕　参见孟飞：《金融分权的逻辑：行政发包制及其影响》，载《上海经济研究》2017年第12期。

政府承担的风险处置责任是较为宽泛的，除了"7+4"监管对象之外，还承担其他领域的风险处置责任，主要包括：其一，地方政府实施风险处置及救助的对象包括中央金融管理部门的监管对象，即金融机构及上市公司。地方政府承担着特定的城市商业银行、信托公司等非存款类金融机构、上市公司和非上市公司的风险处置责任，即使是这些金融机构是经过中央金融管理部门的审批，取得金融许可证。从法律实践来看，地方政府承担金融机构及上市和非上市公司的市场退出的监管职责也是其市场化金融风险处置责任的成功经验。

其二，地方政府承担着宽泛意义上的非法集资的风险处置责任。1998年《非法金融机构和非法金融业务活动取缔办法》确定了地方政府按照属地原则承担的组织、协调、监督与取缔有关的工作。《防范和处置非法集资条例》第19条列明了4种具体的涉嫌非法集资情形，并赋予处置非法集资牵头部门调查认定其他涉嫌非法集资行为的裁量权。而从实践来看，非法集资行为的主体是非常宽泛的，非存款类金融机构、普通商事企业，甚至个人均有可能从事非法集资行为，造成了地方金融风险处置责任的泛化。[1]

四、中央与地方金融事权划分演变的法律意涵

从金融事权划分的演变来看，中央与地方之间存在着多重关系。这种多重关系的厘定和划分应当充分考虑中央与地方政府偏好的差异。从外在形式上来看，金融事权划分表现为中央与地方政府之间的管理权限的划分，但其内在实质显然不是同一管理权限在中央与地方政府之间的配置，而是在合理界定政府和市场关系的基础上，确定各自的边界，以及相应的协作和监督关系。

在改革开放之前及初期，我国金融机构和金融产品相对较为单一，因而金融宏观调控和监督管理的职能是混同在一起的。地方政府往往利用其实际人事控制权和金融机构控股权，尽可能地获得金融资源，从而导致了中央货币政策的失调。在这种情况下，中央政府加强了人民银行独立性的制度建设，通过跨区域设立分支机构保障货币政策传导机制的畅通，这是历经多次教训之后的总结。

在发展型财政转型为公共型财政之后，地方政府承担提供金融领域的公共产品的职责，即为低收入群体提供普惠金融服务。金融的本质亦从产业金

---

[1]　参见殷勇：《进一步完善地方金融监管的几点思考》，载《清华金融评论》2018年第11期。

融转向为普惠金融。为有效地发挥地方政府的积极性，中央将普惠金融机构的监管权限正式下放给地方政府，从而形成了双重金融监管体制，即金融事权划分的理性制度模式。在这种模式下，中央职权集中为法律和基本规则的制定，地方政府负责具体执行。当然，中央与地方之间不再是单纯的"命令—服从"关系，而是同时存在着协作和监督关系。

协作关系表明，中央和地方政府各自的权限边界是清晰的。对于交叉性金融问题的处理，由中央和地方金融监管部门行使各自权限共同解决，并对其监管行为承担相应的责任。监督关系意味着，中央对地方政府及其地方金融监管部门进行指导和监督，将发现的金融风险点和风险事件及时通告地方金融监管部门，并监督其采取相应的措施。当然，中央与地方之间的权限边界以及协作监督关系的保障依赖于国家立法的完备。只有在中央制定相应的法律和行政法规后，中央与地方金融事权划分才能达到稳定，金融权限的配置才能实现金融安全和保护金融消费者权益的目标。

第二节　中央与地方金融监管权限划分的行政逻辑[1]

中央与地方金融监管权限划分属于事权划分的范畴。均权理论、事务本质理论、核心领域说、功能最适理论、剩余权归属说、程序保障理论等中央与地方事权划分理论为金融监管权限划分提供了法理基础。但是，这些理论在面对中国金融监管权限划分实践时却无法全面精确解释中央、省、市、县等多层级政府之间关系：不仅中央政府承担特定范围的监管职责，而且省级、市级、县级政府也分别承担特定范围的监管职责。这就需要对不同层级的政府在地方金融组织监管体制中的定位做进一步的分析，而行政发包制理论提供了一个有效的分析框架。行政发包制理论是对中国政府治理关系做出精准描述的具有影响力的理论模型，通过行政权的分配、经济激励、内部考核与控制等三个维度刻画了中国政府间关系的长期稳定和鲜明的重要现实特征。[2] 作为中央和地方事权划分的行政发包制也为金融事权划分实践特征提供了精

---

〔1〕　本节内容已经公开发表，详见孟飞：《金融分权的逻辑：行政发包制及其影响》，载《上海经济研究》2017 年第 12 期。

〔2〕　参见周黎安：《转型中的地方政府：官员激励与治理》，格致出版社、上海三联书店、上海人民出版社 2017 年版，第 29-76 页。

确而又强有力的分析工具。本书旨在借助行政发包制这一政治经济学理论模型，用概念性方法思考中央与地方金融监管权限划分的现实逻辑，从而为金融监管权限划分法治化发展提供理论参考。

一、行政发包制的理论渊源及分析框架

行政发包制理论是由北京大学光华管理学院周黎安教授提出的，提供了一个分析中国政府间关系、官员激励、政府治理的完整理论框架，对政治经济学理论发展产生了重大影响，也为法律经济学的发展提供了契机。

（一）行政发包制的理论渊源

行政发包制理论与经济学中的企业理论密切相关，或者说，行政发包制是运用企业理论的概念框架分析了不同层级政府之间的关系。

罗纳德·科斯提出了著名的问题：什么是企业？什么是企业的边界？科斯的回答是简单的，但极具启发性。科斯认为，企业和市场是两种不同的经济资源配置方式。在企业内部，雇主和雇员的关系是科层制的，雇员按照雇主的要求组织生产活动。而在市场方式下，交易双方通过谈判完成交易，双方是自愿的、平等的。[1]这两种经济资源配置方式分别反映了企业自己生产的内部关系和外部购买的市场关系。科斯提出的交易活动和交易成本概念没有被完全解释清楚，也没有给出企业存在的详细理由，但他已经认识到一种特殊的雇佣合约塑造了企业。[2]随后发展的产权分析方法、交易成本经济学和合同理论提出了更为精细的分析。在这一方面，本特·霍尔姆斯特姆（Bengt Holmstrom）和保罗·米尔格拉姆（Paul Milgrom）提供了独特的分析视角。[3]

---

[1] See Ronald H. Coase, "The Nature of Firm", *Economica*, Vol. 4, Issue 16, 1937, pp. 386-405.

[2] 参见 [美] 埃里克·弗鲁博顿、[德] 鲁道夫·芮切特：《新制度经济学——一个交易费用分析范式》，姜建强、罗长远译，格致出版社、上海三联书店、上海人民出版社 2015 年版，第 236-237 页。

[3] 本特·霍尔姆斯特姆教授因在合同理论研究的重大贡献而与奥利弗·哈特共同荣获 2016 年诺贝尔经济学奖。有关本特·霍尔姆斯特姆教授基于完全合同的委托代理模型和该模型拓展的介绍见：诺贝尔经济学奖评委会：《合同理论》，余江译，载吴敬琏主编：《比较：第 87 辑》，中信出版集团 2016 年版，第 5-19 页。

霍尔姆斯特姆和米尔格拉姆提出了"企业作为一种激励系统"的观点,[1]从资产所有权(asset ownership)、激励契约(incentive contract)和任务分配(task assignment)三个角度对发包制(subcontracting)和雇佣制(employment relations)进行了全面的分析,[2]为"把政府激励搞对"提供了坚实的理论基础。[3]发包制对应于两个企业之间的市场交易关系,而雇佣制则对应企业内部的科层关系。在发包制方面,发包方将任务发包给承包方,由承包方自己组织生产,并获得发包方支付的报酬。承包方享有资产所有权,并具有降低生产成本的强激励,因为在得到发包方支付的固定报酬后,其产生的成本越低,获得的净收入越高。而对于雇佣制,雇主通过购买生产要素组织生产,包括雇佣工人,但企业内部存在着科层式的控制管理体系,雇主享有生产要素的最终所有权,雇员根据指令从事生产,因而雇员的自由裁量空间非常狭小,因而面对着弱激励。周黎安教授把企业理论中发包制和雇佣制概念引入了政府治理领域,提出了"行政发包制"概念,[4]即在一个统一的行政权威之下,在上级和下级之间嵌入了市场化发包的关系。这种行政发包制不但与纯粹的市场发包制存在很大的差异,也与韦伯意义上的科层制存在不同之处,是介于二者之间的混合中间形态。[5]

（二）行政发包制的分析框架

行政发包制吸收借鉴了霍尔姆斯特姆和米尔格拉姆对发包制和雇佣制的分析路径,同时也注意到了行政体制与企业组织之间的重要区别,[6]提出了行政

---

〔1〕　See Bengt Holmstrom and Paul Milgrom, "The Firm as an Incentive System", *The American Economic Review*, Vol. 84, No. 4. , 1994, pp. 972-991.

〔2〕　See Bengt Holmstrom and Paul Milgrom, "Multitask Principal-Agent Analyses: Incentive Contracts, Asset Ownership, and Job Design", *The Journal of Law, Economics, and Organization*, Vol. 7, Special Issue, 1991, pp. 24-52.

〔3〕　参见周黎安:《转型中的地方政府:官员激励与治理》,格致出版社、上海人民出版社 2008 年版,第 13-18 页。

〔4〕　参见周黎安:《转型中的地方政府:官员激励与治理》,格致出版社、上海三联书店、上海人民出版社 2017 年版,第 29-76 页。

〔5〕　参见周黎安:《转型中的地方政府:官员激励与治理》,格致出版社、上海三联书店、上海人民出版社 2017 年版,第 40 页。

〔6〕　公共选择理论认为,企业和政府组织在等级制上是一致的,并没有本质上的差异。参见[美]戈登·塔洛克:《经济等级制、组织与生产的结构》,柏克、郑景胜译,商务印书馆 2015 年版,第 10 页。

发包制的三个相互关联的维度：行政权分配、经济激励、内部考核和控制。[1]在行政权分配方面，发包人不仅具有正式权威，而且享有剩余控制权，但具体的执行权和决策权交给了承包人，因而，承包人实际上享有非常大的自由裁量权。在经济激励方面，承包人拥有剩余索取权，即下级政府直接或者间接获取财政收入的强激励，而其支出能力在很大程度上依赖于筹集财政收入的能力。在内部考核和控制方面，行政发包制是结果导向的，即以属地管理的方式，按照行政区划落实"谁主管谁负责"和"谁审批谁负责"。行政发包制的分析框架实际上引入了企业剩余索取权和剩余控制权理论。在通常情况下，剩余控制权的持有者也拥有重要的剩余索取权。[2]但在行政发包制中，为什么会出现剩余控制权和剩余索取权分别由发包方和承包方享有呢？主要原因在于，发包方享有的剩余控制权是在行政权分配上，体现了中央政府及上级政府的权威；而承包方是在经济激励上享有剩余索取权，从而其积极性会被调动起来，但也会采取变通方法来完成发包的任务。

行政发包制是以理论抽象的方式刻画了中国不同层级政府之间关系，不仅体现在金融监管事务中，在其他领域也是广泛存在的，如食品安全、环境治理等，涉及从行政到社会治安、经济发展等方面。[3]在中央与地方金融事权划分领域，行政发包制的特点也较为突出。从现行政策依据来看，金融事权划分是发生在不同层级政府之间的，具体的地方金融监管机构则是由地方政府来确定。行政发包制的行政权分配直接体现为金融监管权限的划分，但是行政发包制的经济激励、内部考核和控制也反映了地方政府获取相应监管权限的内在动力及其责任承担方式。因而，行政发包制三个维度的结合能够全面反映金融事权划分的现实，而不仅仅是行政权的分配。[4]

---

〔1〕 参见周黎安：《转型中的地方政府：官员激励与治理》，格致出版社、上海三联书店、上海人民出版社 2017 年版，第 35-38 页。

〔2〕 See Oliver D. Hart, "Incomplete Contracts and the Theory of the Firm", *Journal of Law, Economics and Organization*, Vol. 4, No. 1, 1988, pp. 119-139.

〔3〕 参见周黎安：《转型中的地方政府：官员激励与治理》，格致出版社、上海人民出版社 2008 年版，第 191-201 页。

〔4〕 周黎安教授特别强调行政发包制在内涵上要比行政分权更丰富。但经济激励、内部考核和控制也是发包制下分权的动力来源和制衡机制，与行政分权是密不可分的。因此，本书采取了三维度来反映金融事权划分的现实图景。

二、中央与地方金融监管权限划分的行政发包制

中央与地方金融监管权限划分的政策基础主要分为中央和省级两个层面。中央政府发布的金融事权划分政策主要包括《国务院办公厅关于加强影子银行监管有关问题的通知》（国办发〔2013〕107号）、《国务院关于界定中央和地方金融监管职责和风险处置责任的意见》（国发〔2014〕30号）、《中共中央、国务院关于服务实体经济防控金融风险深化金融改革的若干意见》（中发〔2017〕23号）。另外，小额贷款公司、区域性股权市场等国家专项政策也对中央和地方政府的权限责任进行了界定。而在省级政府层面，天津、山东、河北等省级政府先后发布《天津市人民政府办公厅转发市金融办关于建立健全地方金融监管体系意见的通知》（津政办发〔2013〕60号）、《山东省人民政府关于建立健全地方金融监管体制的意见》（鲁政发〔2013〕28号）、《河北省人民政府关于建立健全地方金融监督管理体制的实施意见》（冀政发〔2014〕114号）。而省级政府及其主管部门发布的小额贷款公司、融资担保公司、新型合作金融组织、民间融资服务企业等规范性文件也确定了不同层级地方政府的权限范围。

（一）行政发包制的三维度：行政权分配、经济激励、内部考核和控制

以现行政策为基础的金融监管权限划分，体现了行政发包制的显著特征及其核心机制，这可以从行政权分配、经济激励、内部考核和控制等三个维度得以清晰的界定。

1. 行政权分配

这里的行政权分配表现为对地方金融组织监管权限如何划分和界定的。在完整意义的行政发包制下，中央、省级、市级、县级政府都享有特定范围的监管权限。这非常类似于市场发包制的发包方将生产任务发给第一承包方，而第一承包方继续发给第二承包方，而第二承包方又发包给第三承包方。市场发包制之所以出现，主要原因在于发包方亲自完成任务的成本是较大的，而承包方具有完成任务时降低成本和提高质量上的动力和比较优势。

中央政策对金融监管权限的划分是针对中央政府和省级政府而言的，是金融事权划分的第一次界定，即中央将金融监管权限下放给省级政府，具体由省级政府确定的主管部门负责实施。但是，省级政府做出的回应是，在保

留准入审批权、重大事项核准权的同时，将日常监督、市场退出等监管权限继续层层下放，直至县级政府。从这里可以看出，金融监管事务上的分权不仅发生在中央和省级政府之间，而且发生在省级政府与市级政府、市级政府和县级政府之间，从而形成了金融监管事务层层分解下放，逐级发包，一直到县级政府。[1]

值得注意的是，中央向省级政府的发包和省级政府向市县级政府的发包在监管权限范围上并不完全相同。中央在向省级政府发包时，把地方金融组织市场准入、退出、日常监督等监管权限授予省级政府，同时保留制定全国统一监督管理制度和经营管理规则的权限，[2]但省级政府仍然有权制定相应的实施细则。从这里可以看出，中央向省级政府的发包内容是比较明确，监管权限是比较完整和一致的。

在向市县级政府发包时，省级政府在很大程度上保留了市场准入审批权和重大事项核准权，而把日常监督权下放给了市级政府和县级政府。省级政府之所以把日常监督权层层下放的重要原因是，县级政府具有对微型金融机构实施一线监管的信息优势。小额贷款公司主要是在县域范围内提供信贷服务，融资性担保公司在县域范围提供服务受到国家政策的鼓励，而新型合作金融组织更是在行政村或者乡镇范围内开展信用互助。因而，县级政府对这些微型金融机构的运营、农户和小微企业的金融服务诉求是比较熟知的，能够降低监管信息的不对称程度。从这里可以看出，省级政府向市县级政府发包的内容也比较明确，但监管权限是分段式地授予市县级政府。

在金融监管权限的行政逐级发包过程中，省级政府处于中枢环节。一方面，省级政府承担和履行中央政府下放的监管权限，并向中央政府负总责。即使对跨省域经营的融资性担保公司，仍由省级政府来行使监管权限。另一方面，省级政府选择性地把承包的金融监管权限进行分割，部分的下放给市

---

[1] 并不是所有的省级政府监管政策把日常监督、市场退出等权限下包至县级政府。根据对省级政府监管政策的统计，在小额贷款公司领域，重庆和西藏实行由省级金融办直接监督的模式，而青海和宁夏实行省级和市级金融办进行监管的模式，其他省级政府监管政策要求实行逐级下包。在融资性担保公司领域，天津、宁夏、西藏实行省级监管部门实施统一监管，四川、内蒙古、青海、贵州、广东、甘肃、辽宁、云南实行省级和市级双层监管，其他省级政府监管政策则确定省市县三级监管的框架。新型合作金融组织省级监管政策实行省市县三级监管框架。从整体来看，金融监管权限最终发包至县级政府。

[2] 参见《国务院办公厅关于加强影子银行监管有关问题的通知》（国办发〔2013〕107号）。

级政府和县级政府。这意味着，省级政府根据具体情形可以改变完成承包的行政任务的方式。在部分省级监管政策中，行政发包的层级是根据监管对象的经营地域范围确定的，如果该微型金融机构是在市级范围内经营，则由市级政府行使监管权限。

2. 经济激励

中央政府之所以把微型金融机构的监管事项发包给地方政府，主要是为了调动地方政府的积极性。地方政府之所以承接发包的监管事务，则具有较强的经济激励。地方政府的经济激励主要表现为：地方金融组织可以解决农户和小微企业的融资难问题。更为重要的是，金融产业不仅可以推动地方经济的发展，同时也成为地方政府财政收入的重要组成部分。这是地方政府愿意承接金融监管权限的根本经济原因。

为了促进本行政区划内金融产业的发展和金融资源的聚集，地方政府认识到，在中央政府集中统一行使金融监管权限的条件下，机构、市场、产品和服务等就无法在地方进行。[1]因此，地方政府在发展地方金融组织时对金融监管权限表达出了强烈的诉求，通过获得审批权增加地方金融组织在本行政区划的数量。在这种情形下，中央政府在发挥地方政府积极性方面，通过下放金融监管权限的方式满足了地方政府发展和监管地方金融组织的意愿。省级政府在获取审批权后，确定了设立地方金融组织的数量指标，并将指标下放给市级政府和县级政府，从而组建相应数量的地方金融组织，这在省级和市级政府的金融产业规划中有明确的体现。以山东为例，《山东省金融业发展第十三个五年规划纲要》明确提出，到 2020 年，金融业增加值占 GDP 比重达到 6%。而《青岛市"十三五"金融业发展规划》则设定 2020 年的目标：金融业增加值占 GDP 比重超过 8%，争取达到 10% 左右。《山东省"十四五"金融业发展规划》和《青岛市"十四五"金融业发展规划》均设定了到 2025 年金融业增加值占 GDP 比重达到 7.5% 的发展目标。

在省级政府行使审批权的情况下，服务于农户和小微企业的地方金融组织的发展速度远远快于中央金融管理部门审批的农村金融机构。地方政府对金融事权划分的经济激励是内嵌于地方政府以 GDP 及财政收入为核心的政治

---

[1]　参见殷剑锋：《关于我国财政金融体制改革"顶层设计"的思考》，载吴敬琏主编：《比较·第 65 辑》，中信出版集团 2013 年版，第 162 页。

锦标赛竞争之中,〔1〕并不直接体现为财政预算方面,而是以获得试点资格的形式表现出来,并把开展试点资格的取得与承担监管权限捆绑在一起,在实施监管的同时为监管对象提供相应的扶持政策。

小额贷款公司是由人民银行和原银监会提供的一项制度安排,在推行初期就采取了试点的方式。根据《关于小额贷款公司试点的指导意见》(银监发〔2008〕23 号)的规定,省级政府取得在县域范围内组建小额贷款公司试点的首要前提条件是,必须确定一个主管部门承担对小额贷款公司的监督管理权限。换言之,省级政府只有通过获取试点的资格才能组建小额贷款公司,但必须同时承担监管职责。在理论上,如果省级政府缺乏经济激励,不愿获取试点资格,那么就无需承担相应的监督管理权限。但在实践中,全国 31 个省级政府都表现出了强烈的经济激励,不仅主动地取得了试点资格,而且除西藏之外都颁布了相应的管理办法和实施细则。基于同样的实践逻辑,省级政府取得试点资格后对市级政府和县级政府也是采取类似的激励机制,市级政府和县级政府对试点资格表达出了同样的激励强度,但享有的仅是部分监督管理权限。

3. 内部考核和控制

在一般意义上,中央政府对地方政府、上级政府对下级政府的考核和控制是以对政府官员的人格化评价为基准的,并由此判定其职务的晋升,这在环境污染物减排任务的行政发包制中最为突出。〔2〕原国家环保部《"十二五"主要污染物总量减排考核办法》规定,没有完成考核目标任务的领导干部不得参加年度评选、授予荣誉称号等。而部分省级环保政策采取的人事制度更为严格。《广东省"十二五"主要污染物总量减排考核办法》第 11 条规定,对于"十二五"考评不合格的地区,省政府将追究该地区政府主要负责人、分管负责人、环境保护主要负责人的党纪政纪责任。而在对政府部门的年度考核中,上级政府对下级政府的考核亦与下级政府部门的年度考评相挂钩。在《上海市 2023 年碳达峰碳中和及节能减排重点工作安排》(沪发改环资〔2023〕40 号)确定年度碳达峰碳中和及节能减排重点工作任务和分工时,

---

〔1〕 参见周黎安:《转型中的地方政府:官员激励与治理》,格致出版社、上海三联书店、上海人民出版社 2017 年版,第 316-367 页。

〔2〕 See Alex L. Wang, "The Search for Sustainable Legitimacy: Environmental Law and Bureaucracy in China", *Harvard Environmental Law Review*, Vol. 37, Issue 2, 2013, pp. 365-440.

市政府对区政府实行年度节能减排考核，而区政府则进一步将考核任务分解至各部门。例如，《静安区 2023 年碳达峰碳中和及节能减排工作考核办法》（静发改委〔2023〕11 号）确定了各部门的考核任务分解。但是，这种人格化的人事考核和控制在金融事权划分领域并不明显。金融事权划分中的内部考核和控制主要是通过承担属地化的风险处置责任来实施的，但在中央与省级政府、省级政府与市县级政府之间存在着一定程度上的差异。

在中央与省级政府关系中，中央政府把金融风险处置责任发包给省级政府来承担，以对其行使的监管权限进行制约。由于中央政府把市场准入、退出、日常监督等权限已经完整性地下包给了省级政府，省级政府当然地接受金融风险处置责任。即使是省级政府怠于或者不当行使监管权时，中央政府也仅是指导或者督促省级政府按照国家监管政策切实履行职责，并不能直接对监管对象采取监管措施。

在省级政府与市县级政府关系中，省级政府对市县级政府也是通过属地化的风险处置责任控制其监管权限的行使。但是，由于省级政府保留了部分监管权限，市级政府和县级政府接受上级政府控制和监督的广度和深度就会弱一些。作为行政发包制的最终端，县级政府在承担金融风险处置责任时往往被界定为"第一责任人"。这意味着，县级政府对其行政区划内承担风险处置责任，同时，市级政府也对其行政区划内承担风险处置责任。这种风险处置责任的内部控制机制会产生道德风险，导致县级政府放松对地方金融组织的监督，即使出现金融风险事件，上级政府也会作为间接或者第二责任人。

现行监管政策对金融风险处置责任的界定秉承了底线思维，即不发生区域性系统性风险。因此，省级政府监管政策要求市县级政府建立健全风险预警和处置机制。而市县级政府在履行风险处置责任时往往采取多部门联防联控的方式，以维护地区金融安全和社会稳定，特别强调事后的维稳机制，但对金融风险预警机制关注不足。这与市县级政府承担的监管权限和使用的监管方法有密切的关系。市县级政府在行使日常监督权限时主要采取合规式监管方法，关注被监管机构的经营行为、内部控制和流程是否合规，很少涉及地方金融组织面临的真实风险。从 2008 年国际金融危机的实践来看，合规式监管方法并不能确保良好的监管。主要的国际性银行在危机到来时基本上也遵守了正式的监管规则，但仅仅做到合规是不够的。[1]

一旦出现金融风险事件，市县级政府承担的风险处置责任就会转化为以财政资金救助维护社会稳定。这在连云港市灌南县农民资金合作社风险事件有鲜明的体现。在 2012 年 10 月起，灌南县发生了 4 家农民资金合作社的 1.1 亿元内挪用的违法事件，导致 2500 多名储户无法兑付。当地准备拿出 4300 万元先行弥补农户损失。截至 25 日，当地共兑付近 2000 万元。[2]

（二）行政发包制三维度的相互支持关系

金融事权划分中的行政权分配、经济激励、内部考核和控制是紧密结合在一起的，体现了相互支持的关系。这种相互支持关系主要体现为以下两个方面。

其一，属地管理原则把监管权限和风险处置责任捆绑在一起，而政府监管责任书强化了权责的结合。属地管理原则是界定监管权限行使和风险处置责任承担的基准。《国务院办公厅关于加强影子银行监管有关问题的通知》（国办发〔2013〕107 号）在落实责任分工时，遵循"谁批设机构谁负责风险处置"的原则。这表明：省级政府在获取金融监管权限后也必须同时承担风险处置责任，但仅以本行政区划为地域界限。原银监会等部门发布的《融资性担保公司管理暂行办法》第 7 条更是明确规定，融资性担保公司由省级政府实施属地管理，由省级政府确定的监管部门具体负责本辖区融资性担保公司的准入、退出、日常监管和风险处置。与此类似的是，省级政府对监管权限和风险处置责任也是以属地管理原则作为基准的，层层落实于下级政府。从省级政府监管政策来看，属地管理落实监管权责的方式主要包括以下几种：一是按照"谁试点谁负责"的方式确定属地管理原则，这种情况主要发生在小额贷款公司、新型合作金融组织和民间融资管理机构等领域。二是以"谁主管谁负责"的方式确定市县级政府享有的监管权限与其承担的风险处置责任的边界是相同的。

政府监管责任书进一步强化了不同层级政府的权责。这种监管责任书通常是逐级向上签订的，即县级政府向市级政府、市级政府向省级政府分别签

---

〔1〕 参见［荷］乔安妮·凯勒曼等：《21 世纪金融监管》，张晓朴译，中信出版集团 2016 年版，第 40-43 页。

〔2〕 参见刘弘毅：《高利贷"掏空"资金互助社》，载《中国经营报》2012 年 11 月 26 日，第 A09 版。

订书面协议。县级政府和市级政府分别承诺对其所辖行政区内的微型金融机构承担风险处置责任，并同时行使日常经营监督权。更为重要的是，省级政府及其指定的主管机构在审核设立微型金融机构时，县级政府出具的愿意承担监管责任的承诺书或者承诺函是批设必需的书面文件之一，不可或缺。这种监管责任承诺书在以试点形式推广的小额贷款公司、新型合作金融组织、民间融资机构、融资性担保公司等领域是非常普遍的，涉及市县级政府行使监管权限的全部领域。[1]

其二，采取试点推行地方金融组织的方式把监管主体的权责与监管对象的发展捆绑在一起。金融监管权限划分本身就具有鼓励地方政府进行实验和创新的意义。[2]从解决农户和小微企业的金融排斥问题来看，中央政府无法在短期内提供相对完整的制度安排，因为农户和小微企业对金融服务需求的同质性非常小，受到地理位置、气候条件、产业差异及其发展水平等影响较大。在发展和监管双重压力下，中央政府采取了试点的方式，一方面，通过地方政府的监管政策实验，在评估后总结出制度经验。这也是不确定条件下实施金融监管的有效方式。[3]另一方面，通过属地管理原则落实监管权责防止金融风险外溢，利用层层防控的方式将金融风险限制在特定的地域范围。相应的是，省级政府取得试点资格后，在市级政府和县级政府范围推广时也

---

〔1〕　据统计，在小额贷款公司领域中，21个省级政府监管政策明确规定了监管责任书。而在新型合作金融组织领域中，县级政府签订承诺书也是经常性的做法。《广州资金互助合作社业务试行办法》规定，资金互助合作社在市工商行政管理部门或市民政部门注册登记时必须提供注册地所在区（县级市）政府出具的风险处置承诺书。在民间融资机构领域，县级政府出具的承担日常经营监管和风险防范处置责任承诺书是申请设立民间资本管理公司的申请材料之一或者取得县级政府取得试点资格的条件之一。《泉州市人民政府关于发展民间资本管理公司的指导意见》（泉政文〔2014〕89号）和《青岛市人民政府办公厅关于开展民间资本管理公司试点工作的意见》（青政办发〔2014〕10号）都对此做出了明确的规定。在融资性担保公司领域，《山东省融资性担保公司管理暂行办法》第51条和《新疆维吾尔自治区融资性担保公司管理暂行办法》第47条明确要求，县级政府向市级政府、市级政府向省级政府逐级签订风险处置责任承诺书。《河南省人民政府金融服务办公室关于做好农业信贷担保公司设立工作的通知》（豫政金〔2015〕172号）要求设立财政支持农业信贷担保公司的条件之一是属地政府出具的风险防范承诺书。

〔2〕　美国最高法院大法官路易斯·布兰代斯指出："联邦制的一个令人欣喜的特点是，如果公民愿意，一个有胆识的州可以充当一个实验室，从事道德、社会和经济方面的实验，而对本国其他地区没有任何风险。"

〔3〕　See Roberta Romano, "Regulating in the Dark", in Cary Coglianese ed., *Regulatory Breakdown: The Crisis of Confidence in U. S. Regulation*, University of Pennsylvania Press, 2012.

是采取试点的方式。市级政府和县级政府具有自由选择的机会。但是，一旦地方政府选择了试点推行，那么，监管权限和风险处置责任则是必须同时承担的，没有自由选择的可能性。然而，地方金融组织发展采取试点的方式具有阶段性的特点，随着地方金融组织跨行政区划提供金融服务的出现，地方政府的权责与地方金融组织之间的紧密程度将会减弱。

（三）行政发包制的内在不稳定特征

行政发包制在某种程度上存在着内部紧张和不稳定性，[1]这种内在的不稳定在金融事权划分领域也是存在的。行政发包制实际上是在科层制内部引入了市场发包因素，因而引发了兼容性问题。经济学理论研究表明，行政体制内植入市场机制本身就有着内部的紧张和不兼容问题。[2]行政发包制在金融事权划分领域的不稳定主要体现在以下两个方面。

首先，地方政府对地方金融组织实施监管和扶助发展的激励强度在长期和短期内表现不一，会发生重大变化。如果地方政府对发展地方金融组织的激励减弱，或者在面临较大的风险处置责任时，就会滥用其享有的监管权限。江苏灌南县农民资金互助合作社风险事件就体现了这种不稳定性。江苏省政府发布《江苏省人民政府办公厅关于引导新型农村合作金融组织规范发展的通知》（苏政办发〔2014〕61号）对新型合作金融组织进行整顿，要求属于制度不健全、运作规范的，要责令限期整改；存在高息揽储、非法借贷等行为的，要取消其资金互助合作业务资质。灌南县政府在历经2012年合作社风险事件后，对此采取的做法是全部停业整顿。灌南县互助办多次口头传达，要求农民资金合作社"自愿"清算解散，并主动到民政局注销执照。尽管发展农民资金合作社得到了上级政府的支持，但灌南县政府依然要关闭所有的农民资金合作社。[3]

其次，属地管理原则比较明确地界定了监管权限行使的地域边界，但对

---

〔1〕 参见周雪光：《行政发包制与帝国逻辑 周黎安〈行政发包制〉读后感》，载《社会》2014年第6期。

〔2〕 See George Baker etc. , "Bringing the Market Inside the Firm?", *The American Economic Review*, Vol. 91, No. 2. , 2001, pp. 212-218.

〔3〕 连云港市政府主管副市长专门作出支持农民资金互助合作社发展的批示，但对作为承担第一监管责任的灌南县政府并没有产生有效的制约。参见张晓玮：《资金互助社：十年盼春来》，载《农村金融时报》2015年1月19日，第002版。

不同层级政府的监管成本产生的影响不同，并在金融风险的传染方面是比较模糊的。随着经营规模的扩大，商业性微型金融机构必然产生跨区域提供金融服务的经济动力。由于省域范围内地区发展的不平衡，省级政府监管政策也是鼓励小额贷款公司、融资性担保公司在贫困地区设立分支机构提供金融服务。这种情况的出现不仅会缩短省级政府发包的层级，而且要求同一层级的不同地方政府之间进行监管合作。在中央和省级政府关系中，省级政府遵循属地管理原则不会产生较大的合作监管成本，但要求注册地和业务发生地的省级政府之间建立信息共享和监管协作机制。但在省级政府与市县级政府之间，层级越往下，遵循属地管理原则实施监管合作的管理成本越大。

下级政府对监管问题和风险隐患如果处理不好，都有可能演变成上级政府的问题和隐患。[1]在这一方面，属地管理原则在金融风险传染和扩散机制上与其说是行政区划概念，不如说是时间范畴。如果下级政府在处置金融风险责任不当后，其产生的经济后果和社会稳定问题也对上级政府产生直接的影响。尽管中央政府对省级政府、省级政府对市县级政府承担的是指导和督促其进行风险处置，但这种指导和督促是软约束的。

三、行政发包制对微型金融体系产生的影响

行政发包制作为中央与地方金融监管权限划分的模式，对微型金融体系产生了重大的影响。这种影响不仅体现在地方政府监管主体的确定和监管效率上，而且体现在监管对象的定位及其投资者消费者权益保护等方面。

（一）行政发包制对监管主体的确定及其监管效率的影响

从整体来看，中央到县级政府都承担特定范围的监管权限。中央和省级政府之间的权责划分是比较明晰的，但在省级政府以下，县级政府作为第一责任主体。在省级政府行使审批权，而县级政府行使日常监督权和承担风险处置责任的条件下，市级政府在地方政府监管体制的定位是什么？这种地方金融监管体制是否有利于提高微型金融机构的监管效率？这两大问题也是行政发包制产生的最直接的影响。

---

〔1〕　参见周黎安：《转型中的地方政府：官员激励与治理》，格致出版社、上海三联书店、上海人民出版社 2017 年版，第 64 页。

首先，市级政府的监管定位较为模糊。比较而言，中央、省级、县级政府的监管权责相对清晰，但市级政府的监管地位相对模糊。省级政府在保留审批权的同时，将日常监督和风险处置责任下包给市级政府，而市级政府则继续把日常监督和风险处置责任下包给县级政府。那么，在这种情况下，市级政府和县级政府的监管权责如何界定就成为亟待解决的问题。从现行省级政府监管政策来看，县级政府和市级政府之间的权责并没有得到较为清晰的界定，甚至出现了省级监管政策要求市级政府和县级政府协商确定权责分工或者共同行使监督权限的情形，这就不可避免地产生了职责同构问题。[1]地方金融立法亦没有很好地给予解决，现行地方性法规确定了"一级政府、一级监管"的多层级管理体制，多是用"县级以上人民政府"这一概念表述地方政府的权限。比较而言，天津、四川、上海立法对市与区政府、省与市县政府的权限界定是不同的，在一定程度上避免了职权同构问题。

由于承担着终端意义上的监督管理和风险处置责任，县级政府实际享有的监督权限是非常大的，很容易出现风险事件发生前的放松监管，以及在风险事件发生后任意提高监管强度。在县级政府怠于监管或者监管不当时，市级政府是否有权直接介入，对监管对象采取监管措施？绝大多数省级政府监管政策并没有做出明确的规定。即使是个别省级监管政策作出了相应的规定，[2]也仅仅是要求市级政府对县级政府、省级政府对市县级政府行使监督权进行指导和督促。

其次，地方政府金融监管效率的不平衡。行政发包制导致地方政府金融监管效率的不平衡。对于每一层级的地方政府来说，其授权或者指定的具体实施金融监管的部门为多个，是否会形成监管合力是存在疑问的。对不同层级政府来看，省级政府与市县级政府的监管资源存在很大差异。在一般情况下，县级政府的金融监管能力是较弱的。

无论是省级政府，还是市县级政府，必须指定或者授权特定的政府部门来行使其职权。从金融监管的国际经验来看，明确而无歧义的授权、独立性

---

〔1〕 参见黄韬：《中央与地方事权分配机制——历史、现状及法治化路径》，格致出版社、上海人民出版社 2015 年版，第 19-22 页。

〔2〕《湖北省人民政府办公厅关于规范发展民间融资机构的意见》（鄂政办发〔2014〕65 号）、《山东省人民政府办公厅关于进一步规范发展民间融资机构的意见》（鲁政办发〔2013〕33 号）。

和问责性是提高金融监管质量及其绩效的基础。[1]但在中国实践中，对小额贷款公司、融资性担保公司、新型合作金融组织等地方金融组织的监管都体现了多部门联合监管的制度框架。以省级政府监管部门为例。由于小额贷款公司最初是由人民银行和原银监会提供的组织形式，省级政府除了授权省级金融办或者其他政府部门作为主管部门外，[2]部分省级政府还成立了由省级金融办和人民银行分支机构及原银监会派出机构组成的联席会议，负责小额贷款公司的审批事项。而在融资性担保公司领域，国务院成立了由人民银行、原银监会、财政部等八部门组成的国务院融资性担保业务监管部际联席会议。[3]与此对应的是，省级政府确定了省级金融办或者其他政府部门作为具体的主管部门，[4]而在 2018 年地方金融监管局组建后，全部由地方金融监管局承担，另外还成立了省级主管部门与中央金融管理部门分支机构组成的联席会议制度。而在新型合作金融组织领域，受原中国银监会、原农业部、供销合作总社《关于引导规范开展农村信用合作的通知》（银监发〔2014〕43 号）影响，省级政府也是相应建立了省级金融办、农业主管部门、供销合作社的联合工作机制。省级政府指定的多部门不仅涉及金融主管部门，还涉及产业发展部门，其间的职权划分及界定相对比较模糊。省级金融监管机构作为专业化的监管机构在独立性、监管资源及授权方面存在很大的不足。[5]

县级政府尚未具备对地方金融组织实施日常监督的能力。金融监管事务层层下包的一个重要理由是，相对于中央金融管理部门，县级政府对在县域、乡镇及行政村范围开展业务服务的微型金融机构更具有监管信息优势，更为

[1]　See Julia Black and Stéphane Jacobzone, "Tools for Regulatory Quality and Financial Sector Regulation: A Cross-Country Perspective", *OECD Working Papers on Public Governance*, No. 16., 2009.

[2]　除福建、贵州、河南等 3 省外，其他 28 个省级政府确定了省级金融办作为小额贷款公司的行业主管部门和监管机构。福建省经贸委作为全省小额贷款公司的主管部门，贵州省政府则授权省中小企业局作为全省小额贷款公司的主管部门，河南省工业和信息化厅为全省小额贷款公司试点主管部门。

[3]　《国务院关于同意建立融资性担保业务监管部际联席会议制度的批复》（国函〔2009〕50 号）。

[4]　上海、北京、重庆、湖南、黑龙江、山东、陕西、山西、新疆、天津、宁夏、广东、广西、青海、四川、内蒙古、辽宁、安徽等确定省金融办作为监管部门；贵州、河南、湖北、江苏、吉林、河北、甘肃、福建、西藏等确定省工业信息化主管部门（中小企业局）作为监管部门；省金融办和省中小企业局联合监管的包括江西、浙江等省；海南、云南等确定省财政厅实施监管。

[5]　在 2018 年 12 月省级地方金融监管局之前，北京、上海、天津等 22 个省级金融办在机构性质上属于省级政府直属单位，但福建、海南、陕西、西藏、贵州、四川、黑龙江、江苏、湖北等 9 个省级金融办挂靠在省级政府办公厅。

了解农户和小微企业的金融服务需求。从解决信息不对称的角度来看，县级政府具备较高的监管信息优势。但是，这种监管信息优势的存在是以中央及省市县级政府的监管能力没有差异或者差异不大为前提条件的。相对于上级政府拥有的监管资源及其体现的监管能力，县级政府对微型金融机构的监管，无论是在独立的监管机构设置，还是监管人员的技能上，都存在着严重的不足。甚至在部分省域，县级政府确定财政部门或者工商管理部门行使对小额贷款公司和融资性担保公司的监管权限。[1]

（二）对监管对象产生的影响

行政发包制是中央与地方金融监管体制内的监管事务的分权方式，但对于监管对象而言，不能因金融事权划分而设置不必要的制度障碍或者造成不公平竞争的制度环境。一个核心的问题是：小额贷款公司等地方金融组织是不是正规"金融机构"？在这一方面，中央和省级监管政策并不完全一致。

《国务院办公厅关于加强影子银行监管有关问题的通知》（国办发〔2013〕107号）虽然明确界定小额贷款公司、融资性担保公司等为"非金融机构"，但也承认其为"不持有金融牌照的信用中介机构"。这部政策文件主要是从加强监管的角度对小额贷款公司和融资性担保公司的机构性质作出的界定。但从金融业务的性质来看，小额贷款公司等提供的信贷资金及其他服务属于金融服务，这一方面也得到了其他中央监管政策的确认。根据中央金融管理部门与统计局联合发布的《金融业企业划型标准规定》（银发〔2015〕309号）的规定，小额贷款公司与贷款公司的类别相同，属于"货币金融服务"中的"非货币银行服务"，而融资性担保公司属于"其他金融业"中的"其他未包括的金融业"。这就会导致，提供相同性质的金融服务，但其机构性质不同。更为深层的问题是，机构性质的不同造成在法律适用和享受的财税扶持政策上存在很大的差异。

地方政府更倾向于把小额贷款公司等界定为金融机构。既然省级政府获得了对微型金融机构的监管权限，其审批成立的小额贷款公司、融资性担保公司、新型合作金融组织等微型金融机构当然地要具备金融机构的正常身份，否则不仅降低其监管声誉，而且会丧失吸引民间资本进入本行政区划内组建

---

[1] 按照《湖北省小额贷款公司试点暂行管理办法》第6条、第7条的规定，省金融办作为全省的监管机构，而小额贷款公司的日常监管职能是由县（市、区）工商行政部门承担。

微型金融机构的吸引力。

国家财税部门为农村金融机构在企业所得税、营业税等方面提供特殊的税收政策，以鼓励农村金融机构为农户提供信贷服务，但享受的对象仅仅限定为正规的金融机构。对于国家财税部门而言，所谓的正规金融机构必须是经过中央金融管理部门审批成立、并取得金融许可证的机构。但对于小额贷款公司、融资性担保公司、新型合作金融组织等而言，其成立无需经过中央金融管理部门的审批，自然无法取得金融许可证。国家财税部门有可能按照"新政策规定"适用现行税收扶持政策，但出台新政策的显然是中央金融管理部门，而非地方政府。地方政府对这种差异性的税收政策做出了积极性的回应，直接或者间接地为本行政区划内小额贷款公司等提供财税扶持政策，其扶持方式主要包括以下几种：一是参照农村金融机构的税收政策实行。例如，《贵州省人民政府办公厅关于进一步促进全省小额贷款公司又好又快发展的意见》（黔府办发〔2012〕47号）和《福建省人民政府办公厅关于进一步促进小额贷款公司发展的意见》（闽政办〔2011〕154号）明确要求小额贷款公司税收政策参照农村金融机构执行。二是在地方税、中央地方共享税中地方分享部分的范围内提供税收减免政策。例如，《广西壮族自治区人民政府关于促进小额贷款公司发展的意见》（桂政发〔2012〕58号）要求，自2012年起，5年内免征企业所得税地方分享部分。地方政府提供的税收减免政策存在着规范性问题。按照现行法律和政策的规定，企业所得税属于中央和地方共享税，其立法权集中在中央，省级政府仅可经省级人大及其常委会授权，在全国性地方税条例规定的幅度内确定本地区适用的税率或者税额。另外，只有民族自治地区和经济特区才有权对全国性地方税种某些税目税率进行调整。从这里可以看出，省级政府不得自行改变中央和地方共享税中地方留成部分的征收，也不得擅自在地方税种的范围内提供减免优惠政策。

（三）对金融消费者的影响

小额贷款公司等是民间资本进入微型金融业的重要组织形态，同时也是为农户和小微企业提供便利化、普惠性金融服务的组织。而行政发包制对小额贷款公司等地方金融组织的消费者产生重大影响。由于中央政府和省级政府监管政策对小额贷款公司等机构性质的界定并不完全一致，这就会导致消费者保护制度的缺失。

中央金融监管政策没有对小额贷款公司等地方金融组织的消费者保护问题作出具体的规定。《国务院办公厅关于加强金融消费者权益保护工作的指导意见》（国办发〔2015〕81 号）要求建立中央和地方政府金融消费者权益保护协调机制，但提出的"完善监督管理机制"主要是对中央金融监管机构而言的，没有明确地把省级政府审批成立的地方金融组织的消费者纳入保护的范畴。而《国务院办公厅关于加强影子银行监管有关问题的通知》（国办发〔2013〕107 号）要求有关部门督促指导地方政府保护"金融消费者"的合法权益，但并没有明确地把小额贷款公司等的消费者作为特定的"金融消费者"。从实践来看，地方政府普遍没有建立消费者保护制度，[1]有关小额贷款公司、融资性担保公司、新型合作金融组织的省级政府监管政策也没有使用消费者这一概念。但是，这一问题是无法回避的，山东省地方金融立法进行了初步的尝试。[2]

《山东省地方金融条例》采用"地方金融组织"这一法律概念来界定小额贷款公司、融资性担保公司、新型合作金融组织等机构性质，不仅把其服务的对象明确地界定为金融消费者，而且规定了金融消费者适当性制度，并把金融机构的消费者与地方金融组织的消费者置于同一保护水平。[3]

从行政发包制来看，地方政府金融监管政策普遍缺乏金融消费者保护内容的根源来自中央政府发包任务的不完整性：一是中央监管政策把小额贷款公司等界定为"非金融机构"，这就导致地方金融立法及省级政府监管政策缺乏坚实的依据把小额贷款公司等界定为金融机构，进而建立金融消费者保护制度；[4]二是中央政府在把金融监管事务下包给地方政府时，消费者保护并不在发包的监管任务之内，地方政府也缺乏建立相应制度的约束和激励。地方金融监管立法及省级政府监管政策是否建立，以及如何建立消费者保护制度在很大程度上取决于省级立法部门及行政部门的自觉主动性。

另外，地方立法部门及地方政府对地方金融组织发展和监管的目标不一

---

〔1〕 参见中国人民银行研究局课题组：《加快转变政府职能　完善中央地方金融管理体制》，载《第一财经日报》2014 年 1 月 13 日，第 B06 版。

〔2〕 2016 年 3 月 30 日山东省十二届人大常委会二十次会议审议通过了《山东省地方金融条例》，这是我国第一部综合性地方金融立法。

〔3〕《山东省地方金融条例》第 8 条是对《山东省地方金融条例（草案）》第 9 条、第 10 条的修改和整合，但对金融消费者的定位并没有发生改变。

〔4〕 现行地方监管政策往往将其界定为新型金融组织、准金融机构、类金融机构等。

致也影响着金融消费者保护制度的建立。如果仅仅把地方金融组织看作为金融产业组织的话，那么，消费者保护就会被忽视。这种认知偏差不仅存在立法部门和政府，即使是在立法部门内部也是存在的。山东省人大常委会提出的《山东省地方金融条例（草案）》确立了金融服务、金融发展、金融监管的章节顺序。但山东省人大财经委员会在《关于〈山东省地方金融条例（草案）〉审议情况的报告》则建议把金融发展的章节调整在金融服务之前，主要原因是，发展是目的，服务是措施。

金融消费者保护制度的缺失不利于地方金融组织的发展。建立金融消费者保护制度对小额贷款公司等是至关重要的，成为地方金融组织的监管基础。按照国际微型金融的监管经验，对非存款类的微型金融机构主要是实施非审慎监管。对于存款类金融机构，除了实施审慎监管规则之外，还实施以资本充足率、风险集中度控制、贷款损失准备金、流动性监管为主要内容的审慎监管规则。[1]由于不吸收公众存款，对小额贷款公司等地方金融组织不需要进行复杂、高成本的审慎监管，而是实施以报告制度与机构透明度、消费者保护、信用报告体系等为核心内容的非审慎监管规则。[2]如果缺乏相应的消费者保护，对非存款类地方金融组织实施监管的基础就会丧失。更重要的是，小额贷款公司等制度安排的目标是为农户和小微企业等社会弱势群体提供普惠性金融服务，如果缺乏对其权益的充分保护，发展普惠金融的目标就有可能落空。

四、行政发包制的转型

行政发包制在中国具有悠久的历史传统，行政发包制的收益体现在上级政府的信息收集的负担减轻，节约了监督成本，同时集权制中的下级政府积极性不高和地方差异关注不足也能在一定程度得以解决。[3]但与此同时，以政策为基础的行政发包制具有过渡性和阶段性特征，随着普惠金融法治化的发展，行政发包制也面临着变革。金融事权划分行政发包制的转型必然体现

---

〔1〕　参见周仲飞：《银行法研究》，上海财经大学出版社 2010 年版，第 157-262 页。

〔2〕　参见世界银行协商扶贫小组（CGAP）于 2012 年 10 月发布的《微型金融监管共识指南》第 4 章 "非审慎监管问题" 的规定。

〔3〕　参见周黎安：《转型中的地方政府：官员激励与治理》，格致出版社、上海三联书店、上海人民出版社 2017 年版，第 70 页。

三个方面的内在要求：

首先，地方政府承担的监管权限与发展职能应当适度分离。这意味着，并非所有的地方金融组织事务都适用于捆绑式的发包。不同层级的地方政府均承担着发展经济的任务，但对地方金融组织的监管是一种专业化、技术性的行政任务，其监管主体应当满足独立性和问责性要求。在这种情况下，行政发包制的层级必然会缩短，即由省级政府或者市级政府内设的专门机构实施监管，而市级政府和县级政府主要是为地方金融组织提供扶持政策。

其次，关键性的监管事务及其规则应当在中央立法中给予明确的规定。现行中央监管政策对小额贷款公司、新型合作金融组织、民间融资机构等尚未作出专门性规定。只有小额贷款公司等地方金融组织的金融机构性质、消费者保护、市场退出形式和程序等在立法中得到明确的规定，地方金融监管机构才会减少盲目性和试错风险，即行政发包的任务越明确，地方政府的监管效率才会越高。

最后，中央与省级政府之间的监管协调和合作机制应当加速建立。行政发包制中的激励诱因要求中央与地方金融监管部门建立日常性的监管协调机构及其工作程序。这种监管协调机制不仅及时解决实践中出现的新问题，使得中央政府发包的行政任务更为清晰和具体化，而且还对强化中央政府对地方政府监管部门进行指导、监督和制约。

整体而言，行政发包制的改革必然打破以属地管理为基础的监管权限和风险处置责任捆绑打包的模式。从行政体制内部关系来看，行政发包制的改革是以提高金融监管效率为核心，通过缩短发包层级优化配置金融监管资源。而层级优化除了根据监管事务在不同层级政府进行调整之外，还需要建立不同层级政府之间的协商机制。从行政体制外部关系来看，对地方金融组织的监管必须以金融消费者保护为核心，以实现普惠金融发展的监管目标。尽管地方金融监管立法和省级金融监管政策已经进行了积极性的尝试。但是，行政发包制诸多问题的解决还需要中央立法给予明确的规定，只有如此，才能实现2020年《中共中央、国务院关于新时代加快完善社会主义市场经济体制的意见》明确提出的"依法依规界定中央和地方金融监管权责分工，强化地方政府属地金融监管职责和风险处置责任"的要求。

中央与地方金融监管权限划分的域外经验

在全球主要的经济大国中，联邦制国家并非都是实行中央与地方金融监管权限划分，单一制也不都是实行中央集中统一监管体制。德国、美国、加拿大在宪制结构影响下，州亦享有特定范围的立法权和行政权，州以下的地方议会和政府并不享有金融监管事权。而日本、英国、法国、意大利、巴西、印度均秉承中央集中统一监管，并由中央享有立法权。

德国联邦与州金融监管法制体现了欧陆法的成文法特点，特别是州在公共金融体系的角色深刻影响着联邦与州监管权限的边界。瑞士、意大利等欧陆国家亦受德国法制的影响。

美国联邦与州金融监管体制深刻地受到州立银行与国民银行之间竞争的影响，并以双重银行体系（dual banking system）而著称。与德国不同的是，美国联邦金融法律是由联邦行政机关负责执法，州金融法律则是由州行政机关实施。

与美国相同，加拿大联邦与省之间金融监管体制体现了两级多头的特征，由联邦金融监管机构和省金融监管机构分别对在联邦注册和省注册的金融机构实施监管。[1]而从金融监管法制形成过程来看，加拿大深受美国金融法制的影响。

本章重点对德国、美国金融法制演进和法制结构进行探讨，旨在归纳总结联邦与州（省）金融监管立法权和行政权划分的基本法律原理，并提供域

---

〔1〕 详见程永林：《加拿大银行业与金融监管》，载仲伟合主编：《加拿大发展报告（2014）》，社会科学文献出版社 2014 年版，第 164-180 页；[美]查尔斯·凯罗米里斯、史蒂芬·哈伯：《人为制造的脆弱性：银行业危机和信贷稀缺的政治根源》，廖岷等译，中信出版集团 2015 年版，第 230-262 页。

外法制参考。

第一节 德国联邦与州金融监管权限之划分

德国银行体系与美国、加拿大存在着很大的差异，以全能银行而著称。[1]但是，全能银行仅仅反映了商业银行提供综合性金融服务的特征。此外，德国储蓄银行、合作银行也具有各自的特点，并影响其他欧洲大陆国家的银行体制。值得注意的是，德国公共金融机构和资本市场监管体现了联邦与州分权的特征。

德国联邦与州金融监管权限划分是依法而进行的。《联邦基本法》对金融事项作出了概括性规定，各州宪法对金融事项作出了更为具体的规定，形成了具有一定特征的金融宪法。联邦银行和保险立法根据金融机构的公法性和私法性对其监管主体作出了进一步的划分，联邦证券立法则确定了州政府对证券交易所的监管权限。[2]德国联邦与州金融监管权限划分的显著特点是，对同一金融机构和证券市场，联邦和州均享有特定范围的立法权限和行政权限。具体而言，各州政府确定的监管机关享有对证券交易所、储蓄银行和公共保险公司（本州经营）的行政监管权，各州也具有相应的立法权。而德国联邦金融监管局（BaFin）对金融机构和金融市场实施统一监管。从这一层面来看，德国联邦与州之间在立法权和行政权上的划分较为复杂，但对于我国而言，则更具有借鉴意义。[3]

---

〔1〕 有关德国金融监管体制及其法制的发展历程，请参见汤柳：《德国金融监管体系及其改革发展》，载李扬、胡滨主编：《金融危机背景下的全球金融监管改革》，社会科学文献出版社 2010 年版，第 104-118 页。

〔2〕 详见主力军：《欧盟与德国资本市场法研究》，上海社会科学院出版社 2018 年版，第 236-248 页。

〔3〕 本书有关德国《联邦基本法》的条文引自朱福惠、邵自红主编：《世界各国宪法文本汇编（欧洲卷）》，厦门大学出版社 2013 年版。有关证券法律的条文引自中国证券监督管理委员会组织编译：《德国证券法律汇编》，法律出版社 2016 年版。有关州宪法的条文引自祝捷等译：《德国州宪全译》，人民出版社 2017 年版。

一、联邦与州金融监管法制的演变

(一) 银行保险法制演变

在银行业立法方面，德国法制上第一部《银行法》于 1934 年生效实施，但现代银行立法起始于 1961 年《银行法》（Kreditwesengesetz, KWG），该部立法经过多次修改后沿用至今，对金融监管权限以及联邦银行角色规定上几乎未有变动。[1]德国银行立法体制具有鲜明的个性特征，这是由其银行体系所决定的。从银行的所有权结构来看，德国银行的基本类型包括商业银行、合作银行和储蓄银行。联邦《银行法》调整的对象涵盖所有类型的银行，构成银行体系的基本法律框架。其中，商业银行和合作银行属于私法组织，而储蓄银行属于公法组织。商业银行作为商人，但不得采取一人商人的法律形式，在组织结构上遵守《股份法》等公司立法规定。合作银行在本质上属于金融领域中的合作社，按照《合作社法》规定建立公司治理结构，《合作社法》成为合作银行的重要法律依据之一。德国《合作社法》第 17 条明确指出："合作社是《商法典》意义上的商人。"储蓄银行主要是由乡镇或者乡镇共同体设立的公法组织，各州立法机关均制定了储蓄银行法，州储蓄银行法成为储蓄银行的基本法律依据。

在保险业立法方面，联邦立法机关制定了《保险监督管理法》，确定了联邦政府和州政府共同承担监督管理职责。

(二) 证券法制演变

德国对证券市场监管权限划分具有特殊性，[2]受到制度依赖的影响。德国证券市场立法可追溯至 19 世纪末期。1896 年，德意志帝国颁布了《交易所

---

[1]　参见胡博砚：《论德国联邦银行与联邦金融监理署在银行监理业务上的权限分配》，载《真理财经法学》2009 年总第 2 期。

[2]　德国规范证券一级发行市场的立法《交易所法》最早于 1897 年 1 月 1 日实施，历经数次修改沿用至今，并由州政府负责监管。规范二级交易和结算市场的标志性立法是 1994 年《有价证券交易法》，其中一项制度是改变之前由缺乏对证券市场进行监管的联邦机构的局面，扩大了联邦证券期货监管局的权限，并于 2002 年、2004 年、2007 年进行修订。《有价证券交易法》第 2 条对联邦金融监理署的权限和职责进行了规定。详见主力军：《欧盟与德国资本市场法研究》，上海社会科学院出版社 2018 年版，第 75-83 页。

法和银行经营管理证券法》（后文简称《交易所法》），旨在对证券交易所和商业银行经营的证券业务实施监督管理。[1]这部立法自 1897 年 1 月 1 日生效实施后，历经数次修改，一直沿用至今，最新的一次修改是根据 2009 年 3 月 20 日颁布的《担保债券法之发展法》第 3a 条修正。1897 年《交易所法》确定了州政府负责法律实施。直至 1994 年，德国证券监管体制发生了重大变革。为优化证券市场功能，增强国际市场竞争力，德国于 1994 年 6 月颁布了《第二部金融市场促进法》。该部法律的核心部分是《证券交易法》，重要内容之一是调整了联邦和州之间的证券监管权限，强化了联邦行政执法权，并于 1995 年设立联邦证券监管局（BAWe）作为联邦行政执法机关。[2]其后，根据 2002 年《统一金融服务监管法》成立的联邦金融监理署（BaFin）对全国证券市场进行统一监管，但对证券交易所的监管仍由州政府确定的行政机关来执行，由此形成了州对证券交易所实施行政执法的模式。

在证券市场立法方面，联邦立法机关制定了《有价证券交易法》《交易所法》《有价证券保管与购买法》《有价证券收购法》《有价证券招股说明书法》《有价证券销售说明书法》《存款保护和投资人赔偿法》等，这七部联邦立法构成了德国证券市场的基本法制框架。德国证券交易所在初期成立了 8 家，后在 1980 年代起出现了合并，现有 6 家证券交易所，包括法兰克福证券交易所、斯图加特证券交易所、柏林—不莱梅证券交易所、汉堡—汉诺威证券交易所、慕尼黑证券交易所、杜塞尔多夫证券交易所。[3]

（三）法制演变的主要影响因素：中小企业

德国银行体系与证券市场的形成与发展，一方面受到联邦与州宪制的影响，另一方面也受到中小企业的影响。在德国企业组织类型中，中小企业在数量上居于绝大多数，在地区经济增长和社会发展中发挥着重要作用，为中小企业提供扶助成为国家的公共任务之一，州宪法对此作出了明确的规定（见表 3-1）。

---

〔1〕 参见何广文：《德国金融制度研究》，中国劳动社会保障出版社 2000 年版，第 297 页。

〔2〕 参见汤柳：《德国金融监管体系及其改革发展》，载李扬、胡滨主编：《金融危机背景下的全球金融监管改革》，社会科学文献出版社 2010 年版，第 107 页。

〔3〕 参见陈晗、蔡征：《德国证券市场的交易运作机制及监管监察架构》，载《上海证券报》2018 年 4 月 23 日，专版。

表 3-1　德国主要州宪法扶持中小企业的规定〔1〕

州宪法	章节	条款内容
巴伐利亚自由州宪法	第四部分 经济和劳动 第一章 经济规则	第 153 条：在立法和行政上支持农业、手工业、商业、加工业和工业领域的中小企业并且保障减少其负担和避免被兼并。企业联合会帮助中小企业的经营、经济自由和独立性及其发展，政府对此给予支持。必须支持强势的非独立职业向自主经营转变。
自由汉莎城不莱梅州宪法	第二部分 社会生活的规则 第三章 工作和经济	第 40 条：（1）通过立法和行政应当保护和支持农业、工业、手工业和轮船运输业的独立小型和中型企业。（2）应当资助以共同经济形式的各种类型的同业协作社和公共福利公司。
黑森州宪法	第一部分 人权 Ⅲ. 社会和经济权利义务	第 43 条：（1）通过立法和管理资助农业、工商业、手工业和贸易中独立的中小企业，并特别保障其避免负担过重和被兼并。（2）为达到这一目的，需进一步发展合作社的自助。
北莱茵—威斯特法伦州宪法	第二部分 基本权利和经济生活规则 第四章 工作、经济和环境	第 28 条：应当扶持农业、手工业、商业的中小企业以及行业和自由职业者。应当支持企业联盟自助。
萨尔州宪法	第一部分 基本权利与义务 第五章 经济和社会制度	第 54 条：促进萨尔州工业、中小企业、手工业和商业中独立的中间阶层的发展，并保护其自由发展。以同样方式促进合作制。

　　《联邦基本法》确立了社会国和法治国原则，在此基础上联邦政府和各州政府承担了经济领域的国家任务，以提高经济生活水平，从而形成了联邦与各州之间的合作机制。即使是州政府在执行国家任务时，联邦政府亦承担相应的协助义务。《联邦基本法》第 91a 条第 1 款规定，州政府在执行任务时，如果该任务具有整体意义而联邦之参与具有对改善生活水平有必要时，联邦政府应予协助，其中的三项任务之一是地方经济结构的改善。地方经济结构改善是一个不确定的法律概念，但毫无疑问，中小企业是改善地方经济结构的市场主体。在德国宪法理论中，联邦和州统称为国家，地方主要是指乡镇、

---

〔1〕　本表的编制参引祝捷等译：《德国州宪全译》，人民出版社 2017 年版。

乡镇联合体。而在实践中，储蓄银行主要是由作为地方政府的乡镇、乡镇联合体设立的，为所在州的中小企业提供信贷资金及其他金融服务。所在州立法机关享有相应的立法权，并对其实施行政监督，但这并不能排斥联邦金融监管局依据联邦《银行法》实施风险监管。这种混合模式是符合《联邦基本法》的立法精神的，是通过营造物进行的间接国家经济行政，但在商业银行和合作银行领域并不存在类似做法。

二、金融监管的宪法意涵及监管事项的类型

联邦与州法以严谨的立法技术对金融事项作出了明确的界定，并对监督管理的法律性质进行了明确的规定，从而设定了金融监管权限的边界。

（一）金融监管的宪法意涵

德意志联邦银行有权参与联邦金融监管局的银行业监管工作，这在联邦《信用制度法》第7条第1款第1句得到了明确的规定。[1]金融机构与一般企业的不同之处在于，要接受法律监管，这是对营业自由的一种法律限制。《联邦基本法》和各州宪法确定了营业自由的基本经济权利，但对于金融机构规定了特别的产业监管制度。例如，《莱茵兰—普法尔茨州宪法》第62条对金融监管的要求及其目的作出了界定："银行、保险机构和其他金融机构受国家监督。国家集其经济力量采取措施以调控金融投资，确保实现国民经济预期的目的。"《萨尔州宪法》第53条对金融机构与保险公司的监督、国民资产的投资作出规定："国家对银行、其他金融机构以及保险公司的监督由法律给予规定。国家必须在经济团体势力参与的条件下采取保障在宏观经济下提供的国民资产投资的措施。"《黑森州宪法》第41条在对社会化企业进行规范时指出，大型银行和保险企业由国家监督或者管理。州宪法确定金融监管条款的意义在于，为金融机构和证券市场的行业法上的限制提供宪法依据。对于金融业而言，立法机关仅是允许特定的企业主体进入，并把其他企业主体排除在金融行业之外。

金融监管事项不同于货币政策事项。货币政策意义上的金融事项，即欧

---

[1] 参见［德］弗里茨·里特纳、迈因哈德·德雷埃尔：《欧洲与德国经济法》，张学哲译，法律出版社2016年版，第235页。

盟和德意志联邦银行有权行使的货币政策制定和实施的权限。德意志联邦银行根据《联邦基本法》第 88 条定性为中央银行，具有一定的宪法独立性。德意志联邦银行是一个特别的经济行政机关，其职能是进行经济调控、经济监督并且处理货币问题。[1]但是，自货币、金钱、铸币的核心主权已经让渡给欧共体后，《联邦基本法》第 73 条第 4 项仅具有欧盟指令在国内转化措施中的权限划分功能。[2]根据《欧洲中央银行体系和欧洲中央银行章程》第 12 条第 1 款、第 14 条第 3 款的规定，德意志联邦银行在具体事务上接受欧洲央行的指导。

（二）　金融事项的类型

从立法文本来看，德国《联邦基本法》和各州宪法并没有对金融的内涵作出界定，仅列明金融事项的种类。联邦金融立法进一步对其调整对象的范围作出具体界定。

《联邦基本法》第 73 条和第 74 条所规定的金融事项包括"货币的发行与调控、度量衡的制定""银行、股票交易和私人保险"。第 73 条界定的金融事项实质上是指中央银行货币政策意义上的货币。而第 74 条所界定的金融事项指的是金融体系的基本结构，即包括银行、股票和保险。但是，《联邦基本法》对银行、股票和保险的具体含义没有作出界定，这意味着银行、股票、保险作为宪法上的抽象法律条款，还需要在金融立法中给予确定。

联邦《银行法》第 1 条规定的银行是一个较为宽泛的定义，包括信贷机构和金融服务机构两种基本类型，前者可以从事储蓄、信贷、贴现、主要的经纪业务、保管、投资基金、担保、自动转账、有价证券承销、预付卡、网络货币等业务，而后者可以从事投资经纪、契约经纪、投资管理、自有账户交易、非欧洲经济区的储蓄经纪、汇款与外汇交易等业务。从银行机构的出资者和市场功能来看，银行体系主要分为私人投资者组建的商业银行、乡镇或者乡镇联合体设立的储蓄银行，以及消费者作为社员的合作银行，三者共同形成了德国银行体系的三大支柱。

---

〔1〕　参见［德］罗尔夫·施托贝尔：《经济宪法与经济行政法》，谢立斌译，商务印书馆 2008 年版，第 354 页。

〔2〕　参见［德］弗里茨·里特纳、迈因哈德·德雷埃尔：《欧洲与德国经济法》，张学哲译，法律出版社 2016 年版，第 212 页。

《保险监督管理法》确定的保险企业分为两种：私人保险公司和公共保险公司。这主要是根据投资者的类型不同作出的界定。私人保险和公共保险公司划分的意义在于，私人保险公司可以在全国范围内提供保险产品和服务，但公共保险公司进一步根据经营区域划分为全国性和本州内经营两种，并确定后者的监管机构为所在州政府监管机关。

在联邦证券立法中，《有价证券交易法》第 2 条对有价证券的含义进行了界定，但是比较宽泛，即指除了支付工具之外，各州依据立法可在金融市场上交易的可转让有价证券，亦包括在内即使没有对其签发单证。

综合来看，联邦和州立法机关并没有对金融作出一个统一的法律界定，而是采取了一种较为灵活的立法策略，即联邦和州宪法对基础性的金融事项作出规定，而具体的含义则是由专项金融立法来确定。即使如此，专项金融立法中的金融含义也是一个开放性的概念。从这一方面来看，经济理论中的金融决策与立法文本中金融事项的含义是不同的，前者更侧重于金融产品的定价机制，而法律中的金融事项则是根据金融产品的财产属性和合同属性来界定，并不是所有的经济理论上的金融决策能够转换为法律上的金融服务。

(三) 储蓄银行的特殊地位

储蓄银行主要是作为州法上的公法组织来经营的，只有少数根据旧法设立的"自由储蓄银行"，以前是州法上的私法机构，现在基本上采取了股份公司的形式。[1]具体而言，储蓄银行是依据州法而成立的，但其投资者主要是乡镇、乡镇联合体、目的联合体等地方自治团体，属于可供社会公众以公开方式使用的具有法律能力的公法设施。地方自治团体成为储蓄银行的负担义务主体和担保责任主体。在德国行政组织法中，设施主体通常负责制定设施的业务和经营计划，还负责设施的财政资金来源，另外还要对公法设施的债权人承担连带责任。乡镇或者乡镇联合体是所属储蓄银行的赔偿责任主体，承担的赔偿责任虽然是从属性的，但却是无限的，因此成为"担保主体责任"。[2]储蓄银行在提供金融服务、进行市场交易的过程中发生的是私法关

---

〔1〕 参见［德］弗里茨·里特纳、迈因哈德·德雷埃尔：《欧洲与德国经济法》，张学哲译，法律出版社 2016 年版，第 355 页。

〔2〕 参见［德］汉斯·J. 沃尔夫等：《行政法》（第三卷），高家伟译，商务印书馆 2007 年版，第 239 页。

系。因此，储蓄银行的法律地位存在争议，表现为既是公法设施，也是从事私法活动的信用机构、自主竞争的企业，还是地方自治的组成部分。[1]

　　然而，储蓄银行作为公法组织在提供金融服务时遵循商业化原则，出现了所谓的私有化，在与商业银行的竞争中提高其效率。[2]但是，在德国行政法学理论中，私有化是一个宽泛的概念，具体包括形式私有化和实质私有化。前者亦称为组织私有化，即仅通过私法的方式来完成任务，此时发生改变的仅仅是组织形式，行政任务并没有发生改变。实质私有化恰恰相反，行政任务被转移至私人部门及市场，包括向私人转让全部公司股份，在私有化后不再对行政任务负责。因此，实质私有化又被称为任务私有化，行政任务从国家交还给社会。[3]值得注意的是，储蓄银行的私有化多是形式私有化。对于德国储蓄银行而言，取消对其补贴也可能产生私有化。根据《欧洲共同体条约》第87条之下的禁止补贴规定，国家的资金措施不得具有使公共企业在市场竞争中获得特权的补贴性质，否则应当取消有关的补贴。部分储蓄银行免除设施负担和担保主体责任后进行了私有化。[4]

　　但是，私有化并没有消除储蓄银行承担的行政任务，只是其经营方式更为商业化和市场化，以适应金融市场上与商业银行、合作银行展开竞争。储蓄银行从事银行业务，但其首要服务对象是经济上较弱的群体，执行地方政府的政策，推动整体国民经济的发展。[5]储蓄银行的市场竞争优势在于区域经营原则，即在所属行政区域内开展业务，已经与所在区域的中小企业建立了长期的关系型金融交易。在1980年代，大型商业银行为了争取中小企业客户与储蓄银行、合作银行展开了激烈的市场竞争。但是，大型商业银行的市场策略没有取得成功，根源在于大型商业银行与客户之间的非关系型金融交

---

　　[1]　参见［德］汉斯·J.沃尔夫等：《行政法》（第三卷），高家伟译，商务印书馆2007年版，第286页。

　　[2]　参见冯兴元：《德国地方储蓄银行的运作经验——如何规范政府与国有银行的关系》，载《德国研究》2001年第1期。

　　[3]　参见［德］乌茨·施利斯基：《经济公法》，喻文光译，法律出版社2006年版，第128-130页。

　　[4]　参见［德］汉斯·J.沃尔夫等：《行政法》（第三卷），高家伟译，商务印书馆2007年版，第465页。

　　[5]　参见［德］汉斯·J.沃尔夫等：《行政法》（第三卷），高家伟译，商务印书馆2007年版，第285页。

易很难适用于中小企业客户群体。最后，大型商业银行转向国际化经营战略，在获利颇丰的国际投资银行业务中占有一定的份额。[1]从图 3-1 可以看出，在 1980 年代，储蓄银行在数量上保持稳定，但总资产规模却在持续增加。即使是德国各州根据欧盟委员会取消财政补贴的要求修改州储蓄银行法，自 2005 年 7 月 19 日起实施后，储蓄银行总资产规模并没有发生显著减少，受到财政补贴取消的影响是非常微弱的。

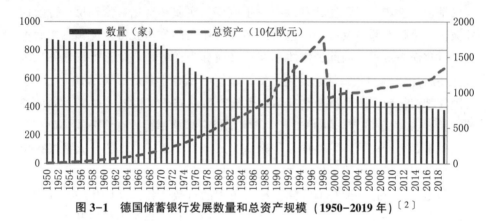

图 3-1　德国储蓄银行发展数量和总资产规模（1950-2019 年）[2]

三、联邦与州监管权限的划分及特征

（一）立法权限划分

联邦与州的各自立法权限在《联邦基本法》得到了明确的界定。《联邦基本法》第 70 条至第 75 条提供了三种类型：联邦专属立法权、共同立法权、剩余立法权。《联邦基本法》原第 75 条规定的框架性立法权在 2006 年后被废止。而《联邦基本法》未授予联邦的立法权限则归属于各州，即州享有剩余立法权。但是，《银行法》《保险监督管理法》《交易所法》对金融权限划分作出了进一步的规定。

《联邦基本法》第 74 条界定了联邦和州的共同立法事项，其中之一是

---

〔1〕　See D. Detzer, et al., *The German Financial System and the Financial and Economic Crisis*, Springer International Publishing AG, 2017, pp. 98-99.

〔2〕　数据来源：Wind 资讯。储蓄银行数量的单位为家，储蓄银行总资产的单位为：10 亿欧元。

"银行、股票交易和私人保险"。共同立法权意味着，只要联邦未制定法律、不行使立法权，各州即有权立法。共同立法权体现了联邦对于州的优位性：联邦在某些事项上有着先于州立法的权限。

对于共同立法权限范围的金融事项，联邦并不能无条件地启动优位于州的立法权限。《联邦基本法》第 72 条第 2 款对联邦立法权进行了限制，即联邦当且仅当满足为全联邦创造同等条件的生活，或者维护法制统一或者经济统一时，方可行使立法权。

然而，《联邦基本法》确定了银行、股票交易、私人保险属于联邦和州共同立法事项，但没有对这些事项属于金融监管事项，还是普遍服务事项作出进一步的规定。在法律实践中，联邦立法机关均制定了银行、证券市场、保险业方面的立法，但州立法机关亦对储蓄银行、州交易所制定了州法。换言之，储蓄银行、州交易所存在着联邦法和州法并存的模式，但立法内容是不同的。

1. 储蓄银行业领域

有关储蓄银行的联邦立法主要是联邦《银行法》，但《银行法》主要是确立了适用于所有银行的资本充足规则、流动性监管规则，联邦金融监管局也是依据《银行法》对储蓄银行进行执法监督。应当注意的是，《银行法》中对储蓄银行特别规则的设定主要是依据其组织性质（公法设施）而进行的，并没有对其承担的公共任务进行规定。《银行法》第 40 条对储蓄银行的名称使用和组建条件作出了明确的规定，只有符合三个条件才能被认定为储蓄银行：（1）公共储蓄银行符合《银行法》第 32 条规定的许可证授予条件，并获得金融许可证；（2）其他组织按照以前的法规以合法方式使用储蓄银行名称；（3）储蓄银行在其制定的组织章程中，明确规定其特殊的任务，尤其是服务大众的商业经营目标、主要服务于注册所在地的地方经济的区域原则。第三个条件实际上要求，储蓄银行必须在组织章程中明确规定，如何提供金融服务以惠及本地经济，原则上禁止跨注册地所在行政区域提供金融服务。

各州的储蓄银行法进一步明确了在其所管辖区内的储蓄银行设立、出资、管理的规则，以及如何组建地区性和全国性的联合会。更为重要的是，州立法对储蓄银行承担的公共任务及其如何履行作出了具体规定。例如，《图林根州储蓄银行法》第 2 条第 2 款对储蓄银行的商业目标和公共职责作出了明确的规定：（1）储蓄银行是一种服务于社会大众的金融组织，承担着在金融部门领域提供金融服务的职责，特别是提供安全金融投资的机会。储蓄银行应当增强在金融市场的竞争力。与此同时，储蓄银行提供的金融服务应当面向社会公众、地方经济，特别是中产阶层和公共服务，并应当考虑市场对金融服务的需求。储蓄银行应当支持和培养有关储蓄、财富积累等良好意识的形成，并为青年人提供理财知识教育。（2）储蓄银行应当根据州储蓄银行法从事经营活动，并能够代表客户的利益。储蓄银行的核心业务，如财产、投资和保险的提供，应当与州储蓄银行行业组织的分支机构进行合作。（3）储蓄银行在充分考虑所承担的公共职责下应当遵照商业原则和标准提供金融服务。营利不是储蓄银行的首要目标。[1]

从德国储蓄银行的法律定位可以看出，在联邦与州事权划分方面，联邦承担的公共任务大多具有规制行政权性质，是对营业自由的限制或者剥夺。而地方主要承担给付行政任务，为所辖区域内的居民提供生存照顾。[2]作为地方的乡镇或者乡镇联合体出资组建的储蓄银行正是其承担给付行政任务的

---

〔1〕 See Stephen L. Clarke, *German Savings Banks and Swiss Cantonal Banks: Lessons for the UK*, Civitas publication, 2010, p. 24.

〔2〕 德国公法学家厄斯特·福斯多夫（Ernst Forsthoff）于1938年在《当成服务主体之行政》一文首次提出"生存照顾"（Daseinsvorsorge）以来，对德国法学界及德国法律产生重大的影响，同时也对日本等国家和地区的法律制度和法学理论研究产生深远影响。福斯多夫在《当成服务主体之行政》认为，随着社会生活方式的变化，即都市化的影响，作为个体的社会成员无法通过个体的自身力量保持日常生活的进行，需要借助于自身之外的公共力量来维系。在这一过程中，国家必须改变传统"夜警国家"的角色，从承担消极角色的后台走到承担积极作为义务的前台，即"福利国家"。但是，在福斯多夫看来，国家承担的积极作为责任并不全部属于生存照顾的责任范围。一个现实是，德国自从18世纪50年代就已经建立了社会保障制度，这一制度在进入19世纪后仍然是由政府来承担的。社会保障制度的特殊性在于，国家承担的是单方向性的给付义务，社会成员在接受国家提供的社会保障服务时无需直接支付相应的对价。因此，福斯多夫教授认为，生存照顾的范围特定的，仅指社会成员承担支付对价的、由国家提供的服务，如水、电、瓦斯、交通运输等公用事业。因此，福斯多夫教授提出的生存照顾实质上是由两个要件构成的：其一，个人对国家提供服务关系的依赖性，以此区别于个人单方面的接受国家之救助。其二，服务关系之双方性，即社会成员在接受生存照顾服务时需支付对价。那么，国家通过何种方式来履行其承担的生存照顾责任呢？福斯多夫认为，公共事业来承担，但公共事业既可采取公共企业的公法组织形式，也可依商法之公司形态出现。生存照顾的范围具有模糊性，随着社会成员生活方式的变迁，生存照顾服务的范围不断扩大，究竟哪些服务属于生存照顾服务？福斯多夫并没有给出一个明确的判定基准，只能依据个别情形以及社会发展而定。这也是生存照顾概念受到理论界批评的一个主要方面。福斯多夫教授在1959年《服务行政的法律问题》一书中明确地提出了生存照顾概念的功能，即若法律已明白承认和保障人民拥有对使用生存照顾服务之主张权利时，则生存照顾之概念即使未完全丧失意义，但实质上也丧失了作用。从这里可以看出，生存照顾概念旨在要求国家做出积极行为的义务，并为其提供理论基础。参见陈新民：《公法学札记》，法律出版社2010年版，第63页、第73-74页。

方式之一。

尽管德国联邦和州均享有立法权和执法权，但其立法内容及其监管重点是不同的。联邦立法规定的是高权行政，并由联邦行政机关设施，而州立法侧重于储蓄银行的功能界定及其实现方式，并由相应的州行政机关负责州法实施的监督。如果从储蓄银行提供的普遍服务事项来看，州享有立法权和执法权，而储蓄银行的组建和运营则是由州政府以下的地方政府负责。

2. 州交易所领域

证券交易所是作为具有部分权利能力的公法机构，同时作为自我监管机构管理多边交易系统，《交易所法》第2条第1款对此作出了明确的界定。虽然联邦金融监管局也对证券市场实施整体性监管，但州交易所监管机构也对特定交易所事项行使监管权限，监管范围包括交易所理事会、交易所管理层、制裁委员会、交易所监管部、交易所运营商，以及与交易所运作相关的设施（包括外包领域的交易所交易）和场外市场交易。监管内容包括对有关交易所的法律规定和指令的遵守，交易所内交易的合法进行，以及交易行为的合法履行（交易行为结算）。[1]

主要州的交易所监管机关在对交易所实施监督管理时，联邦证券立法成为主要的执法依据。州政府设立了州交易所监管机构，按照联邦《交易所法》和州立法对交易所交易、结算等实施监督，而联邦金融监管局根据《有价证券交易法》等联邦立法对整体证券市场实施监督。州负责联邦法律的执行，对此不存在争议，并且在这一方面，州交易所监管机关经常具有一定的裁量空间。[2]另外，州交易所监管机关与联邦金融监管局建立了有效的沟通合作机制，以及时应对证券市场创新的变化。

对于证券市场的监管，德国在联邦和州层面均建立了独立的监管机构，即联邦金融监管局与州交易所监管机关。但是，这两种监管机构是相互独立的，不存在隶属关系或者科层关系。值得注意的是，州交易所监管机构的执法依据当然地包括联邦证券立法，这就出现了立法权和行政权的适度分离。换言之，联邦和州在证券立法权和行政权上的划分并不是一一对应的。

---

〔1〕　参见德国联邦《交易所法》第3条第1款。
〔2〕　参见〔德〕罗尔夫·施托贝尔：《经济宪法与经济行政法》，谢立斌译，商务印书馆2008年版，第325页。

（二）行政权限划分

德国在联邦与各州之间的行政权限的划分方式与美国不同。美国联邦和各州法律的行政执行机关分别是联邦行政机关和州行政机关，而德国联邦法律通常是由各州政府执行，这是一种常规。但是，金融行政执法在制度演进中，联邦政府的执法权限不断地得到了加强，各州对证券交易所、公共保险公司（各州范围）和储蓄银行享有特定范围的监管权限（见图3-2）。

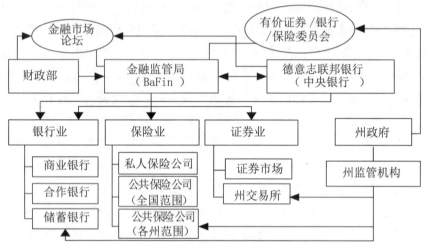

图 3-2　德国金融监管体制示意图

1. 联邦金融监管局的执法权限

在 1962 年之前，各州政府自行实施银行监管任务。自 1961 年通过联邦《银行法》之后，联邦政府建立了统一的监管机构，在联邦财政部下设联邦银行监管局（BAKred）负责执法监督。2002 年德国统合原银行监管局、保险监管局、证券监管局的基础上组建了联邦金融监管局（BaFin），成为统一、独立的联邦金融监管机关，以适应金融产品跨界发展的新要求。联邦金融监管局作为联邦政府设立的行政执法机关主要负责执行联邦金融法律。

联邦金融监管局是依据 2002 年《金融服务监管法》（FinDAG）而设立的。该法的一个鲜明特点是对联邦金融监管局的内部治理结构作出了明确的规定，即明确了董事会、局长、行政理事会、专业咨询理事会的职责，但在具体监管部门设置上仍秉承原来的银行监管、保险与退休基金监管、有价证券/资产管理的分类型作法。联邦金融监管局在法律主体性质上属于《联邦基本法》第 87 条所规定的联邦直属独立机关公营造物法人，具有独立性，面对国会以自我负责，而非以受财政部委托的态度去执行法定所交付的监管任务。究其实质，金融机构和金融市场与其他产业不同之处在于其风险管理的特殊性。实物商品交易时，即使交易失败，其风险仅波及该交易商品本身。但是，金融产品交易失效，不仅导致金融商品本身的价值无法实现，而且会将风险波及其他市场，风险外溢性显著的高于其他实物商品。但是，联邦金融监管局的组织独立性是受限制的，《金融服务监管法》第 2 条要求其必须接受联邦财政部的法律监督和专业监督。为此，联邦财政部还专门制定《财政部关于联邦金融监管局法律与专业监督的执行原则》，对联邦金融监管局行政行为的合法性与合目的性实施监督。

2. 州政府的执法权限

在联邦政府直接行政的一般原则下，州政府对提供普遍服务事项的储蓄银行和公共保险公司享有一定的执法权限，并根据《交易所法》对州证券交易所实施行政监督。

储蓄银行在业务范围上与商业银行是没有任何差异的，均可提供综合性金融服务，实质性的差别在于，储蓄银行的定位是为中小企业提供基本金融服务。公共保险公司亦承担相同的行政任务。为此，联邦《银行法》要求各州政府设立相应的机关负责对公立储蓄银行实施监督。但是，州政府对储蓄银行的监督更侧重于储蓄银行的目标、服务主体、经营方式、政府扶持措施及其限度等的行为监管，以更好地保护金融消费者（包括中小企业），联邦金融监管局仍按照统一的监管标准对储蓄银行的资本充足率、流动性风险等实施日常的审慎监管。

《保险监督管理法》把在州内提供保险服务的公共保险公司的行政执法权赋予了所在州政府，以更好地督促、监测公共保险公司履行其承担的行政任务。而对于跨州经营的公共保险公司，基于监管效率的考量而授权联邦金融监管局负责行政执法。

1994 年《关于证券交易和修改交易所法律规定及证券法律规定的法律》（《第二部金融市场促进法》）奠定了证券市场监管体制的根本性改革，重新调整了联邦和各州之间的行政权限，强化了联邦执法权限，即联邦证券执法机构全面负责证券市场的业务监管，而州政府仅保留对交易所的行政监督权限。为此，联邦政府于 1995 年成立了联邦证券执法机构——联邦证券监管局（BAWe）。

州政府实施执法的依据主要是联邦《交易所法》。联邦《交易所法》赋予州交易所监管机关特定的权限，但要求其仅应为了公共利益而履行任务和行使权限。州立法机关亦有权根据联邦《交易所法》制定本州实施的交易所条例。联邦《交易所法》第 3 条第 4、5、8、10、11 款对州交易所监管机关的权限作出了详尽的规定。特别是，州交易所在履行其任务时，即使没有特殊原因，亦有权要求交易所及特定证券市场主体提供信息、提交文件材料以及进行审查。如果在证实影响证券市场秩序时，州交易所监管机关有权要求任何人提供信息、文件材料或其影印件。负有提供信息义务者必须允许州交易所监管机关的工作人员在正常工作时间进入其不动产和办公场所，但出于防止危害公共安全和秩序的紧急危险发生的目的，监管人员可未经其允许在工作时间以外或者位于某一住宅的办公场所。在这种情形下，《联邦基本法》第 13 条确定的住宅不可侵犯的权利受到了限制。

另外，州政府还依据联邦《交易所法》获得了特定事项的行政法规制定权。联邦《交易所法》授权州政府针对特定事项制定行政法规。联邦《交易所法》第 4 条第 6 款规定，州政府被授权行政法规，对交易所设立时向州交易所监管机关提出书面许可申请书所作出的说明和须提交资料的种类、范围、时间和形式作出详细的规定。联邦《交易所法》第 6 条第 6 款规定，在交易所运营商重要股份的人员、证券运营商的主要持股人、交易所运营商在发生特定情形股权变化时，州政府被授权制定行政法规，可以对股权变动的汇报种类、范围和时间进行详细的规定。联邦《交易所法》第 22 条第 1 款授权州政府通过行政法规，对制裁委员会的组成、程序，以及与州交易所监管机关配合进行规定。制裁委员会有权邀请证人、专家自愿出席，对其进行无须宣誓的质询，而且可以向地方法院申请就执行委员会无权取证的事项进行证据搜集。

联邦《交易所法》通过法律明文规定授权州政府行使的行政法规制定权并不属于行政监管权限中的规则制定权。州交易所监管机构有权制定相应的工作指引或者操作手册来规范行政执法规程。联邦《交易所法》对州政府的授权，州政府可以通过行政法规的形式将该授权委托给州交易所监管机关。行政法规制定权的转移是以联邦法律明文规定允许为前提条件的。

四、联邦与州机关之间的协调关系

联邦和州金融权限之划分并不是目的，而是以更为便利、更富有效率的方式实现国家承担的公共任务。因此，联邦和各州在金融权限划分时，协调机制亦是重要的考量。德国联邦主义与美国联邦主义存在差异，德国联邦与各州在立法和执法事务上存在分工合作：联邦进行立法，各州负责执行绝大多数联邦法律。美国多是通过联邦行政机关执行联邦法律，州行政机关负责实施州法。

（一）联邦与州立法机关的协调

联邦和州在立法方面的协调在《联邦基本法》中得到了明确的规定。各州主要通过联邦参议院这一组织机构来表达本州在立法上的利益诉求。联邦参议院由各州政府的成员组成，由各州政府指定和召回。参议院成员通过这种方式，将各州机构化的国家意志，引入联邦的政治意志形成过程中。各州通过参议院参与联邦立法，其参与权要求立法必须在联邦和各州间达成相互谅解。[1]

（二）联邦与州金融监管机构之间的协调

联邦与州金融监管机构在日常监督中的合作主体现在《交易所法》《有价证券交易法》中，具体来说，主要有以下三种合作方式：

1. 制度化的组织内协商

联邦金融监管局内设一个有价证券委员会，作为联邦与州监管机构之间的组织化协商平台。从有价证券委员会的成员来看，由16个州各派代表1名组成，即使是没有设立证券交易所的州亦可派员参加该委员会。有价证券委员会有权参与证券市场监督，但仅限于向联邦金融监管局提供咨询意见，具体包括：（1）在为联邦金融监管局的监管事务颁布法律条例和制定方式时；（2）关于监管问题对交易所与市场结构以及金融工具交易竞争的影响；（3）在划分联邦金融监管局与州交易所监管机关之间的职责时，以及关于合作的问题。[2]

---

〔1〕　参见［德］齐佩利乌斯：《德国国家学》，赵宏译，法律出版社2011年版，第465-467页。

〔2〕　参见《有价证券交易法》第5条。

与此同时，联邦金融监管局亦每年至少一次向有价证券委员会报告监管工作、监管实务的发展以及国际合作事宜。在有价证券委员会开会时，联邦财政部、司法部、经济与科技部，以及中央银行的代表可以参加会议。借助于有价证券委员会的中介功能，联邦金融监管局更能跨越州域限制，与各州间共同强化证券市场监督工作，并解决联邦与州间交易所监管关系的定义不明确问题。

2. 监管信息的互换

州交易所监管机关和联邦金融监管局紧密协作，在遵守保密义务的前提下，相互交换对履行职责有用的所有信息。在紧急情况下，为防止有违反有关交易所法的规定和指令行为的发生，或者排除那些能够影响交易所内正常交易及交易行为结算或者影响交易监管的行为，州交易所监管机关有权发出暂停或者终止在交易所的一种或者多种金融工具、权利或商品的命令，但应当毫不迟疑地告知联邦金融监管局。[1]

3. 机关借用

机关借用系指某一高权主体之某一机关受委托而执行另一高权主体之行为，从而在对外而言，该执行者系以该授权者之机关的地位而为行为。在这种情形下，委托者经由委托而不必自行设置机关，具有节省管理成本的经济优势。机关借用产生的法律后果由委托人承担，即在行政诉讼或者国家赔偿案件中，委托人为起诉对象或者赔偿主体。

联邦金融监管局有权发布内幕交易禁令和操纵市场禁令，但其违法行为的发生可能会连带性地对州交易所采取紧急措施。在这种情况下，联邦金融监管机构通过机关借用的方式，由州交易所监管机构替代采取相关措施，具体事宜由联邦与负责交易所监管的州达成的管理协议规定。[2]

五、德国法制的启示

德国宪制与中国是不同的，但在中央与地方金融监管权限划分中遇到了一些共性问题。在这一方面，德国法制具有重要的参考价值。具体来说，主要体现在以下四个方面：

---

〔1〕 参见《交易所法》第8条、第10条、第3条第5款第1句。

〔2〕 参见《有价证券交易法》第6条第1款。

其一，如何确定中央和地方金融监管权限划分的法律标准？立法机关和理论界非常关注并纠结于《立法法》第11条。《立法法》第11条规定了金融的基本制度属于国家专属立法事项。然而，立法机关和理论界对金融基本制度的解读存在很大的争议，但取得共识的是，非基本制度中的一部分应当属于地方事务，地方应当享有立法权。然而，如何区分金融基本制度与非基本制度仍然是一个迷思。从德国《联邦基本法》来看，宪法条款并没有为联邦和州具体金融事项的权限划分提供一个准确的法律标准，而是在联邦金融立法中通过专门的条款对其作出具体的规定。换言之，理论界试图通过对《立法法》第11条金融的基本制度的法释义学分析来验证地方金融立法权，这不是一种富有效率的智识努力。原因在于，金融是一个开放性的概念，金融创新的一个主要动力就是规避现行法律监管。这意味着，在立法中对其内涵和外延作出精准界定在立法技术上是不可行的。2000年3月九届全国人大三次会议制定《立法法》时，金融监管体制是由中央金融监管机构集中统一行使权限，并不存在所谓的中央与地方金融事权划分问题。然而在2008年，人民银行和原银监会在部分省市区试点推行新型农村金融机构，旨在通过民间资本进入微型金融领域解决农村金融排斥问题。推行新型农村金融机构的一个主要特点是，省级政府若想获得试点资格，必须同时指定相关部门作为监管机关，承担市场准入、日常监督、市场退出及风险处置责任，这时才出现了中央与地方金融权限划分问题。直至2017年7月，第五次全国金融工作会议正式确定了地方政府的监管对象。2015年《立法法》修改的策略是积极稳妥、分步推进，并非需要规范的事项都必须通过立法完善来解决。[1]这表明，通过《立法法》对金融基本制度作出解释是不可行的。在这种情况下，替代性的选择是借鉴德国法制的做法。

德国法制的经验在于，在专项金融立法中根据金融事项的性质而作出具体化的规定，这在一定程度上克服了抽象性法律概念的局限。对于金融监管和普惠服务，中央均有权并予以规范。从这一方面来说，对于地方监管对象的立法较为迫切的应当是加快中央立法。国务院已经于2017年颁布了《融资

---

〔1〕　时任全国人大常委会副委员长李建国于2015年3月8日十二届全国人大三次会议上《关于〈中华人民共和国立法法修正案（草案）〉的说明》指出："这一次修改立法法是部分修改，不是全面修改，对可改可不改的暂不改；对认识比较一致、条件成熟的，予以补充完善；对认识尚不统一的，继续深入研究；对属于工作机制和法律实施层面的问题，通过加强和改进相关工作予以解决。"

担保公司监督管理条例》，第 4 条和第 5 条分别对监督管理事项和普惠服务事项的权限划分作出了明确的规定，而第 7 条第 2 款则授权省级立法机关和省级政府制定提高本省域注册资本最低限额的权限。根据立法规划，国务院还将制定《地方金融监督管理条例》等行政法规。因此，省级人大常委会制定地方金融条例的困境在于，在只有部分中央金融立法的情况下，如何制定一部综合性的地方金融立法。对于监督管理这一秩序行政而言，省级人大常委会在制定时主要受到《中华人民共和国行政许可法》（后文简称《行政许可法》）《中华人民共和国行政处罚法》（后文简称《行政处罚法》）《中华人民共和国行政强制法》（后文简称《行政强制法》）的约束。而对于普惠服务这一给付行为而言，省级人大常委会在制定相应规范时，几乎没有受到上位法的约束。

其二，如何配置行政执法权与立法权的关系？在现阶段，地方金融监管机构体现了多层级的特征，即省级、市级、县级政府确定的地方金融监管机构作为行政执法机关，体现了"一级政府、一级监管"特征。这种多层级的行政执法主体很容易产生层级之间的职责同构、权责不清的弊端，也不利于提高行政执法效率。从德国国内法来看，立法权和行政执法体现了联邦和州的双层体制，对于州政府之下的地方政府并享有行政执法权，因为作为高权行为，秩序行政必然受到严格的限制，否则很容易对行政相对人的权益造成损害。我国现阶段体现出的监管权限的层层行使，是传统行政管理体制的一种运用，试图通过属地管理来防控金融风险。但是，金融风险与传统有形产品风险的不同之处在于，金融风险不仅体现在金融产品本身，而且具有很强的外溢性。因此，应当通过权限的统一行使来防范和处置金融风险。从这一方面来说，在权限的外部形式上，我国和德国是相同的，即中央（联邦）和省级（各州）均有权立法，但行政执法机关限于省级政府金融监管机构。在这一方面，《天津市地方金融监督管理条例》已经作出了尝试，即由天津市地方金融管理局作为执法机关统一行使监管权限。

其三，如何平衡产业发展和金融监管的关系？我国地方政府在最大程度上为金融资源聚集提供财政补贴、行政奖励，以及其他扶持措施，旨在发展本地区的金融产业，这就导致了金融产业发展与监督管理之间的关系失衡。从德国来看，州政府以下的乡镇或者乡镇联合体作为地方政府承担主要的责任，通过出资设立和发展储蓄银行来履行其承担的行政任务。比较而言，我国地方政府偏重的是金融产业的规模，而德国更注重解决中小企业的金融服务问题。即使在我国现阶段，各级政府均运用财政资金出资成立政策性融资担保公司或者政府担保基金，但仍然没有脱离层层负责的属地管理模式。我国每一层级政府均成立各自的政策性融资担保机构的问题在于，不仅降低了为小微企业和农户提供金融服务的能力，而且导致金融风险财政化。德国储蓄银行的出资者是州以下的地方政府，主要为乡镇或者乡镇联合体地域范围内的中小企业提供服务，这在一定程度上确保了本地区中小企业获得金融服务的充足机会。另外，为了提高单一体的储蓄银行与商业银行、合作银行的市场竞争能力，德国成立了储蓄银行协会（DSGV），核心成员是储蓄银行和州立银行，其职责是为其成员提供帮扶。比较而言，我国政策性融资担保机构的市场竞争力是以财政资金作为基础的，这实际上是财务的不可持续性通过财政资金来化解。因此，在政府层级上，我国省级政府应当侧重于监督管理，而县级政府和市级政府承担着更大的发展普惠服务的职责。

从德国州宪法有关金融监管的条款来看，普遍服务和监督管理的法律要求是一致的，即金融监管的目的不是对金融业的管制，而是使金融产品和服务更好地满足经济生活的需求。在这一方面，德国立法是值得借鉴的。金融监管目的导向实际上是对地方政府和金融机构的一种约束，既规范了发展金融产业的理性目标，又促进金融机构合理对待其交易对象——金融消费者和投资者。从这一方面来看，有效金融监管的一个经济效应是金融交易规模的扩大，但这仅是保护金融消费者和投资者的附带效果。而从具体行政机构来看，即由不同的政府机关分别承担金融监督管理和普惠服务发展职责。德国法制经验表明，应当剥离地方金融监管局的金融产业发展职责，促使其提高金融监管质量。而 2023 年地方金融监管体制的改革要求地方金融管理部门剥离金融服务办公室、金融工作局的职能，但对于地方政府而言，促进金融产业发展的内在动力依然是存在的。

其四，如何促进中央和省级金融监管机构的协调关系？在 2018 年中央和省级政府管理体制改革后，中央和地方金融监管体制更加清晰：中央金融监管机构负责制定经营规则和监管规则，地方金融监管机构负责具体实施，国务院和省级人大常委会分别制定相应的行政法规和地方性法规。但是，中央金融监管机构与省级政府及其地方金融监管机构之间缺乏正式的交流协商机制。这就可能导致，中央金融监管机构制定的经营规则和监管规则在实施层面出现地方金融监管机构的选择性执行。比较德国法制，我国具有可行性的协商机制是在国家金融监管总局、证监会内设置咨询委员会，其成员为省级地方金融管理局。但为了适度隔离规则制定权和执行权，咨询委员会的职责限于咨询、协商，并不具有正式的决策表决权，在具体金融权限划分不明确或者出现争议的情况下，通过咨询委员会予以解决。在这种模式下，中央和地方金融监管机构之间的协商成本可能会提高，但制定的经营规则和监管规则的及时性和有效性会大大提高，也大幅度地降低地方实施层面的管理成本。

第二节　美国联邦与州金融监管权限之划分

美国联邦与州金融监管权限划分在某些方面不同于德国，主要集中在银行业和证券业方面。美国联邦和州均设置了相应的机构分别对银行业和证券业实施监督。对于保险业机构而言，美国原来一直没有在联邦层面设置监管机构，保险业监管是由州来承担的。根据《多德—弗兰克华尔街改革与消费者保护法》，美国在财政部下设了联邦保险办公室（FIO），但该办公室监管权限是非常有限的，仅负责信息监测，具体的监管工作还是由州来行使。

理论界对美国联邦与州金融监管权限划分进行了一定的探讨，多用"双层多头"来刻画和描述其特征。但是，"双层多头"可能会引起误解。在联邦宪制下，联邦和州均享有相应的立法权，并设置相应的金融监管执法机构。但美国法律实践更为复杂。从监管对象来看，联邦和州有可能是对不同类型的金融机构和业务分别行使监管权限，也可能是对同一类型的金融机构和业务行使不同的监管权限。前者情形指的是分别在联邦和州获得金融牌照的非存款机构，没有发生交叉监管问题。后者情形主要是指加入联邦储备系统或者联邦存款保险计划的州立银行、州储蓄协会、州信用合作社。而根据联邦法成立的国民银行也会发生是否适用业务经营所在州法的先占权问题。[1]因此，双重银行体系（dual banking system）更能全面体现美国银行业及其监管结构的特征。[2]

---

　　〔1〕　参见［美］理查德·斯考特·卡内尔等：《美国金融机构法》（上册），高华军译，商务印书馆2016年版，第109-134页。

　　〔2〕　See Kennth E. Scott, "The Dual Banking System: A Model of Competition in Regulation", *Stanford Law Review*, Vol. 30, No. 1., 1977, pp. 1-50.

金融监管机构的"多头"仅是对联邦机构数量的描述，包括货币监理署（OCC）、联邦储备系统（Fed）、联邦存款保险公司（FDIC）、国民信用合作社管理局（NCUA）、证券交易委员会（SEC）、商品期货交易委员会（CFTC）、消费者金融保护局（CFPB）、金融稳定监管委员会（FSOC）等。而大多数州均是由单一金融监管机构行使州银行业、保险业和特定证券业务的监督管理，如纽约州金融服务局（DFS）、加利福尼亚州全能保护与创新部（DFPI）。

本节主要从双重银行监管体制来探讨联邦与州在监管权限划分上的制度设计。应当注意的是，无论是联邦还是州金融监管机构均具有一定的独立性。因此，联邦金融监管机构之间、联邦与州金融监管机构之间的协调在比较法上均具有借鉴意义。

一、联邦与州金融监管法制的演变

（一）州立银行和国民银行之间的竞争

美国在建国初期就已经注重颁发银行牌照，以满足政府融资的需求。从颁发金融牌照的政府来看，联邦政府颁发国民银行（national bank）牌照一开始就引发了政治上激烈的争论，导致 1781 年大陆会议授权特许设立的第一家国民银行——北美银行（BNA）在运营四年后的 1785 年被州立法机关所撤销。尽管北美银行（BNA）在二年后又恢复特许权，但其业务活动受到了很大的限制，不再担任联邦政府的银行家角色。[1]与此同时，州政府享有强烈的财政动机创建特许银行，并在银行业经营特许权的归属上与联邦政府展开激烈的斗争。而在实践中，州政府特许银行的发展速度和规模远快于和大于国民银行。

纽约州是全美最早设立州立银行的，州立法机关在 1791 年就特许设立第一家州立银行。在颁布《1838 年银行业法》（Banking Law of 1838），纽约州立银行的数量急剧增加，从 1841 年的 43 家增至 1849 年的 111 家。[2]但相应的州立银行业监管机构——银行业监管局（The New York State Banking Depart-

---

〔1〕 参见［美］查尔斯·凯罗米里斯、史蒂芬·哈伯：《人为制造的脆弱性：银行业危机和信贷稀缺的政治根源》，廖岷等译，中信出版集团 2015 年版，第 128-129 页。

〔2〕 参见［美］查尔斯·凯罗米里斯、史蒂芬·哈伯：《人为制造的脆弱性：银行业危机和信贷稀缺的政治根源》，廖岷等译，中信出版集团 2015 年版，第 135 页。

ment）是在 1851 年 4 月 15 日成立的。

美国保险公司自产生之日起就接受州金融监管部门的监督，至今仍秉承这一传统。在 1849 年，纽约州立法机关通过特别立法授权保险公司在纽约州开展业务。同年，纽约州立法机关颁布了一部专门法律，确定了州保险业的监管规则，而相应的州保险业监管机构——保险业监管局（The New York State Insurance Department）于 1859 年成立。

在初期发展阶段，纽约州银行业和保险业的监督主要是由州务卿（Secretary of State）和州审计长（State Comptroller）来实施的。为了降低商业银行破产带来的负面影响，纽约州 1829 年立法建立了存款人的保险措施，即要求所有的州特许银行每年须向银行基金（Bank Fund）缴纳相当于资本金 0.5% 的金额，直到支付额等于银行资本金的 3% 时为止，在州立银行出现破产时支付给债权人。而这个银行基金（后改称为安全基金）是由州财政部长负责管理，直至 1866 年被取消。[1] 与此同时，1829 年立法还要求任命三名银行委员会委员，对参与银行的财务状况进行检查，并每年向州立法机关报告。纽约州 1849 年立法要求发起设立的保险公司应当向州务卿提交注册申请报告，但赋予了州审计长更多的监管权限。例如，州审计长有权要求保险公司向其提交年度财务报告，在认定资本证券和投资不具备安全性条件时拒绝保险公司业务运行。

在纽约州银行业监管局和保险业监管局组建后，纽约州金融监管法制主要是以《1838 年银行业法》和《保险业法》为基础立法，同时金融监管机构颁布相应的监管规则。在这一个半世纪的发展历程中，纽约州立银行面临着与其他州立银行和国民银行之间的竞争，这不仅形成了州立银行和州保险公司业务经营的单体制特征，而且加剧了导致州际之间的规制竞争（regulatory competition）。

国民银行直至 1863 年《国民银行法》颁布后才大量出现，由于国民银行发行的由政府债券全额支持的银行券具有联邦税制上的优惠，使得国民银行具有一定的市场优势。根据国会 1865 年立法，联邦政府对国民银行银行券征收 1% 的税，但对州立银行征税的税率为 10%，这项税制直至《1939 年国内

---

〔1〕 参见［美］杰瑞·马克汉姆：《美国金融史（第一卷）：从克里斯托弗·哥伦布到强盗大亨（1492-1900）》，黄佳译，中国金融出版社 2017 年版，第 207-209 页。

税务法典》颁布才被取消。但是，联邦政府无权对州立银行进行监管，不能改变州监管规则。国民银行从联邦政府获得特许权并不意味着可以任意在全国范围内开设分行，还必须遵守各州法律，或者被禁止开设分行，或者被限制分行数量。

《国民银行法》塑造了双重银行监管体系的基础框架，允许创建国民银行，并由财政部下设的货币监理署来直接承担监管职责。货币监理署接受财政部的监督，但署长是在参议会的提名和批准下，由总统任命。在《国民银行法》的制度安排下，银行可以持有国民银行或者州立银行牌照，联邦和州金融监管机构为监管对象展开了竞争。其中的一个动因是，货币监理署和州金融监管机构的自身经费和雇员薪酬来自监管对象所缴纳的费用，而不是议会财政拨款。

《国民银行法》没有授权国民银行设立分支机构，也没有影响州立银行的分行经营模式，甚至允许州立银行转变为国民银行时保持其分行网络。但是，作为一种实际模式，《国民银行法》帮助消灭了先前的州立银行的分行网络。服务于地方的小银行绝大多数是州立银行，地方银行自治思想演变成一项银行基本政策。[1]单体银行制产生了双重经济效应：其一，单体银行模式受到借款人的欢迎，立足于本地的经营策略限制了州立银行向其他地区的居民和企业提供信贷资金及其他金融服务，促使州立银行主动面对本地客户提供金融服务，因此受到本地居民的欢迎。其二，由于单体银行不能在其他地区设立分行，这就导致州立银行无法形成规模效应，造成单体银行的内在不稳定，在发生金融风险事件时极易出现破产清算问题。正是由于单体银行制的内在不稳定性，州法律禁止跨州设立分行的监管规则受到放松。特别是 1980 年代储贷机构危机后，国会于 1982 年通过了《1956 年银行控股公司法》修正案，允许银行控股公司收购破产银行，而不必适用州法律。这一法律变化促进了部分州之间加入互惠安排，允许各州立银行之间进行合并。而 1994 年国会通过《里格尔—尼尔跨州立银行和分行效率法》，允许银行既可以在州内也可以跨州开设分行，这在很大程度上促进了银行体系的效率。

---

[1] 参见［美］理查德·斯考特·卡内尔等：《美国金融机构法·银行法》（上册），高华军译，商务印书馆 2016 年版，第 13-14 页。

（二）联邦金融监管机构的形成

1907 年金融大恐慌从资本市场波及到银行业，州立银行和国民银行均面临着严重的挤兑风险。8 个州为州立银行设立了担保基金，以保护存款人权益，但随着几个银行的倒闭，担保基金很快陷入无力支付状态。[1]相较于英国、法国、德国等欧洲国家，美国没有中央银行在金融危机中提供流动性和稳定性。为此，美国国会于 1913 年颁布《联邦储备法》。《联邦储备法》旨在通过发行联邦储备票据使其银行建立"弹性货币"，并建立了公开市场操作的制度安排。与此同时，《联邦储备法》在财政部和联邦储备委员会之间分配银行监管权，美联储在管理货币发行事务之外，获得了银行监管权。《联邦储备法》要求所有的国民银行加入这个体系，而州立银行享有选择权。然而，国民银行和州立银行之间的竞争日趋加剧，随着部分州放松州立银行设立分行的限制，使之相较于国民银行更具竞争优势。国会遂于 1927 年颁布《麦克法登法》，允许国民银行在家乡设有办公室的城市设立分行，这使其限制到与州法允许州立银行从事分行业务相同的程度。

1929-1933 年经济大萧条导致美国银行体系的崩溃。国会于 1933 年颁布了《格拉斯—斯蒂格尔法案》，即《1933 年银行法》。该法创建了联邦存款保险制度，并率先对银行控股公司实施联邦监管。其中，美联储承担监管银行控股公司的职责，而新设存款保险公司具体负责存款保险事务。大萧条也诞生了互助储蓄机构和联邦信用合作社的立法和联邦监管机构。自此之后，美国金融监管立法进入了稳定的年代。在 1980 年代的互助储蓄机构危机中，国会先后颁布了《1989 年金融机构改革、恢复和执行法》和《1991 年联邦存款保险公司改进法》，进一步充实和优化了联邦存款保险公司的权限。

2008 年金融危机暴露出美国金融监管体制的弊端。国会于 2010 年颁布《多德—弗兰克法》，对联邦金融监管机构进行了调整，进一步强化了美联储的职权。该即立法要求美联储下设消费者金融保护局，并新设跨机构组成的金融稳定监管委员会，同时撤销了储蓄监理局，将其主要职权转移给货币监理署。尽管《多德—弗兰克法》自实施以来面临着诸多争议，也需要进行立法改革，但联邦与州金融监管体制的结构并未发生改变。

---

〔1〕 参见［美］杰瑞·马克汉姆：《美国金融史（第二卷）：从 J. P. 摩根到机构投资者（1900-1970）》，高凤娟译，中国金融出版社 2018 年版，第 49 页。

二、联邦与州各自的金融监管权限

（一）联邦与州金融监管权限的划分

从现行金融监管体制的结构来看（图3-3），联邦与州金融监管权限的划分主要体现在存款类金融机构方面，即商业银行、储蓄协会、信用合作社领域，根据具体金融事项的不同，联邦与州之间的监管权限是存在差异的。至于非存款类机构，例如金融服务公司（financial service companies）、放贷机构（loan agency）、地区农业信贷公司（regional agricultural credit corporations）、家庭贷款担保公司（home loan mortgage corporation）等，可以自由选择在联邦还是在州金融监管机构注册并取得金融牌照，并接受其全过程监督。至于国民银行，由货币监理署颁发金融牌照，并接受美联储和联邦存款保险公司的监督，总资产超过100亿美元的银行还需接受消费者金融保护局的合规监督，州监管机构并不享有对国民银行的监管权限。

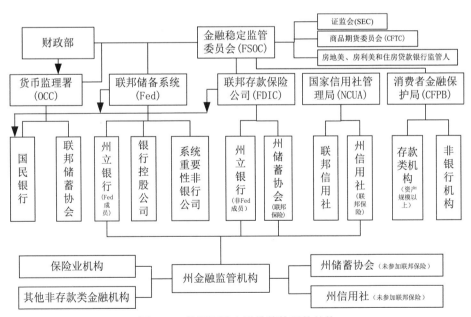

图 3-3　美国双重金融监管体制的结构

州立银行因其是否参加联邦储备系统和联邦存款保险而在监管结构上存

在差异。在通常情况下，美联储核准州立银行加入储备系统的同时，也要求其加入联邦存款保险。州立银行加入联邦储备系统，则成为州立成员银行（state member banks），除了金融牌照是由州金融监管机构核发之外，同时接受美联储、州金融监管机构的多头监管。在某种意义上，联邦金融监管机构对州立成员银行的监管几乎涵盖了其对国民银行监管的全部领域。美联储具体负责对州立成员银行的资质审核、加入联邦存款保险的审核、准备金要求等监管事项。对于加入联邦存款保险的州立成员银行则同时接受美联储和联邦存款保险公司的检查，并提交报告。美联储、联邦存款保险公司、货币监理署均有权发布监管条例，州立成员遵守执行。

没有加入联邦储备系统的州立银行，仍有权选择是否加入联邦存款保险。如果州立银行加入联邦存款保险，则同时接受联邦存款保险公司和州金融监管机构的检查、并购和分支机构设置的核准，并按照要求提交报告。但是，州立银行仍需遵守美联储、联邦存款保险公司和州金融监管机构发布的监管条例。

联邦金融监管机构为州立银行提供的流动性援助和存款保险在很大程度上纾解了州立银行的市场退出问题。从国民银行和州立银行倒闭和救援数量来看，美联储非成员州立银行的数量远大于同期的成员州立银行，但与国民银行的表现在 1990 年代并没有实质上的差异。然而在 2008 年金融危机时，国民银行倒闭和救援的数量接近于美联储成员州立银行（见图 3-4）。

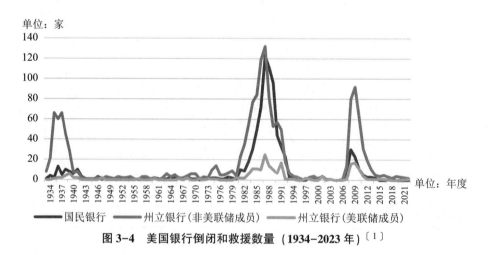

图 3-4　美国银行倒闭和救援数量（1934—2023 年）[1]

---

〔1〕 数据来源：Wind 资讯。

对于没有加入联邦存款保险的州立非成员银行来说，主要接受州金融监管机构的全过程监督。除美联储发布监管条例之外，其他联邦金融监管机构不得对州立非成员银行实施任何的监管行为。

美联储对银行控股公司依法享有特殊的监管权限，因此，无论州立成员银行还是州立非成员银行控制的银行控股公司均应接受美联储和州金融监管机构的监督。

（二）　联邦与州金融监管权限划分的主要特征

从美国双重银行体制的法制演变和结构来看，联邦与州金融监管体制在分权标准、分权领域、监管机构设置等方面体现了以下四个方面的特征：

其一，《联邦宪法》及宪法修正案仅对发行货币权作出了明确规定，即属于联邦，除此之外的其他金融事项，《联邦宪法》及宪法修正案均未作出规定。宪法第十修正案宣称："本宪法所未授予合众国或者禁止各州行使的权力，皆由各州或人民保留之。"在联邦权力的一些领域，例如货币铸造，联邦政府享有排他性管辖权。但在联邦权力的其他领域，共同管辖权是常见的情况：各州立法可以达到与联邦法律一致的程度。[1] 这就导致联邦与州在核发金融牌照、银行设立分支机构等事权上存在着很大的争议，尤其是对金融产品创新的监管上，可能造成监管空白。

但是，双重银行体制运行过程也表明，法官在联邦与州金融监管权限划分上发挥着关键性的作用，在成文化没有明确规定或者发生解释分歧的情况下，法官很好地解决了权限争端。在 200 多年的演变中，联邦和州多部重要立法和联邦法院判例共同确定了联邦和州的权限边界。

其二，联邦与州金融监管权限划分体现了灵活性，这种划分多是因应金融风险事件而出现的。在非存款金融机构领域，联邦和州之间的权限界限是非常清晰的，即谁负责核发牌照，谁负责全过程监督，亦包括风险处置。在这个领域，联邦与州没有产生重合监管问题。

但在公众存款机构（商业银行）领域，在金融牌照核发上，联邦与州之间的权限是非常明确的，分别核发国民银行和州立银行的金融牌照。但对于国民银行而言，州金融监管机构不对其行使监管权限，由货币监理署、美联

---

[1]　参见 ［美］理查德·斯考特·卡内尔等：《美国金融机构法·银行法》（上册），高华军译，商务印书馆 2016 年版，第 109 页。

储、联邦存款保险公司对其实施多头监督。然而，州立银行的监管主体因其是否加入美联储系统和联邦存款保险而区别对待，只要成为联邦储备系统成员银行或者加入联邦存款保险计划，则同时接受联邦和州的双重监管。美联储和联邦存款保险公司对州立银行监管主要是基于金融稳定的考量而介入的。州立银行的公众存款特征使其面临较大的信用风险和流动性风险。美联储对州立银行监管的介入体现了中央银行最后贷款人的职能，但以州立银行加入联邦储备系统为前提条件。为应对挤兑风险，联邦和州均提供了各自的存款保险计划，提供给州立银行来选择。如果州立银行选择了联邦存款保险计划，则应接受联邦监管机构的监管。如果州立银行选择了本州的存款保险计划，则由本州金融监管机构实施过程监管。

其三，联邦和州金融监管机构均具有一定的独立性。在联邦层面，美联储、联邦存款保险公司和货币监理署在职责、人事、财务方面不受其他行政机关的影响。多数州也组建了独立性较强的金融监管机构，并且出现了多个监管机构合并为一个独立机构对本州金融业实施统一监管的发展趋势。例如，根据纽约州《金融服务法》的规定，州银行业监管局和保险业监管局于2011年10月3日合并为州金融服务局（Department of Financial Services），内设银行部、保险部、不动产金融部、金融欺诈和消费者保护部等部门。金融监管机构的独立性不仅能够保障执法的有效性，而且为不同机构之间的协调提供了组织基础。

其四，联邦和州金融监管机构均注重保护金融消费者权益。在金融稳定和审慎监管方面，联邦金融机构可能介入州立银行监管的某个领域。但在行为监管与消费者保护方面，联邦和州金融监管机构均扩大了保护的范围并加强了保护的程度。联邦消费者金融保护局对资产规模较大的银行、非银行金融机构直接实施检查监督，对于其他类型的机构，由联邦审慎监管机构实施监督，联邦消费者金融保护局担任协助角色。州金融监管机构多是通过单独的内设部门来实施监管保护。纽约州金融服务局设立了金融欺诈和消费者保护部，具体包括五大方面的职责：消费者援助、犯罪调查、消费者测试、民事调查、消费者教育和覆盖。更为重要的是，金融消费者保护的范围是广泛的，不仅是指购买金融产品和服务的消费者，而且包括低收入群体购买适当金融产品和服务。

三、联邦与州金融监管机构之间的协调关系

联邦与州金融监管机构在对州立银行的监管过程中，不可避免地发生监管协调关系，但在不同监管领域的体现有所差异：

（一）监管规则制定方面

在州立银行申请加入联邦储备系统成为成员银行时，对国民银行资本要求的监管规则无差异地适用于州立成员银行，由理事会进行审核判定其资质。[1]从这一方面来说，美联储没有对州立成员银行制定专门的监管规则，而是适用国民银行的规则。

消费者金融保护局根据联邦法律享有规则制定权，局长可制定规则，发布命令和指引以确保消费者金融保护局的有效监督，实现联邦消费金融法律的目标和目的，或者防止法律目标和目的受到侵害。从这种意义上来说，消费者金融保护局享有的规则制定权具有一定的独立性，无需事前征得美联储的同意或者由其进行评议，[2]尽管其是联邦储备系统的一部分。但是，如果消费者金融保护局制定的监管规则涉及与其他机构承担的审慎、市场、系统性目标是否存在一致性，应当（shall）在事先和评议程序中征求审慎监管机构和其他联邦机构的意见。

（二）州立银行审慎监管

1. 检查

联邦监管机构对问题州立银行采取监管措施的前提是进行检查。联邦法确定了以财务报告为基础的非现场检查和现场检查。现场检查的类型是多样化的，包括专项检查、派驻检查、巡视检查以及视察检查等。[3]从联邦银行业监管机构的权限划分来看，联邦存款保险公司负责检查州立非成员银行和州立储蓄机构，而美联储理事会负责州立成员银行、非联邦受监管机构或者

---

〔1〕《美国法典》第12卷，§321.

〔2〕《美国法典》第12卷，§5492（c）（3）.

〔3〕参见［美］理查德·斯考特·卡内尔等：《美国金融机构法·银行法》（上册），高华军译，商务印书馆2016年版，第565页。

商业放贷公司的检查事项。[1]

为避免因检查而对州立银行和储蓄机构产生较大的合规成本，联邦和州监管机构采取了协调方式：对大型州立银行的检查，美联储和州监管机构有所分工，即偶数年份由美联储进行检查，州监管机构在奇数年份进行检查，并且检查的结果和效力是相互认可的。

为了规范联邦监管机构制定和实施统一的检查原则和标准，国会颁布了《1978 年联邦金融机构检查委员会法》（FFIEC），创建了由金融机构检查委员会，由货币监理署理事、联邦储备系统理事会主席、联邦存款保险公司理事、消费者金融保护局局长、国民信用合作社管理局主席、州联络委员会主席等六名成员组成。金融机构检查委员会旨在建立对金融机构检查一致性的原则和标准，为联邦监管机构提供程序性规则。除此之外，金融机构检查委员会还提出有关监管事务和监管工具充足性的建议，建立统一的报告系统，并为检查人员和助理检查员提供培训。[2]

金融检查委员会的一个重要职责是披露信息、政策和记录。在一般原则上，金融检查委员会应当按照申请人的请求提供相应的文本和资料。但是，如果请求人提出的记录是由其他州和联邦机构制作或者保存的，金融检查委员会应当及时告知请求人，并立即向最初制作记录的机构或者部门转交申请人的请求，以按照后者的监管规则进行处理或者为处理该项请求提供指引。[3]

为了促进统一检查原则和标准在联邦和州监管机构之间的适用，金融检查委员会建立了一个由 5 名州监管机构代表组成的州联络委员会。州联络委员会每年至少召开 2 次会议，其主席由州代表成员选举产生。[4]

2. 检查报告和其他报告的共享

在检查报告和财务报告方面，联邦机构之间、联邦与州监管机构之间基本上实现了共享。《多德—弗兰克华尔街改革与消费者保护法》第 5512（c）(6) 节规定，在提供合理的保密保障后，消费者金融保护局有权从审慎机构或者其他联邦机构获取任何的检查报告或者财务报告，并可对报告进行修订。

---

〔1〕《美国法典》第 12 卷，§1813（q）.

〔2〕《美国法典》第 12 卷，§3305（a）(b)（c）(d).

〔3〕《美国联邦法规》第 12 卷，§1101.4（b）(6).

〔4〕《美国法典》第 12 卷，§3306.

除此之外，审慎机构或者其他联邦机构享有自由裁量权，把其他报告提交给消费者金融保护局。当然，审慎监管机构、州监管机构或者其他联邦机构在确保保密的条件下亦有权获得消费者金融保护局的任何检查报告。而对于其他报告或者涉密监管报告，消费者金融保护局享有自由裁量权来决定是否一同提交。

3. 监管行动的主动告知

联邦监管机构在对州立银行实施审慎监管时，如果对其采取监管行动，则负有主动告知授予该州立银行牌照的州监管机构。[1]

对于参与联邦存款保险的州立银行或其附属机构，在其经营行为陷入非安全稳健状态（unsafe or unsound），或者违反法律或监管规则时，美联储和联邦存款保险公司对其采取禁止令或者临时禁止令。但为保障州立银行或其附属机构的权益，联邦法授予听证程序。

联邦监管机构主要是从审慎监管的角度对州立银行行使监管权限，而州监管机构主要负责牌照准入和商业行为监督。联邦和州监管机构在权限边界上是比较清晰的，但业务和机构在实践中是不可分离的，均是对同一监管主体而实施的。因此，联邦监管机构负有义务将举行的听证程序及其理由告知州监管机构。

4. 联邦存款保险公司对其他审慎监管机构的备用执法权

联邦存款保险公司根据对被保险存款机构的检查或者基于其他信息，有权向联邦银行监管机构提出采取行动的书面建议，同时附带对该项建议的书面解释。但是，实践中可能出现被告知的联邦银行业监管机构没有按照建议采取行动。在这种情况下，联邦存款保险公司享有备用执法权，即在联邦银行业监管机构接收到告知的 60 日后，按照监管建议进行执法，行使与联邦银行业监管机构相同的权限。但在紧急情况下，联邦存款保险公司理事会可缩短或者免除 60 日的限制。但是，联邦存款保险公司享有的备用执法权应当符合四个条件：（1）被保险存款机构正处于非安全或者非稳健状态；（2）存款机构或者附属机构正致力于非安全或者非稳健的做法，而建议的监管行动将阻止这种状况；（3）所涉行为或者威胁行为将为存款保险基金带来风险或者

---

〔1〕《美国法典》第 12 卷，§1818（m）。

有损于存款人利益；（4）存款机构控股公司的行为对存款保险基金产生了风险。[1]

（三）金融保消费者保护监管

《多德—弗兰克华尔街改革与消费者保护法》第 5494 节要求消费者金融保护局应当（shall）与证券交易委员会、商品期货交易委员会、联邦贸易委员会和其他联邦机构、州监管机构进行适当的合作，以实现消费金融投资产品和服务上监管的一致性。消费者金融保护局局长可将权限授予任何其他适格机构行使，当然的包括州监管机构。[2]

1. 检查合作的分工

对于总资产超过 100 亿美元的存款机构和信用合作社及其附属机构，消费者金融保护局进行检查时需要遵守特殊的规则。消费者金融保护局享有排他性权力（exclusive authority），要求监管对象定期提交报告和实施经营行为检查，以获取相关监管信息、判断其是否符合法规要求，以及监测并评估消费者和消费金融市场的风险状况。当然，为了降低监管对象重复提交报告产生的成本，《多德—弗兰克华尔街改革与消费者保护法》要求消费者金融保护局应当在最大程度上使用监管对象已经向其他联邦或者州提交的报告或者已经公开对外发布报告的信息。

对于非存款机构的监督，主要是提供经纪、动产担保贷款、工薪日贷款、教育贷款等消费金融服务，消费者金融保护局应当主动加强与审慎监管机构、州监管机构以及其他州政府部门的监管协调，具体包括对同一监管对象的各自检查议程安排以及对监管对象提交报告的要求，以实现信息共享。[3]

对于总资产为 100 亿美元及以下的存款机构和信用合作社，消费者金融保护局有权要求其提交报告以支持检查活动，并评估监测消费者和消费金融市场风险的状况。但在现场检查上，消费者金融保护局享有裁量权，通过向审慎监管机构派出检查官的方式，在审慎监管机构实施检查时评估监管对象遵守联邦消费金融法律的情况。换言之，对于小规模的存款机构和信用合作社的检查，消费者金融保护局承担协助角色，联邦审慎监管机构主要负

---

[1]《美国法典》第 12 卷，§ 1818（t）（2）.

[2]《美国法典》第 12 卷，§ 5942（b）.

[3]《美国法典》第 12 卷，§ 5514（b）（3）.

责实施，[1]除消费者金融保护局局长要求监管对象提交报告之外，审慎监管机构享有执行联邦消费金融保护法要求的排他性执法权。但在现场检查时，审慎监管机构有义务要求消费者金融保护局及时和持续性地提供所有的报告、记录和文件，保障消费者金融保护局检查官参与现场检查，并充分考虑消费者金融保护局在检查中的投入。与此同时，如果消费者金融保护局有理由相信监管对象严重违反了联邦消费金融法律，应当以书面形式通知审慎监管机构，并提出拟采取监管行动的建议。在收到监管建议的 60 日之内，审慎监管机构应当作出书面回应。

消费者金融保护局应当与州监管机构签订安排和协议（arrangements and agreements）协调检查行为，以实施同步的监管行动：（1）协调检查议程；（2）除非必须进行分别检查之外，应当联合同步检查；（3）分享检查报告草稿，并确保在收到后至少有 30 天进行评议，并在最终报告形成之前完成；（4）在发布最终检查报告或者采取监督行动之前，充分考虑其他监管机构所作出的评议。[2]

2. 检查合作的约束机制

为避免监督冲突，《多德—弗兰克华尔街改革与消费者保护法》创设了一项受存款保险保障的机构的申诉制度，允许在消费者金融保护局和审慎监管机构拟制的监管决定相互冲突时，受存款保险保障的机构、信用合作社和其他主体可以（may）要求监管机构基于相互协调原则提供一份监管行动协调的联合陈述（joint statement）。对于监管机构而言，则有义务（shall）在接收到诉求之后的 30 日内制作并提供。如果消费者金融保护局和审慎监管机构没有解决冲突问题，或者没有制作联合陈述，或者任何一监管机构在没有征得其他机构同意的情况下采取或者试图采取有关联合报告的监管行动，那么，受存款保险保障的机构、信用合作社和其他主体可以向一个治理合议庭提出上诉，但应在联合报告制定期后的 30 日内提出。治理合议庭由三名代表组成，两名分别来自消费者金融保护局和审慎监管机构，另外一名代表通过轮换的方式选自美联储理事会，或者联邦存款保险公司，或者国民信用合作社管理

---

〔1〕　参见孙天琦等：《金融秩序与行为监管——构建金融业行为监管与消费者保护体系》，中国金融出版社 2019 年版，第 66 页。

〔2〕　《美国法典》第 12 卷，§5515（e）.

局，或者货币监理署。为避免利益冲突，三名代表均不得涉及此项监管事务。[1]

3. 投诉受理与处理体系的对接

消费者金融保护局的一个重要职责是建立并负责运行消费投诉体系，在投诉受理、投诉反馈、投诉信息等方面，与其他联邦机构和州监管机构展开密切的合作。根据《多德—弗兰克华尔街改革与消费者保护法》的要求，消费者金融保护局设立了一部免费投诉电话，投诉网站，并建立了投诉数据库，以集中化地收集、监测、回应消费金融投诉。消费者金融保护局局长负有义务与联邦贸易委会和其他联邦机构协调行动来回应消费投诉（route complaints）。但在实践中，州监管机构也可以接收投诉电话成为消费金融服务投诉及处理体系的一部分。而消费者金融保护局应当主动与审慎监管机构、联邦贸易委会、州监管机构主动分享消费者投诉信息。[2]

（四）州监管机构对联邦储蓄协会行使权限的特殊情形

对于州监管机构是否享有对国民银行或者联邦储蓄协会的监督权限？《多德—弗兰克华尔街改革与消费者保护法》第 5552（a）节划定了权限边界：作为一项准则，州检察总长不能以州的名义提起民事诉讼，但如果按照消费者金融保护局的监管规则，州检察总长享有管辖权的话，则可在该国民银行或者联邦储蓄协会所在地的联邦地区法院或者州法院提起民事诉讼，但应当提供适当救济措施。

对于根据州法获得州颁发牌照、注册、许可的机构，州监管机构可以提起民事诉讼或者发起其他程序，但亦应为被告提供适当的救济措施。

但在前两种情况下，州检察总长或者州监管机构应当履行告知义务，即在法院发起诉讼或者采取其他管理或者监管程序行动之前，应当及时向消费者金融保护局提交完成的工作副本，并书面告知其采取该项行动或者发起程序的内容。在事先通知不可行的情况下，州检察总长或者州监管机构需要采取紧急行动，那么，应当在发起行动之后立即告知消费者金融保护局。《美国联邦法规》第 12 卷第 1082.1 节进一步对通知的程序性规则作出了详细的

---

[1]《美国法典》第 12 卷，§5515（e）.
[2]《美国法典》第 12 卷，§5493（b）（3）（D）.

规定。

消费者金融保护局在接收告知后有权作为其中的一方介入诉讼或者监管行动。另外，消费者金融保护局有权听取任何的有关该行动的事务，并在诉讼程序中对任何的命令或者判决提起上诉。[1]

四、联邦宪制下的州金融监管权限：以纽约州为例 [2]

纽约州立法机关制定的金融监管法律主要有三部，即《金融服务法》《银行业法》《保险业法》，其中《金融服务法》作为纽约州金融服务局的组织立法详尽规定了纽约州金融服务局的法律地位、组织结构等，而《银行业法》和《保险业法》通过专门条款对金融服务局及其主管、监督管理权限等在银行业和保险业监管领域的具体界定。

纽约州金融服务局是根据《金融服务法》组建的。在经历了 150 余年的发展历程后，尤其是 2007-2009 年国际金融危机后，纽约州立法机关不仅认识到银行业、保险业及金融服务业成为纽约州经济的重要组成部分，而且清醒地认识到，纽约州需要建立一个具有回应性、有效性、创新性的监管体系，以能够在全球化、不断变化和充满竞争的市场中对银行业和保险业实施监管。为此，纽约州立法机关决定将分离设立的州银行业监管局和保险业监管局合并为金融服务局。纽约州金融服务局的监管对象是多样的，总计达 28 种金融机构，但总体上划分为银行业和保险业两大类型。每种类型金融机构的经营规则和监管规则由《银行业法》和《保险业法》作出规定，而监管机构的权限及组织结构则主要是由《金融服务法》作出规定，《银行业法》和《保险业法》仅对州金融服务局在银行业和保险业监管时的特殊事项作出规定。

《金融服务法》总计 8 章（articles），对金融服务局的监管目标、组织结构、办公经费收支、监管行政及程序、金融欺诈防范、官员和雇员的限制、紧急医疗服务及意外费用学习债务顾问、商务融资等作出了详细的界定。

《银行业法》共计 45 章，其中第 2 章、第 2-B 章分别对州金融服务局在银行业监管中的权责、州金融服务局主管的权限，以及金融欺诈等作出了具

---

〔1〕《美国法典》第 12 卷，§5552（b）.

〔2〕　本节内容已经公开发表。详见孟飞：《地方金融监管立法：纽约州的经验及启示》，载《上海金融》2019 年第 10 期。

体规定。《保险业法》共计 99 章，其中第 2、3、4 章分别对保险业中的州金融服务局的组织结构、监督行政和程序、保险欺诈防范作出了具体的规定。《银行业法》和《保险业法》的其他条款主要是确定不同类型金融机构的经营规则和监管规则。

（一）纽约州金融服务局的法律地位

纽约州金融服务局的法律地位主要体现在监管目标、独立性和问责性三个方面：

1. 监管目标

纽约州立法机关制定《金融服务法》的初衷之一就是鼓励发展金融产业，以在全球金融市场中维持其竞争力。但在促进产业发展和实施有效监管的双重目标平衡时，《金融服务法》第 1 章第 102 节确定了州金融服务局应当实现的 12 项目标，具体包括：（1）鼓励、促进和支持银行业、保险业和其他金融服务业机构有效并富有效率地在纽约州注册、运营、招聘员工、成长、保留并扩大业务规模。（2）建立现代化的监管、规则制定和调整的系统，以回应银行保险业的需求和州消费者和居民的需求。（3）提供有效和富有效率的银行保险法律的实施机制。（4）扩大州特许银行的吸引力和竞争力，并促进其他银行转制为州立银行。（5）促进并提供持续性、有效的州保险业监管制度。（6）对新型金融服务产品实施监管。（7）促进信贷、保险、金融产品和服务的审慎、持续性的可获得，以可支付成本提供给纽约州居民、企业和消费者。（8）促进、推动和刺激纽约州的经济发展和创造就业岗位。（9）通过负责性的监督管理，确保纽约州银行业、保险业和金融产业的可持续的稳健，以及金融产品和服务提供者的行为审慎。（10）保护公共利益，以及存款人、债权人、保单持有人、保险公司，以及股东的利益。（11）降低并消除银行业、保险业和其他金融机构及其消费者的欺诈、犯罪、非道德行为。（12）教育并保护银行业、保险业、金融产品和服务的使用者，以及时并获得相关可理解的信息。

从这 12 项监管目标综合来看，集中体现为三个方面：一是提高纽约州金融监管制度的竞争力，以此促进金融产业发展。二是确保纽约州金融机构的稳健性。三是防范金融欺诈，保护消费者权益。尤其是第三个金融监管目标具有丰富性，不仅把监管对象提供产品和服务的消费者包括在内，而且具有普惠金融的内涵，即以可支付的价格为纽约州居民、企业和消费者提供金融产品和服务。

为了实现这些监管目标，《金融服务法》赋予了州金融服务局一定的监管权限，同时也规定了更为精致的监管规则来实现监管目标。换言之，《金融服务法》是根据这些监管目标来设计体系化的监管规则，确定了金融监管权限的理性边界。值得注意的是，《金融服务法》并不否认促进金融产业发展和创造就业岗位是金融监管的目标之一，但在金融产业发展和监督管理二者的紧张关系中，金融产业发展是通过具有持续性、回应性、负责性特点的金融监管而实现的，并不是由州金融服务局直接提供扶持和优惠政策的结果。另外，纽约州金融服务局通过优化内部组织来履行其承担的监管职责。

2. 独立性

独立性是金融监管机构的一个显著品格，具体包括组织独立、人事独立、财务独立、功能独立四个方面，而纽约州金融服务局具有一定的独立性。

在组织独立性方面，州金融服务局作为州政府的组成机关之一，接受州长的领导，并向州立法机关提交年度报告，这在一定程度上保障了独立行使监管权限。

而州金融服务局主管是根据纽约州参议院的建议和同意，由州长任命的。主管具有较大的人事任命权，不仅可以任命两名副手分管银行业部和保险业部，而且还可以任命其他副手以便于履行监管机构的职责。与此同时，主管还可以任命雇员，并可随时将其解雇。州金融服务局主管的权限确保了人事上的独立性。

州金融服务局的监管费用支出来自对监管对象的收费，这与政府财政预算经费模式存在很大的不同。监管经费主要分为运行费用和检查费用。州金融服务局主管根据州内保险公司和核发牌照的分支机构的数量按照特定比例确定缴费数额，并主要用于对保险业机构的监管。而对银行业机构的收费主要用于对银行业的监管。这两种收费收入构成了州金融服务局日常运营的财务来源。另外，州金融服务局在对某一金融机构实施检查时，有权收取相应的检查费用，但受到严格的限制。检查费用仅限于必要的交通费用和其他实际发生的支出，接受州审计长的监督，并向监管对象出示州审计长的授权证书。如果是州金融服务局主管聘请第三方机构对金融机构进行检查，那么，聘用费用是由金融机构支付的。基于监管经费来源的特点，州金融服务局在办公经费预算审核、评估监管对象缴纳数额方面受到严格的限制，这也导致州金融服务局在实施监管时考虑成本收益因素，以此判定是否采取监管行动以及监管强度。

在功能独立方面，州金融服务局作为唯一的金融监管机构行使监管权限，享有金融监管规则制定权（rule-making）、发照审核权（authority）、日常监督权（supervision）、调查权（inspection）、法规执行权（enforcement）、民事罚金权（civil penalty），以及消费者保护（consumer protection）和监管支持（supervisory support）等权能。尤其是纽约州立法确定了州金融服务局享有的系列权限受到严格的保障。

3. 问责性

州金融服务局作为州政府的内设机关之一对州长和州立法机关负责，但对于监管对象和社会公众也承担一定的问责。《金融服务法》通过一系列的机制实现问责性。

其一，州金融服务局作为一元化机构独立行使监管权限，对州长和州立法机关报告工作。根据《金融服务法》第 2 章第 207 节的规定，州金融服务局主管每年应于 6 月 15 日之前向州长和州立法机关提交年度报告。年度报告的内容有严格的限制，包括金融服务产业概况、金融机构资产负债情况、金融机构经营状况、监管费用收支等 16 个方面的要求。值得注意的是，州金融服务局作为执法机关通过法律实施最能够发现现行立法存在的缺陷。因此，州金融服务局主管提交的报告的一项重要内容是提出修改现行州法的建议。

其二，为了提升纽约州金融监管制度竞争力，吸引更多的国民银行转制为纽约州立银行，并促进纽约州立银行系统，州金融服务局设置了专门的州特许权咨询理事会和州保险业咨询理事会。两个理事会不享有任何的执行或者行政或者任命权力，也不承担任何的义务。州特许权咨询理事会的职责在于向州金融服务局主管提出法律和监管建议：考虑并推荐多种方式维持州特许权价值，对于州特许银行的价值给予特别关注；考虑并推荐多种方式促进银行业机构在全州范围内提供多样性的金融产品和服务；建议州金融服务局主管制定或者废止相关法律；建议州金融服务局主管根据州法制定监管规则，并在必要时修改或者废止；根据州金融服务局主管的要求提出任何制定或者修改或者废止监管规则的报告。值得注意的是，咨询理事会提出的建议实际上是各个利益相关者协调的结果，这可以从咨询理事会成员结构得到清晰的认知。州特许权咨询理事会共由 9 名成员组成，由信用合作社、消费者、国外银行、银行代表组成。其中，前三者的代表各为 1 名，而银行代表根据经营规模和地理区域而确定，但是资产 5 亿美元以下的银行代表至少 2 名，资产 100 亿美元以上的银行代表至少 1 名。这些代表的广泛性和差异性最大程度上反映出监管对象及消费者的利益诉求。

州保险业咨询理事会的职责包括：在兼顾消费者保护和保险机构财务可持续性的条件下，考虑并推荐鼓励、促进、支持保险机构能够在纽约州有效并富有效率地注册、运营、雇员、增长、维持和扩张；在兼顾消费者保护和保险机构财务可持续性的条件下，促进保险产品和服务能够以可支付的成本在全州境内审慎和可持续地提供；建议州金融服务局主管制定或者废止相关法律；建议州金融服务局主管根据州法制定监管规则，并在必要时修改或者废止；根据州金融服务局主管的要求在 30 天内，提出任何兼顾消费者保护和保险机构财务可持续性的制定或者修改或者废止监管规则的报告；考虑州金融服务局主管决定的使用其他事项，以改善州金融服务局有关保险业的监管任务。州保险业咨询理事会由 10 名成员组成，其中 7 名是州保险公司的代表，1 名来自保险销售商，另外 2 名是消费者代表。

通过与监管对象和消费者代表的充分交流和沟通，州金融服务局在制定监管规则和执行法律时能够考虑监管对象的利益诉求，使得监管机构和监管对象之间形成一种交流、沟通、反馈的机制。为了保障咨询理事会的中立性，成员参与理事会活动是没有任何薪酬回报的。

（二）州金融服务局主管的监管权限

州金融服务局主管具有广泛的监管权限，《金融服务法》第 2 章第 202 节、《银行业法》第 2 章第 14-a、14-b、14-c、14-d、14-e、14-f 节、《保险业法》第 3 章第 301 节对州金融服务局主管的权限作出了界定。综合来看，州金融服务局主管的监管权限集中体现在以下三个方面：

其一，州法授予的对监管对象实施的监管权限，根据州法执行、检查监管对象法律实施的情况，并根据州法授权制定、修改和废止监管规则。

其二，对影响金融产品和服务消费者利益的事项进行调查、研究、学习和分析，包括对消费者投诉的跟踪和监督。

其三，采取一系列措施保护金融产品和服务使用者权益，具体包括教育和保护、受理消费者投诉并提供援助、研究法律运行机制，并向州长提出促进保护金融消费者的建议、在适当必要时与州总检察长合作并支持其保护金融消费者责任的履行、发起金融消费者教育的项目、为地方政府和非营利组织提供技术援助促进保护金融消费者措施、持续并不断扩大对保险欺诈行为的调查、监测和预防。换言之，州金融服务局的监管职责不仅体现在日常性的对金融机构的监督上，更加侧重对金融消费者保护，为金融消费者提供纠纷解决和技术援助，还支持其他机构保护金融消费者权益。保护本州金融消费者权益成为州金融服务局的一项重要监管职责。

(三) 州金融服务局与其他机构之间的合作机制

1. 纽约州金融服务局与联邦和其他州金融监管部门之间的合作

正是由于国民银行和州立银行、州立银行之间存在日趋激烈的竞争关系，州金融监管机构之间、州金融监管机构与联邦金融监管机构也加强了监管合作。原纽约州银行业监管局与货币监理署[1]、联邦财政部金融犯罪监督网[2]、国内税局[3]等联邦政府机关签订了谅解备忘录，也与新泽西州、宾夕法尼亚州的银行业监管机关签订了谅解备忘录，就协调监管行动、降低对州立银行跨州分行监管成本等达成共识。值得注意的是，这些备忘录在纽约州金融服务局的官方网站上给予了披露，以供监管对象和社会公众查询。

《保险业法》第 1 章第 110 节对州金融服务局与其他州、联邦、国际监管组织的监管合作形式和内容作出了明确的规定，要求通过与其他机构之间签订协议的方式明确合作的内容，尤其是对监管过程中的文件、资料和其他信息（包括保密和优先级）的共享作出了规定，这为监管信息共享提供了法律基础。

2. 纽约州金融服务局与法院之间的关系

州金融服务局主管发布的命令、监管规则、决定是接受司法审查的，确

---

〔1〕 See Memorandum of Understanding between The New York State Banking Department and The Office of the Comptroller of The Currency, Nov. 30, 2006.

〔2〕 See Memorandum of Understanding between the U. S. Department of the Treasury, Financial Crime Enforcement Network and the New York State Banking Department, Apri. 26, 2005.

〔3〕 See Memorandum of Understanding between the Internal Revenue Service and the New York State Banking Department concerning Money Services Businesses and Certain Other Non-bank Financial Institutions, Apri. 21, 2005.

保监管行为的合法性和适当性。当然，为了保障监管行为的权威性，法院应保障金融服务局主管事先至少48小时接到通知举行初步听证会，否则州金融服务局发布的命令、监管规则、决定仍是有效的，在最大程度上防止监管对象滥用诉权的机会主义行为。

3. 纽约州金融服务局与州总检察长之间的关系

在打击金融欺诈犯罪、保护金融消费者权益方面，纽约州金融服务局和州总检察长建立了多方面的合作。其一，在纽约州金融服务局主管发现金融欺诈等犯罪行为后，在认为适当时向行为发生地的地区检察院、州总检察长报告查明的金融犯罪行为，以便其采取相应的措施。尽管州金融服务局主管发出的报告不具有强制约束力，但地区检察院和州总检察长应当在120天内告知州金融服务局所报告的违法事件处置情况。其二，州金融服务局主管应于每年的3月15日前，向州总检察长报告州金融服务局每年调查和打击健康保险欺诈进展情况，包括呈交的信息、发起和完成的调查，以及其他评估监管机构的努力程度。

五、美国法制的经验

与德国不同的是，美国联邦与州在立法权和行政权的划分上是紧密结合在一起的。换言之，联邦金融立法是由联邦行政机关执行，而州金融立法则是由州行政机关负责执行。美国联邦宪制不同于中国，但其在联邦与州金融监管权限划分法制具有重要的参考价值。具体来说，主要体现在以下四个方面：

其一，如何确定中央与地方金融监管权限划分的法律标准？美国法制提供了一个比较灵活的解决方式。美国宪法确定了联邦与州货币事权的边界，但并未对金融监管事权作出明确的规定。美国在建国初期就存在着商业银行牌照权限的争端，并主要通过判例法加以解决，确定了联邦金融法律及其监管机构、州金融法律及其监管机构并存的双重结构。但是，联邦与州提供的金融机构的类型、业务种类等基本是重合的，这实际上是为金融机构提供了注册并取得金融牌照的选择权，在某种程度上创设了联邦与州之间的法制竞争，以及州与州之间的法制竞争。从这一方面来说，美国联邦与州在金融监管权限划分是相当弹性和灵活的。州立银行、州储蓄机构、州信用合作社选择加入联邦储备系统或者联邦存款保险时，才同时接受联邦和州金融监管法律的约束。至于具体的权限边界，则是由联邦金融法律在具体条款中给予明确、详尽的规定。换言之，美国主要是通过联邦与州之间的金融法制市场淡化了权限划分标准模糊的消极性影响，而又通过联邦金融立法的具体条款确定联邦与州金融监管机构之间的权限边界及其合作关系。美国法制的借鉴意义在于，如果中国中央立法机关没有制定统一的中央与地方金融监管权限划分法律，在金融法律中通过专门的条款对具体地方金融事权作出明确的规定，这是一个可行的现实选择，2019 年《证券法》修订时就采取了这种做法。遗憾的是，2019 年《证券法》对区域性股权市场作出明确的法律定位后，却授权国务院制定相应的管理办法，没有进一步对监管权限作出划分。另外值得注意的是，纽约州和其他州采取了共同的监管层级，即由州议会制定州金融法律，并设置独立性的州金融监管机构，州政府以下的地方政府并不享有监管权限，立法权限和行政权限是保留在州这一层级。

其二，如何平衡产业发展与金融监管的关系？金融业是一种高度规制的产业，在美国亦如是。在美国金融体系的形成初期，政府的介入是重要的力量，具有发展金融型政府的特质。[1]但是，联邦和州政府及其金融监管机构更多地是通过营造公平竞争的市场环境来推动金融机构发展的。《多德—弗兰克华尔街改革与消费者保护法》的核心内容是强化金融消费者保护，以此制裁金融欺诈和维护金融市场竞争秩序。纽约州《金融服务法》规定的 12 项监管目标实则表明，州金融监管机构应当以金融机构的稳健性和金融消费者保护为核心目标，以此提高制度竞争力，吸引更多的金融要素资源流向本地区，进而促进金融产业发展和经济增长。虽然纽约州金融监管立法确定了州金融服务局的监管目标之一是促进州金融产业发展，提升其在国际金融市场上的竞争力。但是，纽约州立法并不是通过扶持政策和财政补贴来实现这一公共政策目标的，而是通过促进金融市场的竞争来实现的。纽约州金融监管法制发展的一个显著特征是强化金融市场的竞争，为金融机构和服务创新提供公平竞争的环境，并没有直接提供扶持财政补贴支持，因为财政补贴会扭曲金融机构的市场行为。从这一方面来说，中国中央与地方金融监管权限划分目的显然不能仅仅是监管权限在不同层级之间的分割，而是通过权限划分来维

---

〔1〕 See Robert C. Hockett, Saule T. Omarova, "Public Actors in Private Markets: Toward A Developmental Finance State", *Washington University Law Review*, Vol. 93, No. 1., 2015, pp. 103-175.

护金融市场竞争秩序，提升为国民提供普惠金融服务的能力。换言之，金融产业发展速度和规模并不是权限划分之目的，仅是一种手段。从这一方面而言，产业发展与金融监管在最终目标上是一致的。

其三，如何建立中央与地方金融监管机构的合作机制？美国法制的借鉴意义在于，通过高度透明的协调机制明确中央和地方金融监管机构之间的权责关系。美国联邦法律非常重视不同联邦金融监管机构之间、联邦与州金融监管机构之间的监管合作，对监管合作的触发条件、监管信息的主动通报义务、监管报告的协助告知义务、联合执法规程等作出了详细的规定。而根据联邦与各州行政程序法，联邦与州金融监管机构亦有权参与对方监管规则制定程序，提出自己的意见和建议。对于州金融监管机构而言，主要是与联邦金融监管机构通过签订谅解备忘录的形式对合作监管事项作出具体规定，其中包括双方或者多方合作的权利与义务。对于中国而言，中央金融监管机构与省级政府、中央金融管理部门派出机构与省级地方金融监管机构之间签订的谅解备忘录多是有关金融发展事项，鲜有涉及金融监管事项。即使出现中央与地方金融监管权限的纷争，也多是以一事一议的方式加以解决，并不存在制度化的权限争议解决机制。

其四，如何有效保护金融消费者权益？金融消费者保护是地方金融监管的本质性要求。美国联邦与州金融立法的一个核心内容是保护金融消费者权益。纽约州《金融服务法》对此已经作出了明确的规定。纽约州金融服务局主要是根据监管对象的不同而设置不同的组织部门，其中的金融欺诈和消费者保护部的主要职责是保护和教育消费者，打击金融欺诈。人民银行、原银保监会、证监会等中央金融监管机构已经建立了金融消费者保护部门和相应的监管规则。在2023年金融监管体制改革中，人民银行有关金融消费者保护职能、证监会有关的投资者保护职责被划入国家金融监督管理总局。地方金融监管立法虽然倡导加强金融消费者保护，但具体规则仅限于地方金融监管组织适当性义务，并没有相应的内设部门和其他监管规则来保护金融消费者权益。从完整的利益诉求和保护机制来看，金融消费者不仅有权参与监管规则的制定，而且金融监管机构应当受理并处理其投诉，如果属于其他政府部门的管辖范围，金融监管机构应当给予金融消费者必要的技术援助。

中央与地方金融监管权限划分的法律标准[1]

中央与地方金融监管权限划分的合法性与合理性取决于划分依据的法制化与划分标准的理性。理论界对地方金融监管权、中央与地方监管权纵向划分的探讨有利于厘清划分原则和划分目的，但缺乏对划分标准的具体探讨。基于金融监管权限是团体权限的观点，中央与地方金融监管权限划分具有两种路径：一是先判断金融监管事务是立法权，还是行政权，然后再判定归属于中央，还是地方。二是先判断金融监管事务属于中央事权，还是地方事权，然后再判断是关涉立法权，还是行政权。而从行政分权转型法治化分权来看，两种不同的路径都首先要解决如何通过立法确定中央与地方的权限。显而易见的是，宪法应当对此作出明确的界定。《宪法》对金融事权划分并未作出直接的规定，但相关条款提供了金融监管权限划分的原则。在这种条件下，《立法法》对中央与地方立法权限作出了规定，但在适用于金融监管事项时出现了分歧；而国务院有权对中央与地方之间的行政权作出划分，但在行政权与立法权在匹配上并不一致。因此，本书认为，中央与地方金融监管权限划分的法律依据应当是宪法和金融法律。其中，宪法对事权划分作出原则性规定，而金融法律对不同金融事项作出具体规定。但由于金融监管的高权属性，省级人大及其常委会、省级政府在设定和行使行政许可、行政处罚、行政强制措施时亦受到行政法律的拘束。但是，宪法和金融法律在划分金融权限时亦应遵从理性的划分标准，旨在实现中央与地方金融监管权限划分的目的。

---

〔1〕 本节的核心内容已经公开发表，详见孟飞：《中央与地方金融事权的划分标准》，载《东方法学》2022 年第 6 期。

第一节　金融监管权限划分依据

中央与地方金融事权划分在本源上是一个宪法问题，但遗憾的是，现行《宪法》仅仅确定了"中央的统一领导"与"充分发挥地方的主动性、积极性"的权限划分原则，并未对划分依据作出明确的规定。但是，《宪法》其他条款间接作出了规定，《融资担保公司监督管理条例》更是明确地划分了中央与地方金融事权的边界。

一、宪法依据

我国《宪法》没有对金融事项作出规定，从"金融是现代经济的核心"理念来看，经济事项的宪法条款当然地包括金融事项，但是包括何种类型的金融事项，还需要作出宪法解释。宪法中的金融条款作为国家政策，指出了国家应有的努力方向，规范国家整体发展基本原则和方向。

其一，我国《宪法》第 7 条确定了国有经济的地位。从国有金融资本承担的公共任务来看，除了在国际金融市场中维护金融稳定之外，还承担着为居民和小微企业提供基本服务的职责。在现阶段，国务院应当制定政策性融资担保公司和基金的立法进度。[1]省级人大常委会亦应在国家政策指导下制定政策性融资担保公司和基金的地方性法规，对各级地方政府的出资行为及其权力进行规制，以保障政策性融资担保公司和基金承担的公共任务的实现。

其二，我国《宪法》第 62 条和第 67 条规定了全国人大及其常委会的立法权限，并通过《立法法》给予了明确化。但是，《立法法》第 11 条规定了金融基本制度属于国家专属立法事项，但金融及其基本制度的宪法内涵是高度抽象的，还需要对其进行释义。全国人大常委会法工委已经对地方金融监管

---

〔1〕《中央河北省委、河北省人民政府关于完善国有金融资本管理的实施意见》在界定国有金融资本范畴时规定，政府及其授权投资主体直接或间接对小额贷款公司、各类交易场所、地方金融控股企业、地方资产管理公司、融资担保公司、典当行、融资租赁公司、商业保理公司以及法律、行政法规和国务院授权地方政府监督管理的其他组织的出资所形成的资本和应享有的权益，以及凭借国家权力和信用支持所形成的资本和应享有的权益，均属于地方国有金融资本。

立法加强审查研究，防止出现超越立法权限和违背上位法规定的情形，[1]但前提是对金融基本制度的法律含义作出界定。

其三，我国《宪法》第89条和第107条分别规定了国务院和县级以上地方政府管理经济工作的权限，这里的经济工作当然地包括金融工作。但对于国务院和地方政府而言，金融工作的指向是不同的。国务院及其金融管理部门负责国家金融稳定和系统性金融风险防范，同时也对省级政府及其地方金融监管机构监督和问责。不同层级地方政府负责的金融事项是存在差异的，省级政府及其地方金融监管机构主要负责对地方金融组织的监督，并对中央金融管理部门负责并报告工作，而省级政府财政部门以及省级以下地方政府主要承担促进普惠金融服务事项的责任，通过多样化的组织形式和供给方式，促进地方金融组织的发展。如果说我国与德国、美国存在差异的话，那就是地方政府承担打击非法集资活动的网格化管理责任，公安部门和地方金融工作部门承担着主要责任。这种不同层级政府之间的行政权限差异消除了上下职权同构问题。

二、行政法律的拘束

金融监管机构在依法行政时，必须具备充分的行政权能才能对监管对象的违法行为和风险行为实施监测、预警、防范、处置。金融监管方式分为事前和事后两大类。事前监督主要是指金融监管机构通过行政许可的方式，授权设立金融企业或者开展新的金融业务，并对金融行为进行监测。事后监督主要是指在发现监管对象实施非法行为或者风险行为时，金融监管机构对其进行调查，并根据调查结果采取行政管制措施或者给予行政处罚。行政许可、行政管制措施、行政处罚、行政强制是金融监管的核心权能。金融监管措施是一个具有弹性的概念，除了立法规定的行政法律行为之外，还包括一些事实行为，例如监管谈话、风险警示等措施。后者赋予了金融监管机构充分的监管创新空间，但应符合比例原则，亦不应对监管对象的权益造成不当限制或者削减。

地方金融监管机构实施行政许可、行政处罚、行政强制措施时，必须具有法律依据。但在现阶段，地方金融监管机构主要是以中央金融管理部门颁

---

〔1〕 参见朱宁宁：《地方金融立法步伐加快合法性受到关注要严格遵循不与上位法抵触原则》，载《法制日报》2019年6月11日，第005版。

布的试行政策为依据，只有《融资担保公司监督管理条例》授予了地方金融监管机构合法的行政权能，仅限于融资担保公司这一类监管对象。

地方金融监管立法在设定行政许可、行政处罚、行政强制措施时，受到国家行政法律的拘束。行政许可、行政处罚、行政强制措施的设定依据只能是法律、行政法规，只有在尚未制定法律、行政法规的条件下，地方性法规才可以设定，这在《行政许可法》第 15 条、《行政处罚法》第 12 条、《行政强制法》第 10 条（仅限于查封场所、设施或者财物和扣押财物两种行政强制措施）得到了明确规定。而地方金融监管机构在市场准入审批时行使的行政许可权、对违法违规行为采取的行政处罚权，以及行使的行政强制权，若在行政法规没有规定时，就必须由省级人大及其常委会制定地方性法规来提供。从这一方面来看，包括行政许可、行政处罚、行政强制等在内的地方性法规应当是由省级人大及其常委会制定，而不应当是由省级政府来行使权限，更不能由设区的市、自治州人大及其常委会来制定。

三、行政法规依据

《融资担保公司监督管理条例》基本上确定了中央与地方行政权限的边界，成为地方金融监管机构的执法依据，以及省级人大常委会制定地方金融监督管理条例的上位法。中央与地方行政权限划分的规定集中体现在以下五个方面：

其一，分层监管体制。《融资担保公司监督管理条例》第 4 条确定了分层监管体制，即省级政府负责条例的实施，由其确定具体的地方金融监管机构来执行。值得注意的是，全国 31 个省级政府在 2018 年机构改革中均设立了地方金融管理局，并由其负责对融资担保公司实施行政执法。但是，融资担保公司的监督是由省级地方金融监管机构承担全部权限，还是由市级政府，甚至县级政府及其确定的地方金融工作部门来行使，《融资担保公司监督管理条例》并没有明确规定。而现行地方金融监管立法对此规定并不完全一致。基于各省地方金融监管资源投入和监管能力的区域差异，中央立法无法作出统一的规定。

其二，授权省级立法机关和政府特定范围的权限。《融资担保公司监督管理条例》第 7 条第 2 款授权"省、自治区、直辖市"根据本地区经济发展水平和行业发展实际情况提高第 7 条第 1 款规定的 2000 万元注册资本最低限额。《融资担保公司监督管理条例》并未在附则部分明确规定对地方的授权条款。但是，2010 年《融资性担保公司管理暂行办法》第 52 条明确授权省级政府有权制定实施细则，并报国务院融资性担保业务监管部际联席会议备案。因为《融资担保公司监督管理条例》并未对《融资性担保公司管理暂行办法》的法律效力作出规定，这意味着，后者的具体条款在不与条例相冲突的条件下仍具有法律效力。《融资担保公司监督管理条例》第 7 条第 2 款也默示的承认了省级政府享有制定实施细则的权限。另外，原银保监会等七部委联合发布《关于印发〈融资担保公司监督管理条例〉四项配套制度的通知》（银保监发〔2018〕1 号），明确授权省级融资担保公司监督管理部门可以根据《融资担保公司监督管理条例》及四项配套制度制定实施细则。

其三，中央金融监管机构享有特定的权限。《融资担保公司监督管理条例》第 4 条第 3 款对融资性担保业务监管部际联席会议的权限作出了明确的界定，具体包括：（1）负责拟订融资担保公司监督管理制度；（2）协调解决融资担保公司监督管理中的重大问题；（3）督促指导地方政府对融资担保公司进行监督管理和风险处置。而在实践中，原银保监会会同其他中央行政机关先后于 2018 年 4 月 2 日和 2019 年 10 月 9 日发布《融资担保业务经营许可证管理办法》《融资担保责任余额计量办法》《融资担保公司资产比例管理办法》《银行业金融机构与融资担保公司业务合作指引》和《融资担保公司监督管理补充规定》，对《融资担保公司监督管理条例》抽象性条款作出更为细致、具体的规定。

其四，处置融资担保公司风险事件。融资担保公司在发生金融风险事件危及区域金融稳定时，地方政府承担风险事件处置责任。《融资担保公司监督管理条例》第 4 条第 2 款规定省级政府处置融资担保公司风险。而第 34 条第 1 款进一步规定地方金融监管机构承担的职责包括建立重大风险事件的预警、防范和处置机制，制定重大风险事件应急预案。第 4 条第 2 款规定实际上是从中央与地方关系来界定，省级政府对所辖区域内的风险事件处置负总责，并向中央政府报告。

其五，融资担保公司的扶持政策。融资担保公司属于典型的提供普惠金融服务的微型金融机构。《融资担保公司监督管理条例》第 1 条确定的立法目的之一是支持普惠金融发展，并在第 4 条第 2 款、第 5 条确定了不同层级政府之间的权限。综合来看，地方政府承担着更大的财政支出责任。省级政府负责制定促进本地区融资担保行业发展的政策措施，并由省级及以下地方政府通过资本金投入、建立风险分担机制等方式为融资担保公司提供财政支持。在这一过程中，中央政府亦承担着财政扶持的支出责任。

从《融资担保公司监督管理条例》来看，中央与地方金融权限划分的基本框架已经比较清晰（见图4-1）：首先，金融监管立法权是由国务院通过制定行政法规来实现的，同时基本制度制定权也集中在中央金融管理部门。其次，省级政府承担执法任务，但同时享有一定的自由裁量权，即省级监管机构的设置和是否将权限设定或者授权市级和县级政府。最后，中央和地方政府均承担着扶助发展的财政支出责任。基于区域之间的差异，省级政府负责制定扶持政策，而财政支持责任主要是省级、市级、县级政府共同承担，具体工作是由财政部门和地方金融监管机构共同推进实施。

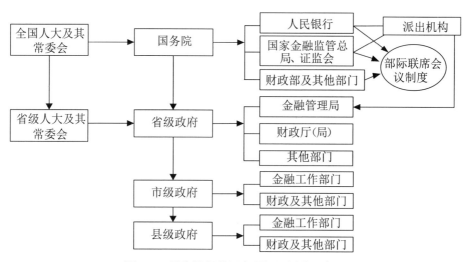

图4-1　融资担保公司事项权限划分示意图

从这里可以看出，对于监督管理、风险处置、普惠金融服务具体事项的权限划分，三者并不是完全一致的。相对而言，中央对于监督管理事项实行全国统一的法制，并明文授权省级政府制定本区域的监管规则。特定范围的规则制定权空间，风险处置事项则是由省级政府负总责的属地管理方式因地制宜地确定执法方式。而对于扶助发展的财政支出责任则是由各级政府来承担，以因应不同地方政府存在的财政支出能力的差异。

四、中央政策依据

《中华人民共和国国民经济和社会发展第十二个五年规划纲要》首次在国家发展规划中对地方金融监管事权进行了界定，第四十八章"深化金融体制改革"明确提出"完善地方政府金融管理体制，强化地方政府对地方中小金融机构的风险处置责任。"《中华人民共和国国民经济和社会发展第十三个五年规划纲要》在第十六章"加快金融体制改革"中进一步要求"完善中央与地方金融管理体制"。但这两部国家规划并没有对地方金融监管权限的范围作出进一步的具体界定。从中央金融管理部门颁布的政策性文件来看，主要包括小额贷款公司[1]、融资担保公司[2]、典当行[3]、商业保理公司[4]、融资租赁公司[5]，以及区域性股权市场的规定。这些地方金融组织多是以试点的方式在部分省市开展的，主要是由省级政府确定的主管部门来组织实施监督管理，然后在全国范围内推广。而农民专业合作社内部信用合作、民间资本管理公司、民间融资登记服务机构等则是首先在部分地方试行，然后其他地方借鉴并推广。

《国务院办公厅关于加强影子银行监管有关问题的通知》（国办发〔2013〕107号）按照"谁批设机构谁负责风险处置"的原则，确定了中央与地方统分结合的监督管理体制，具体确定两种权限划分类型：（1）国务院有关部门制定规则、地方政府负责监督管理的，实行统一规则下的地方政府负责制，包括融资担保公司、小额贷款公司；（2）由地方政府负责监督管理，国务院明确行业归口部门的，由地方政府根据行业归口部门统一要求负责具体监督管理，行业归口部门牵头制定完善相关法规制度和政策措施。该部文件没有对第二种情形的机构类型进行明确列明，但从实践来看，指的是典当行、融

---

[1] 《中国银行业监督管理委员会、中国人民银行关于小额贷款公司试点的指导意见》（银监发〔2008〕23号）。

[2] 《国务院办公厅关于进一步明确融资性担保业务监管职责的通知》（国办发〔2009〕7号）。

[3] 2001年《典当行管理办法》（中华人民共和国国家经贸委令第22号）。

[4] 《商务部、财政部、人民银行、银监会、保监会关于推动信用销售健康发展的意见》（商秩发〔2009〕88号）、《商务部关于进一步推进商务领域信用建设的意见》（商秩发〔2009〕234号）。

[5] 《商务部、国家税务总局关于从事融资租赁业务有关问题的通知》（商建发〔2004〕560号）。

资租赁公司、商业保理公司，当时的国务院行业主管部门是商务部。

党的十八届三中全会通过的《中共中央关于全面深化改革若干重大问题的决定》明确提出"界定中央和地方金融监管职责和风险处置责任"。为此，国务院于 2014 年 8 月发布《关于界定中央和地方金融监管职责和风险处置责任的意见》（国发〔2014〕30 号），明确界定中央和地方金融监管职责和风险处置责任，确立了中央和地方分级监管体制，地方政府要加强对民间借贷、新型农村合作金融组织的引导和规范，防范和打击金融欺诈、非法集资等违法违规行为。

2017 年 7 月全国金融工作会议明确提出"地方政府要在坚持金融管理主要是中央事权的前提下，按照中央统一规则，强化属地风险处置责任。"地方金融监管机构负责对小额贷款公司、融资担保公司、区域性股权市场、典当行、融资租赁公司、商业保理公司、地方资产管理公司等金融机构实施监管，强化对投资公司、农民专业合作社、社会众筹机构、地方各类交易所等的监管。第五次全国金融工作会议明确提出了加强金融监管协调、补齐监管短板，而中央与地方金融监管协调成为重要的内容之一。在政策意义上，中央和地方金融管理统筹协调的内容包括：发挥中央和地方两个积极性，全国一盘棋，监管无死角。地方负责地方金融机构风险防范处置，维护属地金融稳定，不得干预金融机构自主经营。金融监管部门和地方政府要强化金融风险源头管控，坚持金融是特许经营行业，不得无证经营或超范围经营。[1]

第五次全国金融工作会议及其文件正式确立了地方金融监管体制，明确了地方政府金融监管权限的范围，这为地方金融监管立法和执法提供了政策依据。2023 年 10 月中央金融工作会议明确提出"切实提高金融监管有效性，依法将所有金融活动全部纳入监管"，"发挥好地方党委金融委员会和金融工委的作用，落实属地责任"。那么，"金融管理主要是中央事权"的政策含义是什么呢？这里的金融管理是从整个金融体系的角度来界定的。从金融体系来看，中央金融管理部门主要负责全国性金融机构和金融市场的监督管理和风险处置，无论是机构和市场类型，还是数量和交易规模上，中央金融监管对象在金融体系中占据主导地位。

---

〔1〕 参见周小川：《守住不发生系统性金融风险的底线（认真学习宣传贯彻党的十九大精神）》，载《人民日报》2017 年 11 月 22 日，第 6 版。

另外，地方金融组织的市场功能主要定位于服务小微企业、农户和居民。地方政府及其金融监管部门有权制定相应的业务规则和监管规则，但是中央政府及其金融监管部门仍然有权制定全国统一的行政法规和监管制度。对于中央设定的强制性规范和禁止性规范，地方金融监管机构仍需遵守，并不能突破，旨在实现全国法制统一。

五、现行划分依据的缺陷

《宪法》和其他国家法律对金融事项和事权划分标准并没有作出明确的规定。在金融立法中，只有《融资担保公司监督管理条例》确定了中央与地方在不同事务之间的权限边界，国务院仅将制定区域性股权市场、非存款类放贷组织等行政法规，这就导致现行划分依据存在着一些缺陷。

其一，以政策为主的划分依据导致地方金融监管机构的执法依据不足，也导致不同政府部门对地方金融组织性质的认定存在分歧，扶持政策无法及时、有效地落实。在地方金融组织发展实践中，中央金融管理部门和其他政府部门对地方金融组织的金融行业属性的认知存在逐步趋同的过程。中央财政和其他部门对地方金融组织的界定最初仍以是否获得金融许可证为基准来判定。例如，小额贷款公司增值税政策上监管部门和税务部门的认识在初期并不一致。

小额贷款公司是否适用贷款损失准备金税前扣除政策？按照《国家税务总局关于金融企业贷款利息收入确认问题的公告》（国家税务总局公告〔2010〕第23号）、《财政部、国家税务总局关于延长金融企业涉农贷款和中小企业贷款损失准备金税前扣除政策执行期限的通知》（财税〔2011〕104号）、《财政部、国家税务总局关于金融企业贷款损失准备金企业所得税税前扣除政策的通知》（财税〔2012〕5号）三个文件规定，金融机构提取贷款损失准备金在企业所得税前扣除；逾期贷款利息以实际收到利息确认收入，逾期90天仍未收回，准予抵扣当期应纳税额。根据中央金融政策的规定，小额贷款公司不是金融机构，因而无法享受贷款损失准备金税前扣除的优惠政策。[1]

---

〔1〕 国家税务总局纳税服务司于2012年9月24日通过官方网站给予说明，上述三个文件均适用于金融企业。小额贷款公司没有金融许可证，虽然从事贷款业务，但国家有关部门未按金融企业对其进行管理，在没有新政策规定之前，不得执行上述三个文件。

在"营改增"试点政策推行之后直至 2017 年 6 月，财政部和税务总局联合下发《关于小额贷款公司有关税收政策的通知》（财税〔2017〕48 号）才对该问题给予解决。在所得税方面，小额贷款公司取得的农户小额贷款利息收入，在计算应纳税所得额时，按 90% 计入收入总额，另外小额贷款公司按年末贷款余额的 1% 计提的贷款损失准备金准予在企业所得税税前扣除。[1]这种对金融的界定方式主要是以机构性质，而非业务性质作出判断的。

但是，这种主要依据机构性质判断金融属性是不符合现实的。从小额贷款公司和贷款公司的业务范围和性质来看，二者并没有实质性的差异，但仅以前者没有获得金融许可证，而后者取得金融许可证就判定其为金融业的话，显然过于偏颇。事实上，由于市场准入审批权已经由中央转移至省级政府，小额贷款公司已经无法、也无必要从中央金融管理部门取得金融许可证。

融资担保公司获得的是融资担保业务经营许可证，而非金融许可证。从这里可以看出，中央政府及其金融监管部门认定的小额贷款公司与商业银行、村镇银行、贷款公司等取得金融许可证的金融机构存在着很大的区别。但是，地方金融监管立法和地方政府毫无例外地确定其为金融机构。

其二，中央立法的调整对象没有涵括所有类型的地方金融组织和全部的金融监管事项，导致地方金融监管立法缺乏明确的上位法，同时导致地方金融监管机构的执法依据不足和执法的任意性。监督管理和风险处置作为一种高权行为，必须由专业性、技术化的行政机构作为执法机构，并以中央立法为依据，地方立法权也仅是限于省级人大及其常委会。即使是在美国、德国，金融监管立法权和执法权在地方层面也仅是由州（省）来行使，州（省）以下的立法机关和行政机构即使享有其他事务的权限，也不享有金融监管权限。除了融资担保公司之外，对于其他类型的地方金融组织，地方金融监管机构均缺乏相应的中央立法依据。

由于缺乏国家立法的明确依据以及政策的原则性，地方金融监管机构在实践中出现了选择性执法现象。国家立法既是对地方金融组织的经营规则和监管规则作出明确的界定，实际上也是对地方政府及其地方金融监管机构权限的界定、拘束、监督，与此同时也为调动地方的主动性、积极性提供了法

---

〔1〕《财政部、国家税务总局关于小额贷款公司有关税收政策的通知》（财税〔2017〕48 号）规定的税收政策适用于 2017 年 1 月 1 日至 2019 年 12 月 31 日。

制空间。

问题在于，中央金融管理部门对地方金融监管机构执行监督的力度是非常弱的。虽然在规则制定权上，中央金融管理部门对地方进行了制约，但对其如何执行、执行效果的评估和监督是缺乏的，这就导致实践中地方政府金融行为的随意性。在《关于小额贷款公司试点的指导意见》（银监发〔2008〕23 号）颁布实施后，30 个省级金融办颁布的实施细则，几乎全部对中央政策进行了改动，有关注册资本、发起人资格、经营业务、经营区域的规定与中央政策存在很大的差异。另外，中央金融管理部门对地方政府的不当金融行为缺乏相应的监督，往往通过行政手段来解决问题。

其三，中央与地方之间的风险处置责任已经划定清晰，但省级政府与市级、县级政府之间的边界并不清晰，导致不同层级的地方政府之间的权责同构问题，未能提高金融风险的预警、监测和处置的效率。省级及市县级政府均承担所辖行政区域的预警、防范和处置责任，通过层层联防联控防范化解非法集资等金融风险。但这并不意味着，层层防控的效果是较为容易达到的。实践中，不断出现的非法集资乱象的根源是行政监管和刑事制裁缺乏有效的衔接，导致地方金融监管机构无力联合其他部门共同防范和处置非法集资活动，也缺乏相应的调查权和制裁权。由于涉众型非法集资行为多是借助于互联网技术进行的，市县级政府也缺乏相应的技术手段和监管能力来打击非法金融行为。在处置非法集资的行政监管过程中，省级政府和市县级政府的地方金融监管部门承担的职责应当是有所不同的。

其四，各级政府对普惠金融事项均承担着特定的财政支出责任，但现行法律和政策没有界定不同层级政府之间的责任差异。现阶段，地方政府承担的财政补贴和其他扶持政策主要来自上级政府的强力推行。国有银行股份制改革实践已经表明，满足小微企业、农户和居民金融服务需求的金融机构，应当是以地区导向为经营战略的微型金融机构。以跨区经营为导向的金融机构极易将其服务对象定位于大企业、跨国公司。中央政府直接扶持的对象可能是跨区域经营的金融机构，而省级、市级、县级政府扶持对象则是所辖行政区域内的微型金融机构，这就可能导致中央政府和地方政府扶持对象的差异化。对于小微企业、农户和居民而言，层级越往下的地方政府，获取的信息容量越大、精确度越高，这就促使县级、市级政府更能、更快找到适当的扶持对象并确定扶持力度。从这一方面来说，县级、市级政府在扶助发展事项上应当承担主要的财政支出责任，而中央政府和省级政府承担的权限更多的是制定基本制度和规则，并通过激励机制鼓励县级、市级政府及时、有效地为地方金融组织提供扶持政策。普惠金融事项在行政行为性质上属于给付行为。

存在的这四个问题在外部形式上体现为现行法律制度的缺陷，但实质上是由中央与地方金融权限划分标准的模糊造成的。现行法律和政策体现了鲜明的问题驱动特点，根据所需解决问题的社会影响的严重程度而课以各级政府责任，为推动下级政府承担职责，而又对自己施加责任以起示范作用，缺乏对权限划分问题的全面考量，难免陷入"头痛医头、脚痛医脚"的困境。

现行立法和政策并未对中央与地方金融监管权限划分标准作出明确的界定，也没有对一般意义上的中央与地方事权划分标准作出具体规定。因此，理论界对中央与地方事权划分标准的确定存在很大的争议，仅从立法权限划分标准也不能全面地认识事权划分的精确标准。总体而言，现行法律和政策采取了复合型的标准，结合事务性质、影响程度对具体事权进行界分，难免造成划分标准模糊、飘移不定的缺陷。

第二节　金融监管权限划分标准的反思

金融法律和政策在大体上采用了事务本质的划分标准，但对事务本质理论的认识是不全面的。现行法律也没有对事务本质的具体内涵作出规定，相关政策仅规定对共同事项的权限划分应当考虑"受益范围""影响程度"。[1]换言之，中央与地方金融权限划分的标准应当是具体金融事项与地方关联性的强弱。但是，这一总体性的界定还需要具体的判定标准。

值得注意的是，《立法法》区分了国家立法权和地方立法权，也相应地规定了国家专属立法事务、地方事务，采用了事务划分二分法。如果结合立法权和执法权而对划分事务进行界定的话，我国立法和政策实际上确定了中央和地方共同事务，微型金融领域亦存在中央和地方共同金融事务的法制现象。

---

〔1〕　参见《教育领域中央与地方财政事权和支出责任划分改革方案》（国办发〔2019〕27号）。

一、中央与地方权限划分标准的理论争议

中央与地方金融监管权限划分必然遵从合理的标准，但理论界对中央与地方事权划分标准存在着很大的争议，没有形成共识，且划分标准没有引起理论界的广泛关注。

理论界主要是从事务所及的利益范围、事务实施的地域范围、事务性质三个维度判定划分标准。[1]而在实践中，中央事务与地方事务的划分蕴含着立法权和行政权。但是，理论界更侧重于从立法事权的角度来确定中央与地方事权划分标准，亦有提出行政事权划分标准的理论主张。

理论界对中央与地方立法权限划分标准的认识并不一致，尤其是划分标准的涵义上存在三种不同的理论主张。第一种理论观点认为，中央与地方立法事权的划分标准包括两个，即立法事项的重要程度、立法事项的影响范围。[2]但是，在运用立法事项的重要程度与影响范围两个标准划分具体事权时，可能产生相同的结果，也有可能产生截然相反的结果。第二种理论观点提出，中央与地方立法权限划分标准包括立法权的性质、重要程度、影响范围。[3]但是，这三个标准在某些方面具有交叉重合之处，边界不是非常的清晰。第三种理论观点主张，中央与地方立法事权的划分标准主要有四个：立法所调整事务的性质或属性、立法所调整事务的重要程度、立法所调整事务的影响范围、立法的调整机制与方法。整体而言，我国现行划分标准兼容了立法调整事务的性质或属性、重要程度、影响范围、调整方法等综合性标准，但对于《立法法》第 11 条规定的金融基本制度属于中央立法事权，显然是将事务的重要程度作为划分标准的。[4]事务重要程度不仅成为中央与地方立法权限的划分标准，而且成为金融监管执法的划分标准。而事务重要程度的主要内容是金融风险防范，即可能引起系统性风险的金融业态，跨区域、涉众的金融

---

〔1〕 参见孙波：《论地方性事务——我国中央与地方关系法治化的新进展》，载《法制与社会发展》2008 年第 5 期。

〔2〕 参见刘志刚：《中央和地方的立法权限划分》，载《哈尔滨工业大学学报（社会科学版）》2016 年第 4 期。

〔3〕 参见刘雁鹏：《中央与地方立法权限划分：标准、反思与改进》，载《河北法学》2019 年第 3 期。

〔4〕 参见封丽霞：《中央与地方立法事权划分的理念、标准与中国实践——兼析我国央地立法事权法治化的基本思路》，载《政治与法律》2017 年第 6 期。

活动，应属于中央监管；而风险较小、辐射影响较低的金融业态（大多数新类型金融机构），不涉及公众、一定区域内的金融活动，则归地方监管。[1]

中央与地方事权划分之事权具体包括立法权、行政权、司法权三种权限。[2]而行政事权应当遵循经济标准和法律标准。理论界认为，经济标准是以经典的公共产品分层理论作为推论基础，而法律标准则是以秩序、正义等法价值为导向，对基于经济标准推导出的事权划分格局加以调适。[3]在公共经济理论中，中央与地方政府职能的划分是以提供不同性质的公共产品为依据。换言之，公共产品受益范围的差异是中央和地方政府事权划分的依据。[4]但是，公共产品及其受益范围仅仅提供了不同层级政府职能划分的一个概念性分析框架，并不是一个严格意义上的划分标准。

在一般意义上，中央与地方金融监管权限的划分标准有两个维度：其一，把金融监管作为一项专项的事权来对待，应视其事务性质而通过中央立法及政策弹性划分及执行。从这一方面来看，对中央与地方金融监管权限划分作出最终而且最精准的判断，应以全国人大及其常委会颁布的金融法律的具体条款规定为依据。但金融法律对监管权限划分的规定，仍不得抵触宪法、立法法和组织法、行政三法（行政许可法、行政处罚法、行政强制法）原则及规定。

其二，根据权限性质，从立法与执行方面分为三种，即由中央立法，并由中央执行；由中央立法，交由地方执行；由地方立法，并由地方执行。而在德国、日本等国家和地区法学理论中，地方立法并由地方执行的事项被界定为自治事项。中央立法交由地方执行的事务被称为委办事项，而对于委办事项，本应属于中央事务，但因事务执行之效率性、合理性、便利性等之考量，以法律定为委任地方来处理。因此，中央与地方金融监管权限划分标准

---

〔1〕　参见吴弘：《夯实国际金融中心法制基础——〈上海市地方金融监督管理条例〉解读》，载《上海人大月刊》2020年第5期。

〔2〕　理论界关于事权划分的范围存在两种观点。广义观点认为，事权应当作为国家事权来理解，包括立法、行政、司法三个分支事权。而狭义观点则认为，从与财权的关系来看，事权主要是指政府事权，即行政事权。详见郑毅：《中央与地方事权划分基础三题——内涵、理论与原则》，载《云南大学学报（法学版）》2011年第4期。

〔3〕　参见刘剑文、侯卓：《事权划分法治化的中国路径》，载《中国社会科学》2017年第2期。

〔4〕　参见黄韬：《中央与地方事权分配机制——历史、现状及法治化路径》，格致出版社、上海人民出版社2015年版，第44-48页。

的确立应当同时考虑立法权和执行权的分离或者不分离行使问题，而不应孤立地考虑立法权问题。

有学者对中央与地方权限划分基准作出了全面的分析，梳理并评价了均权理论、均权理论修正说、事务本质理论、核心领域理论、功能最适理论、剩余权归属理论、程序保障理论。究其实质而言，中央与地方权限划分标准是以事务性质为基础，同时考虑权限行使的效率因素。剩余权归属理论、程序保障理论并不是严格意义上的实体性划分标准，而仅是划分方式或者救济机制。理论界提出的事务的重要程度、事务的影响范围等划分标准，归根结底仍然取决于事务的性质。功能最适理论、核心领域理论是从中央和地方行使权限的便宜性角度来界定划分标准，亦是体现了权限性质的效率因素。均权理论、均权理论修正说、事务本质理论亦属同一谱系，仅是在更为细致的判断基准上详略程度不同而已。然而，理论界尚未进一步作出探讨的是，事务性质的具体判断标准如何确定？事务性质标准与权限行使效率标准的关系如何确定？本书认为，中央与地方金融监管权限划分应当以事务性质标准为优先标准，同时考虑权限行使效率的约束。因此，本书将对事务性质理论作出更为深入的讨论，并提出平衡事务性质与权限行使效率之间关系的方法。

二、中央与地方权限划分标准：事务性质理论

（一）事务性质的涵义

法理上事务的性质或者事物之性质（Natur der Sache）是指事物本身之内在秩序，包括人类各种活动领域与共同体所固有的、独特的客观规律性。在法规范形成上，除取向于法理念之外，还必须取向于其所规范对象之性质，亦即人类社会生活之性质，亦即事理由。有关事物之本质在立法上具有积极的指导功能，其中一个主要的体现是中央与地方之权限划分。因此，金融监管权限这一事务性质的认识为中央与地方权限划分提供了基础性标准。

（二）事务性质的具体化标准

对于事务性质或者事物本质的认识，需要借助于特定的认识方式或者工具。在一般意义上，事务性质的具体化标准包括四个方面，（1）依利益所及

之范围：视事务兴办所产生利益之范围而定，如涉及全国或者中央则属中央事务；若仅涉某地区人民权益则为地方事务。（2）依所需地域范围：视事务系以全国为实施范围或限定某一地域为实施范围，如系以全国为实施范围，属于中央事项；如事项仅以各县为实施范围，自属县之自治事项。（3）依事务性质之划一性：凡事务性质上需要整齐划一、全国一致者，归中央办理；如性质上可个别发展者，应划归地方办理。（4）依所需能力而划分：如事务之兴办需要大量人力、财力或高度技术、特殊人才者，应归属中央办理；反之，若可以就地筹措，亦不需特殊技术者，则由地方办理。

但在一般意义上，这种划分方式存在着标准判断不易、各标准间有冲突之可能，需要一上位阶之指导原则、缺乏优先顺位考量的缺陷。事实上，各个不同领域的事务在性质和功能上存在很大的差异，试图对全部事项提出一个流程化的操作标准几乎是不可行的，但这并不意味着一般意义上的判断标准是不需要的。一般意义上的划分标准的价值在于，为具体领域的权限划分提供了一个指向性的判断标准。因此，中央与地方权限划分时，宪法本身所作出的界定仅属于纲要与框架的层次，从而需要由立法机关以法律加以具体化，而且主要经由一般法律和各领域之专业法律，而在法律适用上，专业法律优先于一般法律。

三、金融监管权限划分标准的改进

事务性质本身是一个抽象性的概念，所采纳的四个具体化标准在适用时体现了一定的弹性。从微型金融领域监管权限划分的本质来看，实际上是通过中央与地方的协力来解决小微企业、农户、居民无法从主流金融机构和金融市场获得普惠金融服务的问题。如果偏离了这一目的，金融监管权限划分也就失去了其存在的价值。基于这一本质，金融监管权限划分的具体化标准就更为清晰，其改进方式也更为精确。为此，金融监管权限划分基准必须在调整和细化具体化标准的同时，引入经济效率这一标准，只有将两个具体化标准结合起来，才能做到金融监管权限划分的清晰、有效。实际上，事务性质具体化标准之（3）（4）已经体现了经济效率的考量因素。

（一）事务性质的一般分析框架

事务性质理论的具体化标准的核心是利益所及之范围。但是，事务涉及多方利益主体，各自利益所及范围亦存在不同。这就需要对整体利益进行综合平衡，而经济效率原则补充了利益所及之范围的模糊性。事务性质理论和经济效率原则相结合的金融监管权限划分基准，具有以下几个方面的技术优势：其一，这种划分基准体现了事务性质划分基准的优先性，在依据事务所涉之利益范围确定事务性质出现难以判定时，经济效率原则提供了辅助性标准；其二，这种划分标准是传统事务性质理论的优化，具体化标准采取了事务性质所涉利益主体及其利益范围，较之其他具体化标准更为清晰、简化、易行。

事务性质的分析框架从次序上分为三个阶段：首先，判断该事务涉及的利益主体的类型及其范围。事务首先是主体之间的事务，不同主体经济行为的范围存在很大的差异。从经济行为的性质来看，经济主体类型包括消费者、企业、政府三种基本类型。在一般意义上，企业经营规模的大小与经营地域范围呈正相关关系，跨区经营有利于企业产品的销售，进而为其增加投资提供经济激励。我国经济体制改革取得成功的一个重要经验是地方政府之间的经济竞争，而县域经济是我国经济发展的基本单元。

其次，判断所涉利益的性质。在消费者、企业、政府之间的多维经济关系中，利益性质是不同的。消费者与企业之间经济关系是平等主体的市场交易利益关系。而政府与企业、消费者之间的关系则是根源于国家公权力，并受到企业与消费者利益关系的影响。在利益属性上，政府有可能为企业、消费者提供正向的经济利益，即为企业、消费者提供帮扶、补贴等，也有可能是负向的经济利益，即对企业经营行为的约束，亦有可能为企业、消费者提供规划等。从经济行政任务的类型来看，不同利益性质所指向的行政包括经济基础设施、经济信息、规划、监督、引导、扶助。[1] 在法理上，对企业经营行为的约束应当受到高位法的调整，使其受到的限制在更大的范围内实现统一和最小化。而对企业和消费者的授益性行政，根据权限分配的辅助性原则，只要更小的单位能够有效而可靠地完成经济任务，更小的单位就具有优先的自治权。[2]

---

〔1〕 参见 〔德〕罗尔夫·施托贝尔：《经济宪法与经济行政法》，谢立斌译，商务印书馆2008年版，第419-490页。

〔2〕 参见 〔德〕罗尔夫·施托贝尔：《经济宪法与经济行政法》，谢立斌译，商务印书馆2008年版，第341-342页。

最后，运用经济效率原则判定其归属。事务性质的利益结构提供了中央与地方事权划分的基本准则，但在具体事项的权限划分上，还需要根据经济效率原则判断权限执行的成本和收益。权限下放的收益集中表现在分配信息处理任务方面，地方具有更大的经济激励来搜集、沟通、处理信息，完成行政任务。而权限下放的成本主要是委托代理问题和横向协调成本，因为被赋予决策权的代理人根据自己的私利行事，而不是为了整个组织或者中央设计者。[1]因此，在判定事权属于中央之后，还要进一步区分中央在享有立法权的同时，是否将行政权下放至地方政府，或者将行政执法权委托地方行政机关行使。

这种权限划分标准实际上体现了中央与地方之间的权限划分要以国家与市场之间的关系为前提和基础，从而限定了公权力的范围；而经济效率原则体现了在既定目标约束下，公权力行使成本的最小化。

（二）监督管理的性质：中央地方共同事权

金融服务业是一种高度管制的特殊产业，而监督管理则是一种高度管制行为。因此，金融监管机构与地方金融组织之间关系（关系Ⅱ）的厘定要以地方金融组织与其客户之间的市场关系（关系Ⅰ）为基础。从图4-2可以看出，在基础性市场关系中，客户主要是小微企业、农户、居民，属于经济弱势群体。在流动性方面，小微企业、农户和居民的流动性显然要小于大型企业和城市居民。地方金融组织利用自身在地缘、亲缘、业缘优势为缺乏流动性的经济弱势群体提供金融服务，受到民商法律的调整，这是关系Ⅰ的基本内涵。但是，对地方金融组织的监督管理体现了监管者与监管对象之间的命令服从关系，监管对象的业务类型、经营范围、经营区域是特定的，受到法律的严格限制。国家公权力对地方金融组织的高度管制，实际上是对商事企业经营自由基本权利的限制。国家公权力通过对特许条件的设定，仅允许特定资质要求并履行特定程序的企业才能成为地方金融组织。这种对营业自由基本权利的高度管制涉及全国范围内所有类型的企业及其利益（关系Ⅱ）。因此，监督管理在事务性质上属于中央事务，即中央立法并由中央行政机关负责执法。

---

〔1〕　参见［美］迪利普·慕克吉：《分权化、层级制和激励问题》，刁琳琳译，载吴敬琏主编：《比较·第96辑》，中信出版集团2018年版，第95页。

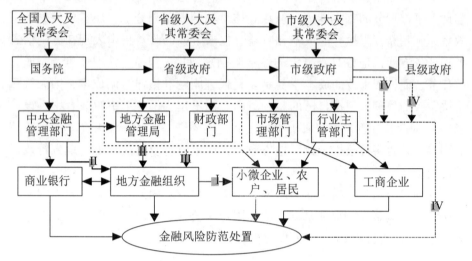

图 4-2　三种金融事项的关系结构图

但从执法成本来看，中央行政机关作为行政执法主体产生的成本显然过高。具体而言，其一，中央金融管理部门派出机构的监管力量尚未触及县域经济。国家金融监管总局仅是在市级层面设置分局，证监会派出机构只在省级层面设置监管局。在这种情形下，中央金融监管力量在县域层面是薄弱的。其二，地方金融组织的数量是较多的，对其监管在考虑地方金融组织功能定位的同时，也要考虑其客户的特征。地方政府及其行政机关显然对此更具有获取、处理信息的能力。因此，从执法成本来看，地方政府及其行政机关更具有较小成本的优势。

综合来看，微型金融领域中监督管理兼具中央事务和地方事务的双重属性，而非简单归属于中央事务或者地方事务。监督管理事项属于高度规制行政，地方立法并负责执行可能造成监管规则的不统一，不利于全国金融市场的形成和法制统一。而由中央立法并负责执行，中央金融监管力量无法有效触及县域经济，执法成本较高，只得借助于地方政府的监管力量，由此形成了在中央事权的前提下，由地方政府实施属地管理的模式。中央事权的含义是中央负责重大决策、重大规则、行业标准和产品标准的制定，属地监管的含义是由地方金融监管部门负责具体的监管执行、现场检查、处理突发事件以及处置相关风险。[1]

在法律实践中，《融资担保公司监督管理条例》已经较为清晰地界定了中央与地方共同事务的基本框架，并可延伸至其他地方金融组织，即中央集中统一行使立法权，确定经营规则和监管规则，地方根据中央法律规定，负责行政执法。

但是，金融监督管理不属于含区的市的立法权限范畴，行政许可、行政处罚、行政强制的设定亦应符合行政法律要求，地方立法权限仅得由省级人大及其常委会行使。行政执法权授予省级政府，具体由何具体机构、由何层级的机构实施，则属于省级政府的自由裁量权。但基于规制行政的特点，行政执法机构应当秉承尽上原则，即由省级地方金融管理局来行使。当然，由于各省在地域范围、人口规模、经济发达程度、产业结构等方面的差异，省级政府可以授权市级政府或者县级政府确定的地方金融监管部门负责行使部分权限，如监督权、检查权，但行政许可权、行政处罚权应当由省级地方金融监管机构统一行使，并可委托县级地方金融监管部门行使行政处罚权。

（三）风险处置的性质：中央地方共同事权

金融风险处置事项的性质因其类型不同而存在差异（关系Ⅳ）。对于地方金融组织发生风险事件时的行政接管、行政清理及其他处置措施，风险处置属于监督管理事项的一部分，为全过程监督管理过程的末端事项，主体利益所及范围仅限于区域，在事务性质上亦属于中央地方共同事务。

对于特定范围的中央监管对象发生风险事件的属地处置责任，则属于中央事务，亦成为中央金融监管机构对其监管对象实施全过程监督管理的重要内容之一，所涉及主体的经营范围可为全国甚至国外。与地方紧密相联系的可能是，在中央金融监管对象发生涉众型风险事件时，大规模金融消费者和投资者可能到中央监管对象的住所地寻求权益保障而引发社会稳定问题，亦有可能发生员工失业引发的群体性事件。这种风险处置事项在严格意义上并不是金融风险，但与金融风险紧密相关，是金融风险事件衍生的社会风险，现行政策亦将其纳入风险处置范围。

防范处置非法集资责任属于秩序行政，是为保护不特定的消费者和投资

---

〔1〕　参见孙国峰：《金融科技时代的地方金融监管》，中国金融出版社 2019 年版，第 72 页。

者权益、维护金融秩序而对非法集资行为所实施的预警、监测、防范和制裁。发生非法集资的机构可能是非银行金融机构，也有可能是其他企业和个人。但应注意的是，非金融机构很有可能进行非法集资，要求金融监管机构对各类商业活动中的财务问题进行监控，会出现责任的泛化。[1]尤其是非法集资活动借助于互联网技术，出现了跨区域甚至全国性的非法集资案件，其涉及金额规模、参与人数、组织化程度均出现了前所未有的特征。在这种情况下，所涉主体具有广泛性、主体利益范围具有不特定性，既有可能是全国性，也有可能是特定地方区域。

金融风险防范处置，是否属于未经核准的金融业务。对金融业务性质的判定属于中央事权，这是金融基本制度的要义之一。如果金融业务性质的判定属于地方事权，则会导致不同区域判定标准的不一致，造成管制套利问题。然而，中央金融管理部门的行政执法力量显然无法满足防范处置非法集资活动的现实需求，只得借助于地方行政机关的执法力量。现阶段，防范处置非法集资行为采取了层层防控的社会治理模式，中央和省级政府把责任分配至每一个网格化的行政区域，并取得了一定的社会效果。从这一角度来看，风险处置责任也属于中央与地方共同事务，但与监督管理事项不同的是，省级及以下地方政府均承担不同内容的职责。

（四）扶助发展的性质：地方事权

普惠金融事项是国家公权力对地方金融组织的给付行为，并未对其经营权利构成拘束。地方金融组织利益所及仅为地方范围，而作为间接受益主体的小微企业、农户、居民亦具有地方特征。在利益主体及其范围方面，监督管理与扶助发展是一致的。但不同的是，扶助发展是政府为地方金融组织提供的经济利益或者优惠待遇，例如补贴、担保，或者设定有利于提高其创新能力的辅助措施。但从根源上来看，政府为地方金融组织提供多样化的扶助措施，是因其服务对象是小微企业、农户和居民。因此，扶助发展事项属于地方事权，地方立法机关应主动制定法律，并由地方政府执行。这里的地方立法机关并不包括含区的市人大及其常委会，仅为省级人大及其常委会，而执法机关则因为各级地方政府，包括县级、市级、省级政府，具体执行机关

---

〔1〕 参见殷勇：《进一步完善地方金融监管的几点思考》，载《清华金融评论》2018 年第 11 期。

则为各级地方政府的地方金融监管和财政部门（关系Ⅲ）。县级、市级、省级政府扶持的对象仅是注册在所辖行政区或者主要在所辖行政区域内提供金融服务的地方金融组织。在问责性政府下，地方政府应当并仅应当向所辖行政区域内的企业和居民承担履职责任。

四、金融监管权限划分的剩余事项归属

一般而言，中央与地方权限划分标准并不能解决全部的问题。金融创新不断呈现，亦涉及剩余事项的权限归属。在比较宪法中，剩余权既有归属中央（联邦），亦有归属地方（州、省）的立法例。基于我国立法体制和金融事项的基本类型，应将剩余事项权限归属于中央，但中央可授权地方实施监督。这种划分模式主要是基于以下几个方面的考虑：

其一，中央与地方权限划分受到制度变迁的影响。从地方金融组织的生成路径来看，小额贷款公司、融资担保公司、典当行、融资租赁公司、地方资产管理公司、区域性股权市场等均是中央金融管理部门以地方试点的方式推行，并通过授权的方式赋予省级政府实施监督。因此，没有中央的明确授权或者认可，地方政府不可能自动地获得金融监管权限。

其二，从我国打击非法集资行为、整顿区域性股权市场、整顿互联网金融秩序的发展历程来看，地方政府的不当行为成为金融风险形成和积累的主要原因之一。2012 年广东华鼎担保案、2015 年泛亚骗局、2015 年"e 租宝"风险事件，均暴露出地方政府主观和客观上的监管失灵。[1] 在权限归属不明确的情况下，地方政府会任意地作出不当行为，并依赖上级政府及中央政府的救助，这产生了道德风险。而在剩余权限属于中央的条件下，地方政府仅能在扶助发展事务上为地方金融组织提供相应的财政补贴和其他扶持措施。

第三节　金融监管权限划分的程序保障

一般而言，中央和地方权限划分标准存在某种程度上的缺陷，在最大程度上对具体化标准作出更为细致规定的同时，也应当从程序上保障中央与地方权限划分的科学性，弥补划分标准存在的不足。在宪法理论中，程序保障

---

[1]　参见孙国峰：《金融科技时代的地方金融监管》，中国金融出版社 2019 年版，第 84-93 页。

理论多作为权限划分标准而进行讨论的，但其与事务本质划分标准实际上是一种互补关系，而非替代关系。

一、事前参与程序

事前参与程序是指，省级立法机关和政府能够事先参与到有关金融监管事项的国家法律和部门规章的制定过程中。相对而言，在行政立法框架下，省级立法机关和行政机关均有机会参与行政法规的制定，但参与规则制定的空间是极其有限的。

（一）省级人大常委会及政府参与行政法规的制定程序

《行政法规制定程序条例》在起草、审查、解释环节上为省级人大常委会和省级政府提供了参与的机会，主要包括以下几种：

其一，在起草阶段，起草部门在起草行政法规听取意见时，或者在向社会征求意见时，可以提出意见。但是，这种参与机会是起草单位主动发起提供的，省级机关与其他主体一样享有同等的参与权利，但其提出的意见对起草单位而言未必引发立法回应。

其二，在审查阶段，国务院法制机构对地方政府征求意见，或者在论证咨询时，可提出意见。但是，国务院法制机构在征求意见时，仅是以地方政府和其他行政部门对工作对象，省级人大常委会不在征求对象的法定范围。另外，参与论证咨询机构多是由国务院法制机构确定的。

其三，在解释阶段，省级政府有权向国务院提出行政法规的解释要求，省级人大常委会不在明确的申请主体的范围。

从这三个方面来看，省级立法机关和行政机关虽有参与的机会，但其参与的有效性会大打折扣。但在实践中，有关中央和地方金融权限划分的问题并不会因为有参与行政立法的机会而发生很大的改变。就其根本，行政法规对重大权限划分的确定多是基于对前期试点政策实施经验的总结。另外，对于重大权限划分事项，多是由国务院作出最终决定。

（二）地方政府参与中央金融管理部门规章的制定程序

《规章制定程序条例》对国务院部门规章和地方政府规章作出了规定。在国务院部门规章制定过程中，地方政府有关部门可在起草、审查、解释阶段参与。另外，地方立法机关和行政机关可根据《规章制定程序条例》第35条第1款的规定，在认为部门规章同法律、行政法规相抵触时，有权向国务院书面提出审查的建议。

人民银行[1]、原银监会、原保监会[2]、证监会[3]颁布了相应的部门规章制定程序的规范性文件。但总体而言，均缺乏对省级政府及其地方金融监管机构参与的专门规定。值得注意的是，小额贷款公司、融资担保公司、区域性股权市场、处置非法集资等事项在国务院层面均设立了相应的部际联席会议，而联席会议的权限之一是拟定相关的监督管理制度。但由于缺乏地方金融监管机构在制定程序上的参与，未必能够全面反映地方政府金融监管的需求。

从中央和地方共同事务的性质来看，监督管理和风险处置是在中央立法和规则下，地方政府负责具体实施。因此，相应的立法和规则制定过程应当给予地方政府充分的参与机会。然而，从立法和规则的制定成本来看，地方政府的参与会提高制定成本，但毫无疑问，在得到有效参与条件下制定的中央立法和规则，会在法律和规则实施过程中大大降低管理成本。

二、事后救济程序

事后救济程序是指在发生权限争议时，地方政府能够通过相应的组织机制陈述自己的意见或者发挥共同决定权，以保障自身的权益。在联邦制国家，中央和地方之间的权限争议多是在协商或者协调解决的基础上，由宪法法院或者行政法院来加以解决。

现阶段，我国法制并没有为中央和地方权限争议设置相应的解决机构和程序规则。由于争议多是发生在地方金融监管机构和中央金融管理部门派出机构之间，最后的争议也多是在省级政府和中央金融管理部门之间自行协商

---

[1]　《中国人民银行规章制定程序与管理规定》于2018年8月23日中国人民银行第7次行长办公会审议通过，自2018年11月1日起施行。

[2]　《中国保险监督管理委员会关于修改〈中国保险监督管理委员会规章制定程序规定〉的决定》于2013年11月6日中国保险监督管理委员会主席办公会审议通过，自2014年1月1日起施行。

[3]　2008年5月20日中国证券监督管理委员会第231次主席办公会议审议通过《证券期货规章制定程序规定》。而在2020年3月6日，中国证券监督管理委员会2020年第2次委务会议审议通过《证券期货规章制定程序规定》，自2020年4月13日起施行。

解决。随着权限争议的可能性增加，这种争端解决机制具有临时性解决框架的特征，而不是常态化的权限争端解决机制。然而，从机构间争端解决机制来看，国务院部际联席会议应进一步建立制度化、透明性的工作机制和程式，为金融市场提供稳定的法律预期。

第四节　金融监管权限划分的立法表达

一、金融监管权限在行政法规上的表达

从制定过程来看，《融资担保公司监督管理条例》是对八年来政策实践的制度总结，既是对 2010 年《融资性担保公司管理暂行办法》实施的评估，也是对全国 31 个省级政策的评估。另外，《防范和处置非法集资条例》《非存款类放贷组织条例（征求意见稿）》、也对中央与地方金融监管权限划分作出了明确的规定。但是，行政法规和行政法规征求意见稿均未对权限划分标准进行界定，而是明确规定了各自的权限范围。

行政法规主要是确定中央与地方行政权的边界。应当注意的是，这里的中央是指中央金融监管机构，地方主要指的是省级政府。在法理上，中央与地方金融监管权限应当包括立法权和执法权，但行政法规是无权设定立法权的。因此，行政法规在确定行政权限划分基准时应当尽可能地清晰、明确，否则导致权限运行时边界的模糊性。

从《融资担保公司监督管理条例》第 4 条和第 5 条、《防范和处置非法集资条例》第 5 条和第 6 条、《地方金融监督管理条例（草案征求意见稿）》第 3 条和第 4 条来看，中央与省级政府权限划分是通过两种方式来表达的：一是中央金融监管机构和省级政府各自承担和行使的权限范围；二是中央对省级政府权限行使的指导、协调、督促。至于行政法规确定的地方金融监管部门，则是由省级政府来确定具体的行政机关，并确定省级以下地方政府的监管层级。

二、金融监管权限在中央监管政策上的表达

中央金融管理部门在监管政策中进一步明确了中央与地方金融监管机构

之间的权限边界，并对省级金融监管机构权限作出了限制。从商业保理企业、融资租赁公司监管政策来看，[1]中央金融管理部门更倾向于地方金融监管权限集中在省级地方金融监管机构，以体现监督管理和风险处置工作的专业性、技术性。尤其是《中国银保监会办公厅关于加强商业保理企业监督管理的通知》，明确地要求新设审批、行政处罚不得授权市级、县级地方金融监管机构来行使。

存在的问题是，中央金融管理部门自行确定自身与省级金融监管机构权限边界的合理性问题，这种权限划分方式很容易产生利益冲突。在法理上，规则制定权和规则执行权应当分别行使，即使是监管规则的执行主体制定相应的细则，也应当在依据上位法的前提下进行。

另外，中央金融监管政策在缺乏行政法规依据的前提下，很容易发生与地方金融监管立法的冲突。例如，《四川省地方金融监督管理条例》第 6 条第 2 款确定了省地方金融监管局可以委托市（州）、县（市、区）地方金融工作机构开展有关行政处罚的具体工作，这就与《中国银保监会办公厅关于加强商业保理企业监督管理的通知》的规定相冲突。

三、金融监管权限在地方性法规上的表达

从现行地方金融监管条例的规定来看，地方性法规对监管权限的确认体现为两种方式：其一，在地方金融组织定义中，确定其监管对象包括上位法规定和国务院授权的组织，河北条例即其适例。其二，在确定法律适用时，上位法作出其他规定的，适用上位法。第一种立法方式是从监管对象的范围来确定中央与地方权限划分标准，表明监管对象的范围是由国家来确定的。而第二种方式则是从中央与地方分权的角度确定地方金融监管立法的调整对象和具体规则。在严格意义上，这两种方式仅是对地方金融立法及其适用作

---

　　[1]《中国银保监会办公厅关于加强商业保理企业监督管理的通知》规定，银保监会负责制定商业保理企业业务经营和监管规则，而省级政府负责对辖内商业保理企业实施监督管理，除新设审批和行政处罚外，各金融监管局可授权省级以下地方金融监管部门负责其他监管工作。根据《融资租赁公司监督管理暂行办法》第 4、30、31、51 条规定，银保监会负责制定融资租赁公司的业务经营和监督管理规则，省级政府负责制定促进行业发展的政策措施，省级地方金融监管部门具体负责对本地区融资租赁公司的监督管理。省级政府制定本辖区融资租赁公司监督管理实施细则，鼓励地方政府加大政策扶持力度。

出的限制，尤其是在与未来中央立法存在冲突情况下的法律适用问题，并未对权限划分标准作出界定。

存在的一个问题是，地方金融监管监督管理条例中的国家的范围是什么？国家当然地包括全国立法机构和行政机关，即全国人大及其常委会、国务院。但问题在于，中央金融管理部门是否属于国家的范畴？从法治意义的角度上来看，中央金融监管机构仅是国务院的工作组织机构，其发布的部门规章与规范性文件并不能直接等同于国家政策。然而现实情况是，有关地方金融监管权限的依据主要来自中央金融管理部门的部门规章和规范性文件，从而导致省级人大常委会在地方金融监管立法过程中，面临着超越立法权限的法律风险。[1]

在刑事司法领域，最高人民法院对"国家规定"的具体含义作出了明确的界定，刑法中的"国家规定"是指，全国人大及其常委会制定的法律和决定，国务院制定的行政法规、规定的行政措施、发布的决定和命令。其中，"国务院规定的行政措施"应当由国务院决定，通常以行政法规或者国务院制发文件的形式加以规定。以国务院办公厅名义制发的文件，符合以下条件的，亦应视为刑法中的"国家规定"：（1）有明确的法律依据或者同相关行政法规不相抵触；（2）经国务院常务会议讨论通过或者经国务院批准；（3）在国务院公报上公开发布。[2]以此类推，从制定主体的范围来看，中央金融管理部门并不属于国家规定的主体。

如果采取刑事司法这种做法，不认可中央政策所规定的中央金融管理部门的规则制定权，则会导致地方金融监管机构的执法依据不足。从地方金融监管机构执法依据来看，中央金融管理部门制定的业务规则和监管规则是主要的执法依据。但如果确认中央金融管理部门制定的规范性文件的地位，地方性法规又无法处理其与中央金融监管政策的上位法的关系。因此，现行地方金融监督管理条例虽使用"国家规定"这一概念，但未对其含义进行界定，

---

〔1〕　对于地方金融监管是否突破上位法的质疑，山东省人大常委会相关负责人回应称，《山东省地方金融条例》条文中指称的金融组织、金融业态名称，都是中央有关政策文件中提出过的组织核心业态，条文规定有关监管的内容，实际上是对中央政策要求的具体落实，是政策落地性质的规范，没有新设立行政许可。引自朱宁宁：《地方金融立法步伐加快合法性受到关注要严格遵循不与上位法抵触原则》，载《法制日报》2019年6月11日，第005版。

〔2〕　最高人民法院《关于准确理解和适用刑法中"国家规定"的有关问题的通知》（法发〔2011〕155号）。

但《湖北省地方金融监督管理条例（送审稿）》第 68 条第 1 款明确规定了
"国家规定"的内涵，即法律、行政法规或国务院金融管理部门制定的部门规
章或其他规范性文件。[1]

---

　〔1〕　湖北省司法厅于 2020 年 5 月 25 日发布《关于征求〈湖北省地方金融监督管理条例〉（送审稿）》意见的公告。

中央与地方金融监管立法权限的行使

中央与地方金融监管事权划分法治化意味着，国家立法必须对中央与地方权限边界作出清晰的界定。然而现实的困境是，国家立法中仅有《融资担保公司监督管理条例》作出了个别领域的权限划分，中央政策界定了地方政府承担监管责任的原则与监管对象的范围。因此，事权划分的法治化要求，在制定地方性法规的同时，加速推进中央金融监管立法进程。

第一节　中央金融监管立法的加速推进

一、行政法规和政策的主要模式

对于地方金融监管立法，国务院进行了积极探索，借鉴我国香港地区、日本、美国等立法模式，起草制定《放贷人条例》，对民间借贷进行规范和引导。其后，国务院将制定典当行、融资担保公司、小额贷款公司、私募股权基金、融资租赁公司、处置非法集资列入年度立法规划。但是，由于利益主体的多元化以及利益交织复杂，截至 2023 年 12 月，只有《融资担保公司监督管理条例》《防范和处置非法集资条例》颁布实施，其他专项立法进程较为缓慢。在理想图景中，中央应当在法制完备的条件下授权地方政府执法。但问题的难点是，在没有中央法律但地方存在监管实践需求时，只能寻求地方立法来加以解决。因此，现行立法和政策呈现较大的差异（见表 5-1），主要体现以下三种模式：

表 5-1　中央立法和政策进展情况（截至 2023 年 12 月）

规范对象	主要的法律政策	制定机关	制定时间
小额贷款公司	《关于小额贷款公司试点的指导意见》	人民银行、原银监会	2008 年
	《中国银监会办公厅关于做好小额贷款公司试点工作有关事项的通知》	原银监会办公厅	2009 年
	《中国银保监会办公厅关于加强小额贷款公司监督管理的通知》	原银保监会办公厅	2020 年
融资担保公司	《融资性担保公司管理暂行办法》	原银监会等 7 部委	2010 年
	《融资担保公司监督管理条例》	国务院	2017 年
区域性股权市场	《国务院办公厅关于规范发展区域性股权市场的通知》	国务院办公厅	2017 年
	《区域性股权市场监督管理试行办法》	证监会	2017 年
典当行	《典当管理办法》	商务部、公安部	2005 年
	《典当业管理条例》	国务院	2011 年、2015 年立法计划
	《典当行业监管规定》	商务部	2012 年、2015 修正
	《典当管理办法》	商务部、公安部	2019 年规章立法工作计划
	《加强典当行监督管理的通知》	原银保监会办公厅	2020 年
融资租赁公司	《融资租赁企业监督管理办法》	商务部	2013 年
	《融资租赁公司监督管理暂行办法》	原银保监会	2020 年
商业保理公司	《关于商业保理试点有关工作的通知》	商务部	2012 年
	《商务部办公厅关于做好商业保理行业管理工作的通知》	商务部	2013 年
	《中国银保监会办公厅关于加强商业保理企业监督管理的通知》	原银保监会	2019 年

续表

规范对象	主要的法律政策	制定机关	制定时间
地方资产管理公司	《中国银监会关于地方资产管理公司开展金融企业不良资产批量收购处置业务资质认可条件等有关问题的通知》	原银监会	2013 年
	《中国银行业监督管理委员会办公厅关于适当调整地方资产管理公司有关政策的函》	原银监会	2016 年
	《中国银保监会办公厅关于加强地方资产管理公司监督管理工作的通知》	原银保监会	2019 年
投资公司	《国家发展改革委办公厅关于促进股权投资企业规范发展的通知》（已失效）	国家发改委	2011 年
农民专业合作社	《中国银行业监督管理委员会、农业部关于做好农民专业合作社金融服务工作的意见》	原银监会、原农业部	2009 年
	《关于金融服务三农发展的若干意见》	国务院办公厅	2014 年
社会众筹机构	《股权众筹风险专项整治工作实施方案》	证监会等 15 部门	2016 年
地方各类交易所	《国务院关于清理整顿各类交易场所切实防范金融风险的决定》	国务院	2011 年
	《国务院办公厅关于清理整顿各类交易场所的实施意见》	国务院办公厅	2012 年
非法集资	《防范和处置非法集资条例》	国务院	2021 年
非存款类放贷组织	《非存款类放贷组织监督管理条例》	国务院	2013 年度立法计划
地方金融监督管理	《地方金融监督管理条例》	国务院	2022 年度立法计划

第一种是国务院行政法规调整模式。中央以行政法规的形式来进行规范（包括已定和拟定）确定中央和地方之间的权限边界，以及监管对象应当遵守的经营规则和监管规则。规范对象包括融资担保公司、小额贷款公司、区域性股权市场、防范和处置非法集资活动。

第二种模式是中央金融管理部门以规范性文件的形式制定基本制度及规则，以及地方金融监管机构的执法依据。规范对象包括典当行、融资租赁公司、商业保理公司。

第三种模式是以现行分散化的规范性文件为主，并且成为主要的执法依据。规范对象包括地方资产管理公司、投资公司、农民专业合作社、社会众筹、地方各类交易所。由于这类规范对象多是以试点的方式推行的。

中央立法和政策模式对地方立法和行政执法来说，存在着很大的法律风险。尽管中央政策确定了金融事权主要属于中央的基本框架，但对其内涵和外延没有作出明确的规定，这对于地方政府执法行为来说，行政的自由裁量权是非常大的，在没有基础性的业务规则和监管规则的指引下，地方金融监管机构发布的实施细则具有一定程度的随意性。因此，加强中央立法成为完善中央与地方金融权限划分的法制基础。具体来说，中央立法应当秉承以下三种法制路径：

其一，加快行政法规制定和国家法律修改的进度，颁布《地方金融监督管理条例》《区域性股权市场管理办法》，在修订《农民专业合作社法》时对农民专业合作社信用合作的监管权限边界和基本制度作出明确的规定。

其二，在对商业保理公司、地方资产管理公司、投资公司、社会众筹、地方各类交易所规范性文件进行评估的基础上，中央金融监管机构制定或者修订部门规章，确定相应的经营规则和监管规则。因此，通过对实施政策评估，从而制定行政法规或者国家立法是试点的法治意义的内在要求。[1]在法理上，国务院部门规章不能创设行政许可、行政处罚、行政强制措施，但地方性法规在特定条件下能够为地方金融监管机构执法提供相应的法律依据，但具体规则应当由中央金融管理部门来制定。

其三，在中央金融委及中央金融工作委的工作机制下，规范金融监管部际联席会议、融资性担保业务监管部际联席会议、清理整顿各类交易场所部际联席会议、处置非法集资部际联席会议的工作机制，协调解决不同部门之间的争议，加快部门规章制定或者修改的进程。

二、中央立法的制定

从新近的立法工作思路来看，制定单项行政法规的立法模式已经转向了制定综合性立法模式，即《地方金融监督管理条例》。人民银行于 2020 年 1 月

---

〔1〕　参见孟飞：《民间资本进入金融业的制度逻辑》，上海交通大学出版社 2019 年版，第 72 页。

16 日召开 2020 年金融法治工作电视电话会议，年度重点工作之一是加快推进《地方金融监督管理条例》重点立法，这是中央金融管理机构第一次提出将在中央层面制定一部统一的、综合性的地方金融监督管理的行政法规信号。[1]

2021 年 12 月 31 日，人民银行发布《地方金融监督管理条例（草案征求意见稿）》，明确地方金融监管规则和上位法依据，统一监管标准，构建权责清晰、执法有力的地方金融监管框架。该次征求意见稿按照"中央统一规则、地方实施监管，谁审批、谁监管、谁担责"的原则，将地方各类金融业态纳入统一监管框架，强化地方金融风险防范化解和处置。地方政府承担的金融监管职责，以及中央地方的协调关系得到了进一步的明确，即中央金融监管机构负责制定地方金融组织监管规则，地方政府金融管理部门负责具体的实施，并对地方金融监督管理部门予以业务指导。实际上，《地方金融监督管理条例（草案征求意见稿）》是将先前的政策实践经验提升至立法规定，是在地方性法规涌现时面对地方立法权难题的一种响应，但在立法边界上应与地方性法规存在清晰的划定。[2]

三、中央立法的修订

（一）《证券法》的修订

地方证券交易场所的混乱以及证券定义的混乱，与证券监管机构之间以及证券监管机构与地方政府之间的利益冲突互为因果关系。[3] 因此，《证券法》对区域性股权市场以及投资合同的法律规制，能在一定程度上缓解中央金融监管机构与省级政府之间的紧张关系。

1. 区域性股权市场的定位

区域性股权市场作为四板市场在国家证券立法中得到明确的界定，1998年《证券法》制定时，尚未出现区域性股权市场和其他资产交易场所。因此，修订《证券法》的一个重要内容是明确规定区域性股权市场的功能定位、基本运行规则和监管体制。2019 年 12 月 28 日十三届全国人大常委会十五次会

---

〔1〕 在 2020 年 5 月 22 日至 29 日十三届全国人大三次会议上，全国人大代表、人民银行参事周振海建议，国务院应统一制定《地方金融监督管理条例》。

〔2〕 参见黄韬：《地方金融监管的中央立法维度观察》，载《检察风云》2022 年第 16 期。

〔3〕 参见朱伟一：《证券法》，中国政法大学出版社 2018 年版，第 340 页。

议第二次修订《证券法》增加了区域性股权市场的内容，第98条规定："按照国务院规定设立的区域性股权市场为非公开发行证券的发行、转让提供场所和设施，具体管理办法由国务院规定。"本书认为，此次修订仅对其功能进行界定是不完备的，还应当对服务小微企业的市场定位、服务对象、监管权限的主体及其权能作出原则性规定。

作为规范证券发行、交易、监管基本法的《证券法》应当明确区域性股权市场的功能定位、适用《证券法》的范围，对区域性股权市场的基本规则和监管体系作出明确的规定，但此次修订的《证券法》仅仅是授权国务院制定相应管理办法来进行规范。

2. 投资合同的确定

中国的非法集资，在美国类似于投资合同，而美国证监会（SEC）负责对投资合同的监管。[1]从这一方面来看，如果在《证券法》中对投资合同进行了立法规制，就能在相当程度上减少了非法集资活动发生的可能性。

2022年《地方金融监督管理条例（草案征求意见稿）》第34条对投资公司的监督管理作出了规定，主要是通过禁止性规则来限定投资公司的行为，但仍需更为细致的规定来确定投资公司的行为规则，以及实现对投资合同的有效监管。

（二）《农民专业合作社法》的修订

我国合作金融立法进程一波三折，至今尚未被写入国家立法中。改革开放初期的合作金融组织包括城市信用合作社和农村信用合作社，但随着信用合作社改制进程的深入，均已转变为商业银行。随着中国最后一家城市信用合作社——宁波象山县绿叶城市信用合作社于2012年3月29日改制为城市商业银行，标志着城市信用合作社作为一种城市中的合作金融组织正式退出金融改革进程。而农村信用合作社绝大多数也改制成农村商业银行，即使是仍然保留农村信用合作社的名称，但已经异化为商业银行，不再具备合作社的属性。合作金融组织作为一种草根金融，具有强劲的生命力。人民银行和银监会于2007年提供了农村资金互助社这一新型的合作金融组织形式，但是其发展至今尚未达到预期目标。

---

[1]　参见朱伟一：《证券法》，中国政法大学出版社2018年版，第31-36页。

农村资金互助社的不足已经无法解决农村金融排斥问题，而农民专业合作社作为专业型合作社而不是信用合作社。为此，原银监会和原农业部于2009年2月发布《中国银行业监督管理委员会、农业部关于做好农民专业合作社金融服务工作的意见》，提出了"有条件的农民专业合作社发展信用合作"的鼓励政策。北京、江苏、山东、辽宁、湖南、四川、安徽、重庆等农民专业合作社立法也对内部信用合作的原则和基本规则作出了规定。与此同时，江苏、广州、温州也积极探索其他新型的合作金融组织。江苏省农业部门提供了农民资金互助社这一合作金融组织形式，广州、温州也鼓励发展农村资金互助合作社（互助会）。与农民专业合作社信用合作不同的是，农村资金互助合作社（互助会）是一种独立新型合作金融组织，并不提供专业的产品生产和其他经营活动。但是，农民专业合作社，以及农村资金互助合作社（互助会）缺乏国家立法的明确规定和认可。

在合作社立法进程中，一个争议较大的问题，是否将合作金融的内容写入立法，即合作社立法遵从专业型立法模式，还是综合型立法模式？立法机关采取了前一种意见，将立法文件名称定为《中华人民共和国农民专业合作社法》（以下简称《农民专业合作社法》）。但是，合作金融如何立法这一问题并没有得到解决。在《农民专业合作社法》修订过程中，是否将合作社信用合作纳入立法调整对象成为一个争议问题。2017年6月22日，十二届全国人大常委会二十八次会议对《农民专业合作社法（修订草案）》进行初审时，修订草案对农民专业合作社信用合作进行了立法确认，并规定了其监管部门。[1]但2017年12月27日，十二届全国人大常委会三十一次会议审议修订《农民专业合作社法》时，因其争议较大的缘由而删除了合作社内部信用合作的规定。2017年《农民专业合作社法》未予纳入立法的原因在于，这一新型合作金融组织尚处于试点阶段，在试点成熟后再纳入法律向全国推广。[2]

---

〔1〕《中华人民共和国农民专业合作社法（修订草案）》第43条第3款规定：农民专业合作社开展内部信用合作，由县级以上人民政府金融监督管理部门负责监管，具体规定由国务院金融监督管理部门会同有关部门制定。

〔2〕2017年12月22日《全国人民代表大会法律委员会关于〈中华人民共和国农民专业合作社法（修订草案）〉审议结果的报告》认为，修订草案第四十三条对农民专业合作社在成员间开展内部信用合作进行资金互助的原则和监督管理部门作了规定。有关部门提出，农民专业合作社开展成员间内部信用合作的资金互助正在试点，是否纳入本法应当审慎研究，建议继续探索，在试点成熟后再纳入法律向全国推广。法律委员会经同有关方面研究，建议采纳这一意见，删去这一条。

而在 2017 年修订立法时，全国已经有 14 个省级人大常委会把农民专业合作社信用合作纳入了地方立法中。因此，国家立法机关应当将内部信用合作纳入《农民专业合作社法》中，对经营制度和监管体系给予明确化，这不仅为合作社立法提供了指引，而且减少了地方合作金融立法面临的诸多不确定性。

四、行政法规与地方性法规的侧重点

在理想的法治图景中，省级人大常委会制定的地方性法规主要是国家法律和行政法规的实施性规范。但在仅有《融资担保公司监督管理条例》情形下，省级人大常委会制定的地方金融监督管理条例就具有特殊性。在应然法意义上，国务院制定统一的地方金融监督管理条例与省级人大常委会制定的地方金融监督管理条例在立法内容上应当存在差异，侧重点并不一致。本节旨在比较分析《融资担保公司监督管理条例》与地方金融监督管理条例在立法内容上的差异，从而探讨中央立法与地方立法的侧重点。

（一）《融资担保公司监督管理条例》的立法内容

《融资担保公司监督管理条例》总计 49 条，规范对象主要分为四类，即地方政府及其地方金融监管部门、中央与地方各级政府、地方金融组织、行业组织。

第一类是对地方政府及其地方金融监管机构的规范。《融资担保公司监督管理条例》第 4 条对中央与省级政府之间的权限进行了明确的划分。在中央层面，国务院融资性担保业务监管部际联席会议承担的职责包括拟定监管制度、协调监管、督促指导。而省级政府承担制定扶助发展的政策措施、处置金融风险、督促问责的职责。第 4 条严格区分了省级政府和地方金融监管部门之间的职责，并授权省级政府确定具体的监督管理部门。在立法目的上，中央政府并不赞同省级政府将监管责任层层下放至县级政府，而是由省级地方金融监管机构来行使。

此外，《融资担保公司监督管理条例》第 24-35 条有关监督管理的规定中，一种规范是对地方金融监管部门本身的监管行为和职业操守提出的要求，具体包括：第 24、25、26、27、33、34、35、44 条。另一种则是地方金融监管部门的执法依据，对监管对象采取监管行动时的规范，具体包括：第 28、29、30 条明确了检查措施、监管措施的种类及适用条件。

第二类是对中央和地方政府共同调整的规范。《融资担保公司监督管理条例》第 5 条规定了中央和地方在政策性融资担保体系与财政支持的职责。尽管第 5 条没有明确区分中央与地方之间在职责上的差异，但显而易见的是，立法是鼓励地方政府在其财政支出能力允许的条件下，最大程度上的扶持政策性融资担保体系，对主要为小微企业、农户提供服务的融资担保公司提供财政支持。

第三类是对地方金融组织调整的规范，这类规范在数量上最多的，具体包括第 6-23 条有关设立、变更和终止、经营规则的全部条款，亦包括第 31、32 条确定的融资担保公司的文件资料报送义务和配合监督检查义务。另外，第 36-43 条规定了融资担保公司违法违规时的法律责任。

第四类是行业组织规范。第 45 条对融资担保行业组织服务、协调、行业自律职责提出了原则性要求。

从这四类规范来看，第一类有关地方金融监管部门本身的监管行为和职业操守的规范实际上授予了地方更大的裁量权限。尤其是第 24、25、33、34 条对运用现代信息技术监测风险、监督协调与信息共享、分类监管、信用管理、风险防范处置的规定，其立法目的是鼓励地方根据实际情况主动建章立制，提高管理工作效率。

第二类有关扶助发展规范中，地方政府的职责主要是财政支出责任，第 5 条已经明确规定了财政部制定具体办法的职责。另外，第 46、47 条亦确定了中央制定管理办法的权限。

第三类规范集中体现了规制行政的特征，是对融资担保公司营业自由的适当限制。因此，《融资担保公司监督管理条例》作出了明确的规定，即使个别条款的内容较为原则，也是通过中央管理部门发布的规则给予补充明确。

第四类规范亦授予了地方更大的创制空间来发展和管理融资担保行业组织，对其具体职责作出明确规定。

（二）现行地方性法规的立法内容

《山东省地方金融条例》是在《融资担保公司监督管理条例》颁布实施之前就已经颁布，而河北、天津、四川、上海、浙江等其他地方金融监督管理条例则是在《融资担保公司监督管理条例》颁布实施后制定的。但从立法内容来看，现行地方性法规均对一些共性问题作出了规定（见表5-2）。

表 5-2　地方性法规共性规则一览表

具体事项	山东	河北	天津	四川	上海	浙江
地方金融工作原则	第 3 条	第 4 条	第 3 条	第 4 条	第 3 条	第 3 条
政府职责	第 4 条	第 5 条	第 4 条	第 5 条	第 4 条	第 4 条
机构职责	第 5 条	第 6 条	第 5 条	第 6 条	第 5 条	第 5 条
金融教育	第 7 条	第 10 条	第 9 条	第 8 条第 1 款	—	第 6 条
地方金融组织基本义务	第 6、8、39 条	第 8、13 条	第 6、11、12、13、21 条	第 7、10、11、20 条	第 11、12、13、16 条	第 8、11、12、13、16、17 条
地方金融组织审批和备案	第 32 条	第 8 条	第 11 条	第 9 条	第 9、10 条	第 9、10 条
行政检查与检查措施	第 41 条	第 33 条	第 24 条	第 32 条	第 21 条	第 20 条
风险监管措施	第 42、43 条	第 25、26 条	第 25、26 条	第 33 条	第 22、32、33 条	第 24 条
运用现代信息技术实施监测	—	第 32 条第 1 款	第 23 条	第 34 条	第 6 条	第 23 条第 2 款
禁止非法集资与非法行销	第 37、38 条	第 15、16、28、29 条	第 34 条	第 35 条	第 18、28 条	第 32 条
地方与中央风险处置协作	第 45 条	第 32 条第 2 款	第 33 条	第 31 条	第 30、31 条	第 23 条第 1 款、第 25 条
金融信用管理	第 29 条	—	第 27 条	第 27 条	第 26 条	第 40 条
金融行业自律组织	第 31 条	—	第 8 条	第 8 条第 2 款	第 27 条	第 41 条
非法金融行为举报	—	第 11 条	第 10 条	第 36 条	第 29 条	第 7 条

具体事项	山东	河北	天津	四川	上海	浙江
高管法律责任	第55条	第43条	第40条	第44条	第39条	第49条

从表5-2可以看出，地方性法规主要从以下五个方面进行规范：其一，地方金融工作原则，以及省级与市县级政府之间的监管权限和风险处置责任划分。现行地方性法规毫无例外地规定了地方金融工作的原则，亦规定了省级政府与市县级政府、省级地方金融监管机构与市县级地方金融工作部门之间的监管权限划分，以及属地管理的风险处置责任。这也是国家法律与政策在确定中央与地方金融监管权限与风险处置责任之后，地方性法规继而确定省与市县级政府之间的权责边界，从而完整体现了事权划分的完整性。

其二，金融教育、金融信用管理、金融行业自律规范。对于这三类金融事项，地方性法规作出了明确的规定。金融教育是地方政府承当的一项职责，有利于金融素养的提升。金融信用管理属于典型的地方事务，也是地方政府享有的诚信激励与失信惩戒措施的主要领域。金融行业自律规范有利于地方金融组织的自律管理，并提供争议解决机制来解决地方金融组织成员之间，以及地方金融组织与金融消费者之间的争议。

其三，地方金融组织准入管理与基本义务。地方性法规均确定了地方金融组织准入的审批或者备案制度，并对其合法合规与诚信提出了明确的要求。但从地方性法规来看，这一方面的规定是比较明确但较为原则，原因在于，中央金融管理部门享有规则制定权，制定相应的业务经营规则。对于准入条件、业务范围、经营地域、禁止性行为，中央金融管理部门作出了相应的规定，地方性法规亦没有必要再作出规定。当然，《山东省地方金融条例》对民间融资机构、权益类和大宗商品交易所、合作社信用互助业务，《河北省地方金融监督管理条例》对小额贷款公司、权益类和大宗商品交易所、地方金融控股企业的准入条件作出规定。出现这种情形的主要原因在于，中央金融管理部门没有制定统一的有关权益类和大宗商品交易所、合作社信用互助、民间融资机构、地方金融控股企业的监管政策。《中国银行业监督管理委员会、中国人民银行关于小额贷款公司试点的指导意见》（银监发〔2008〕23号）仅规定原则性的准入条件，地方亦有较大的自由裁量权设定详细的准入条件和标准。

其四，监管措施与现代信息技术的运用。地方性法规对非现场检查的基本要求、现场检查及相应的检查措施、风险监管措施的种类与运用进行了详细的规定。这是地方性法规让监管"长出牙齿"的核心部分，[1]亦是地方性法规的立法初衷之一，即地方金融监管部门执法依据不足、执法地位缺乏、执法手段缺乏。[2]地方金融监管能力的提升取决于监管信息的归集与分析能力。为此，地方性法规对运用大数据、云计算等信息技术整合不同的数据库、信息归集方式等提出了明确的要求，并且不同省市之间的做法并不一致。

其五，非法行为举报与高管责任。地方性法规建立了非法金融行为举报制度，增强了私力执法机制的功能，这也是对公力执法机制的有效补充。另外，地方性法规亦建立了双罚制，即地方金融组织违反法律法规时，地方金融监管机构在对其实施行政处罚的同时，对负有责任的高管人员进行行政处罚。但是，地方性法规对高管人员实施行政处罚的种类、条件、幅度并不完全一致，体现了地区之间的差异性。[3]

（三）地方性法规与行政法规的衔接及其创制空间

从地方金融监督管理条例与《融资担保公司监督管理条例》的立法内容比较来看，地方性法规在不同领域的创制空间存在差异。

其一，在权限划分方面，地方性法规进一步确定省、市、县之间的监管

---

〔1〕　参见侯冲：《用立法让监管"长出牙齿"》，载《四川日报》2019年7月3日，第12版。

〔2〕　四川省金融工作局局长欧阳泽华于2018年7月24日省十三届人大常委会五次会议的《关于〈四川省地方金融条例（草案）〉的说明》。

〔3〕　《山东省地方金融条例》第55条设定的条件是，县级以上人民政府地方金融监管机构可以对负责的董事、监事、高级管理人员和其他直接责任人员给予警告，并予以通报。《河北省地方金融监督管理条例》第43条则是授权地方金融监管机构对负有直接责任的董事、监事、高级管理人员和其他直接责任人员给予警告，并处10万元~20万元的罚款；情节严重的，给予警告并处20万元~50万元的罚款。《天津市地方金融监督管理条例》第40条要求在对地方金融组织罚款的同时，对负有直接责任的董事、监事、高级管理人员给予警告，处5万元~20万元的罚款；情节严重的，处20万元~50万元的罚款。《四川省地方金融监督管理条例》第44条授权省地方金融监管机构对负有直接责任的股东、董事、监事、高级管理人员和其他直接责任人员给予警告，并处5万元~20万元的罚款；情节严重的，并处20万元~50万元的罚款。《上海市地方金融监督管理条例》第39条授权市地方金融监管机构对负有直接责任的董事、监事或者高级管理人员处5万元~50万元的罚款。《浙江省地方金融条例》第49条设定了两种情形的双罚制：（1）对地方金融组织实施处罚的，可以对负有责任的法定代表人、董事（理事）、监事、高级管理人员、经营管理人员和其他直接责任人员给予警告；（2）对地方金融组织罚款的，可以对责任人员处地方金融组织罚款数额5%~10%的罚款。

权限与风险处置责任。对不同地方层级之间的权限划分，行政法规并没有进行直接干预。从立法目的来看，行政法规并不认可省级政府将其监管职权逐级下放至市县两级政府。但对于防范处置非法集资等风险事件，行政法规亦是认可现行的属地管理方式，市级和县级政府承担着属地管理责任。

其二，在监管能力提升方面，地方性法规存在较大的创制空间。学界和业界对监管措施的内涵和外延存在着不同的看法，这也导致地方性法规尽可能设定非正式的监管措施。地方金融监管机构亦是优先运用非正式监管措施达到解决事件的目标，同时减少行政程序上的管理成本。

另外，地方性法规要求地方金融监管机构运用现代信息技术提高金融风险的预警、监测、处置能力，这是对地方金融监管机构已经建立地方金融风险预警监测平台的法制回应。而非法行为举报制度亦是从法律实施的角度增强地方金融监管机构发现违法违规行为线索的能力，进而采取监管行动。

其三，在金融素养教育与金融营商环境方面，地方性法规有较大的创制空间。对于金融教育、金融信用管理、金融行业自律规范，地方政府采取的做法并不一致，体现了地方性知识。在这一方面，尽管《融资担保公司监督管理条例》提出明确的要求，但地方性法规将其适用于"7+4"地方金融组织体系。

其四，在地方金融组织业务规则、监管规则、法律责任方面，地方性法规的创制空间是有限的。地方性法规均对这三方面进行了规定，但均较为原则，是对行政法规和中央政策的确认。截至 2023 年 12 月，中央金融管理部门已经对小额贷款公司、融资担保公司、典当行、融资租赁公司、商业保理公司、地方资产管理公司、区域性股权市场制定了相应的业务规则和监管规则。地方性法规和地方政府规章规则制定权主要体现在投资公司、社会众筹机构、农民专业合作社信用互助、各类地方交易场所领域，但由于投资类机构和社会众筹的法律含义并不明确、合作社信用互助是以试点方式推行的，地方性法规对其规定亦是比较原则，或者没有对其进行规定，这在很大程度上造成了地方性法规的保守性。地方性法规上的空白更多地留给地方金融监管机构。在涉地方金融管理局的行政案件中，行政相对人直接提起行政诉讼的案件非常少，大多数案件是提请地方金融管理局公开执法依据，在一定程度上反映了监管规则的非透明化，亦不能为市场主体提供稳定的法制预期。

第二节　地方金融监督管理条例的要素量化评估[1]

地方性法规无论是以地方金融条例，还是以地方金融监督管理条例作为立法文件名称，但其立法内容并没有实质性的差异，涵盖地方金融组织监管、金融风险防范处置、金融产业发展基本内容。地方性法规的基本内容也反映出地方在金融领域的监管职责，以及监督管理与协调服务的高度紧密结合。由于各省市的金融业态存在很大的差异，地方性法规在立法技术、立法内容上呈现出多样化的特征，对同一问题的解决提供了多元化的制度设计。从中央与地方分权的角度来看，地方性法规的制定与实施为国家统一立法提供了社会实验场景。因此，对地方性法规进行评估，不仅为其他省级人大常委会制定立法提供重要参考，而且为国务院制定地方金融监督管理条例提供立法资料。

一、评估方法的确定与评估对象的选择

（一）评估方法的确定

对地方性法规的评估，业界和学界多是采用立法后评估的方式，通过设计立法后评估指标体系对法律文本及其法律适用的质量进行评估。但在立法后评估指标设计上，业界存在一定的争议。国内理论界的探讨主要体现在三个方面：（1）在一般意义上探讨立法后评估指标的设计，提出了一般指标设计应当遵循适当性、灵活性、可行性原则，并普遍认同应当从法律法规自身、法律法规的经济社会环境影响两大维度构建指标体系。[2]（2）在类型化意义上探讨地方性法规立法后评估指标体系，根据地方性法规的四大类，即宪法类法规、经济类法规、行政类法规、社会类法规，相应的具体指标体系存在差异。对于经济类法规而言，一级指标可分为立法必要性、合法性、合理性、

---

[1]　本节内容已公开发表，详见孟飞：《地方金融监督管理条例的量化要素评估》，载《上海金融》2021年第1期。

[2]　详见孙晓东：《立法后评估的一般指标体系分析》，载《上海交通大学学报（哲学社会科学版）》2012年第5期。

可操作性、地方特色性、技术性，二级指标更为细化。[1]（3）专门探讨金融法律立法后评估指标体系，借鉴中央部门对《现金管理暂行条例》《证券法》立法后评估的做法，提出金融法律立法后评估的合法性、合理性、执行性、实效性一级指标。[2]国外理论界对立法后评估的研究主要集中在规制影响分析，即对独立行政机关制定监管规则的成本收益分析，并不完全等同于中国的立法后评估制度。另外，金融领域的规制影响分析亦存在对拟定规则的成本收益分析，并被作为提高金融监管质量的一种重要工具。

本书主要侧重于对法律文本质量的评估，从这一方面来说，法律文本的完备是由基本构成要素的详尽程度所决定的。为此，本书采用了要素量化评估法。要素量化评估法是澳大利亚新英格兰大学农业与法律研究中心伊恩·汉纳姆（Ian Hannam）教授提出的。伊恩·汉纳姆博士的要素量化评估法确定了17个核心评估要素，即立法目的、管辖、责任、具体目标、定义、注意义务、职责分工、机构、政策、教育、考察和研究、公共参与、市场规划、市场管理、资金机制、实施、纠纷解决。[3]要素量化评估法主要是对法律文本的评估，以确定该法律文本或者某一领域的立法体系所确定的法律框架是否完整，从而在立法技术层面给予充实和完善。[4]但在对地方金融监督管理条例进行评估时，17个核心评估要素的基本涵义应当作出适应性调整（见表5-3）。另外，对包括某要素的条款的详尽程度进一步区分为：比较详细（Y/S）、一般详细（Y/M）、比较原则（Y/W），没有作出规定的则为否（N）。

---

〔1〕 参见俞荣根：《不同类型地方性法规立法后评估指标体系研究》，载《现代法学》2013年第5期。

〔2〕 参见张琨：《金融法律立法后评估制度研究》，载《南方金融》2012年第10期。

〔3〕 See Ian Hannam, A Method to Identify and Evaluate the Legal and Institutional Framework for the Management of Water and Land in Asia: The Outcome of a Study in Southeast Asia and the People's Republic of China, *IWMI Research Reports*, pp. 15-18. 有关伊恩·汉纳姆博士要素量化评估法的中文评介，详见王曦、胡苑：《水土资源管理法律制度评价的要素量化评估法》，载《环境保护》2006年第6期；王曦、胡苑：《黄河流域水资源管理法律的要素量化评估》，载《上海交通大学学报（哲学社会科学版）》2006年第6期。

〔4〕 参见郑少华、孟飞：《生态文明市场调节机制研究——以法律文本的要素量化评估和法律适用评估为视角》，载《法商研究》2012年第1期。

表 5-3 要素的基本含义

要素	基本含义
①立法目的	对法律文件的直接目的的阐释。
②管辖	赋予某行政机关或者司法机关在地域或法律意义上对承担具体事务责任的陈述。
③责任	为实现营造具有竞争力的金融环境而确定的各种权责边界。
④具体目标	对实现特定金融监管事项的目标的表述。
⑤定义	对关键词、词组、术语的定义或描述。
⑥注意义务	规定法律或道德上的责任及态度的内容。
⑦职责分工	对不同部门、不同层级的管理机构的职责的规定。
⑧机构	对某个或某些组织或相关行政机关及其特定职责的说明。
⑨政策	针对特定目的的行动过程和战略方针的规定。
⑩教育	关于金融理财知识和风险管理技能的教育活动或过程或方式的规定。
⑪考察与研究	关于系统性的考察与研究行动的规定。
⑫公众参与	增进公众之间以及公众与政府之间的相互交流，使得人们可以以联合的形式来参加实现具有竞争力的金融环境的各种活动的规定。
⑬金融发展环境规划	规划金融环境的各项内容的规定。
⑭金融发展环境管理	有关实现金融环境过程的准备和实施工作的规定，具体包括公共信用的归集、共享、失信惩戒等。
⑮资金机制	为优化金融环境而筹集资金或为相关项目、行动提供财政支持的内容。
⑯实施规程	指要求遵守、服从一定的标准、履行义务的规定，具体包括监管标准、监督检查、实施监管措施，以及作出行政处罚的规程。
⑰纠纷解决	指规定解决有关金融权益方面的争议或争端的规定，尤其是金融消费者和投资者权益纠纷解决机制。

（二）评估对象的确定

从中央与地方金融监管权限划分来看，省级人大常委会有权制定所辖区域实施的地方金融监督管理条例，但全国人大常委会和国务院亦有权制定地方金融监督管理法或者地方金融监督管理条例。实务中，中央与地方"7+4"

地方金融组织监管事权存在认知上的不一致。全国人大常委会法工委认为，地方性法规不宜对地方金融组织，从而相关金融业务的条件作出规定。[1] 而内蒙古司法厅在《关于〈内蒙古自治区地方金融监督管理条例（草案征求意见稿）〉的起草说明》则指出，地方金融立法规范的不是金融的基本制度，而是地方金融事务。为此，本书选取山东、河北、天津、四川、上海、浙江、广西、内蒙古地方金融监督管理条例作为评估对象。

而从法律实践来看，山东、河北、天津、四川在地方金融监管体系建设上较早的进行探索。2013 年 7 月，《天津市政府办公厅转发市金融办关于建立健全地方金融监管体系意见》（津政办发〔2013〕60 号），对监管职责进行了明确的界定和划分。《山东省人民政府关于建立健全地方金融监管体制的意见》（鲁政发〔2013〕28 号）亦建立省市县三级监管体制。而在《国务院办公厅关于加强影子银行监管有关问题的通知》（国办发〔2013〕107 号）和《国务院关于界定中央和地方金融监管职责和风险处置责任的意见》（国发〔2014〕30 号）发布后，《河北省人民政府关于建立健全地方金融监督管理体制的实施意见》（冀政〔2014〕114 号）和《四川省人民政府关于贯彻落实〈国务院关于界定中央和地方金融监管职责和风险处置责任的意见〉的实施意见》（川府发〔2015〕46 号）相继颁布实施。2013 年浙江省十二届人大常委会六次会议审议通过了《温州市民间融资管理条例》，为全国第一部专门规范民间金融的地方性法规。对于上海而言，2009 年 6 月 25 日上海市十三届人大常委会第十二次会议审议通过《上海市推进国际金融中心建设条例》，是全国第一部地方金融促进法。因而，山东、河北、天津、四川、上海、浙江、广西、内蒙古八省市地方金融监督管理条例作为评估对象，对于其他省市区而言，显然更具有典型意义和借鉴价值。

二、单部法律文本的评估：以《上海市地方金融监督管理条例》为例

2018 年，上海市地方金融监管局组织开展地方金融立法课题研究，形成建议草案。如果从 2018 年 9 月 21 日《上海市地方金融监督管理条例》列入市十五届人大常委会立法规划起计，至 2020 年 4 月 10 日市十五届人大常委会

---

〔1〕 四川省人大经济委员会等编著：《四川省地方金融监督管理条例释义》，法律出版社 2020 年版，第 17 页。

二十次会议表决通过，历时 568 天。[1]结合上海国际金融中心的自身特点，条例在监管体制和制度设计上展现了上海"精细化"管理特征。[2]

（一）评估结果

从 17 个要素来看，《上海市地方金融监督管理条例》基本上体现了法律文本的完整性（见表5-4）。

表5-4　《上海市地方金融监督管理条例》评估结果一览表

要素	结果	主要说明
①立法目的	Y/S	第 1 条规定了立法目的的五个方面。
②管辖	Y/S	第 2 条第 1 款规定了立法的适用范围。
③责任	N	第 3 条规定了地方金融监管工作的原则和目标，但缺乏责任的明确规定。
④具体目标	N	立法确定的地方金融事务包括地方金融组织监管、风险防范处置，但缺乏对具体目标的规定。
⑤定义	Y/S	第 2 条第 3 款、第 42 条分别对地方金融组织、控股股东、主要股东、实际控制人作出法律界定。
⑥注意义务	Y/W	第 13 条确定了地方金融组织董事、监事和高管人员的信义义务，但立法并没有对监管人员的注意义务作出明确规定。
⑦职责分工	Y/M	第 4 条确定了市区两级政府的权责范围，以及市金融工作议事协调机制与国务院原金融稳定发展委员会地方协调机制的协作关系。
⑧机构	Y/M	第 5 条规定了市金融监管部门、区金融工作部门之间的权限划分，以及发展改革等其他相关部门的职责。
⑨政策	Y/M	第 6、7 条对监管信息平台、试点创新、金融科技等政策措施进行明确规定。
⑩教育	N	立法没有规定金融消费者和投资者教育的内容。
⑪考察与研究	Y/W	第 6 条第 2 款和第 20 条第 3 款对金融风险分析研判、第 19 条对与地方金融组织创新发展相适应的监管措施作出了规定。

---

[1]　参见解冬：《良法彰显国际金融中心"法治软实力"》，载《上海人大月刊》2020 年第 5 期。

[2]　参见卢慧萍：《不断完善 亮点频出——〈上海市地方金融监督管理条例〉从审议到表决通过》，载《上海人大月刊》2020 年第 5 期。

续表

要素	结果	主要说明
⑫公众参与	Y/M	第29条保障了举报人的权利。
⑬金融发展环境规划	Y/W	第7条第1款对上海国际金融中心建设规划作出规定。
⑭金融发展环境管理	Y/W	第26条规定了地方金融组织及其从业人员信用管理。
⑮资金机制	N	立法没有对政府性基金和其他资金作出规定。
⑯实施规程	Y/W	第19条、第20条对制定监管标准、检查程序提出了明确要求。
⑰纠纷解决	Y/W	立法没有对监督检查、监管措施实施、行政处罚中的争议解决机制进行规定，仅对金融消费者和投资者争议作出规定。

从表5-4可以看出，《上海市地方金融监督管理条例》在评估结果上，Y/S共计3个、Y/M和Y/W分别为4、6个，而没有作出明确规定的要素总共为4个。

（二）评估结果的分析

1. 要素规定一般详细（Y/M）

要素规定一般详细的内容集中体现在职责分工、机构、政策、公众参与。上海积极推进地方金融监管体系建设，确定了市、区两级监管体制，着力推进上海国际金融中心建设。因此，在市、区两级政府之间的权责边界在立法中得到了明确的界定，条例亦对市金融监管部门与区金融工作部门之间的权限进行了清晰的界定。在法律界定中，金融工作部门不同于金融监管部门。从上海市16个区金融工作部门设置来看，除浦东新区金融工作局、虹口区金融服务局之外，其他14个区政府均是设立金融服务办公室。区金融工作部门的职责集中于金融营商环境的营造和招商引资等服务发展职能。从这一方面来看，《上海市地方金融监督管理条例》对市、区两级政府及其部门职责的界定是比较清晰的。但是，市、区两级政府及其部门承担的监督管理的具体权责并没有在条例中得到明确的细分，尤其是第 4 条和第 5 条并未明确区分市、区在金融风险防范处置中的权责范围，有可能出现职责同构问题。

对于政策，《上海市地方金融监督管理条例》仅仅提出了政策制定的原则性要求，并未规定具体政策制定、实施、监督、检查、评估等。而对于社会公众参与，《上海市地方金融监督管理条例》明确规定了金融违法违规行为举报制度。但是，金融举报制度仅是法律法规实施过程中的私人执法机制，而在金融监管规则制定中，社会公众如何通过组织化的工作机制与地方金融监管机构进行对话，《上海市地方金融监督管理条例》并没有提供相应的制度设计。

2. 要素规定比较原则（Y/W）

注意义务强调金融监管机构工作人员、地方金融组织管理人员在执法和合规经营时的职业操守和职业伦理约束。《上海市地方金融监督管理条例》仅对监管对象的董事、监事、高级管理人员的信义义务提出了明确的要求，并未对监管工作人员的注意义务作出明确的规定，第 23 条仅确定了监管工作人员对监管对象及有关单位和个人的商业秘密、个人隐私的保密义务。

考察与研究侧重于金融监管机构作出监管行动的依据和考量因素。《上海市地方金融监督管理条例》对此仅仅提出了行动决策的信息平台数据依据、创新监管措施的前提，没有进一步规定监管平台信息有效利用的具体实体规则和程序规则、地方金融组织创新发展的基本要求。这种原则性规定并没有为地方金融组织和其他市场主体提供稳定的法制预期，亦不利于地方金融组织及其投资人进行风险管理。

金融发展环境规划强调地方政府经济调控和行政指导的能力。上海在"十一五""十二五""十三五"均颁布了相应的金融业发展规划，但《上海市地方金融监督管理条例》第 7 条对金融发展环境规划仅是作出了原则性规定，并没有提出完善规划的制度设计，尤其是程序性规则。

金融发展环境管理侧重于公共信用信息、质押登记等附属性服务的发展。《上海市地方金融监督管理条例》第 26 条对公共信用信息管理作出了原则性规定。事实上，《上海市地方金融监督管理条例》亦无法对信用管理作出更为详细的规定，因为 2017 年 10 月 1 日起实施的《上海市社会信用条例》已经作出完整性的法律规定。[1]

---

〔1〕　参见罗培新：《社会信用法：原理·规则·案例》，北京大学出版社 2018 年版。

实施规程强调金融监管权限行使的规范化和流程化。《上海市地方金融监督管理条例》对制定监管标准、监督检查程序提出了法律要求，但没有进一步对核心规则作出规定。在法律实践中，金融监管机构往往制定规范行政行为的工作规定。但是，《上海市地方金融监督管理条例》没有对此作出更为具体的规定。

在争议解决方面，《上海市地方金融监督管理条例》第 12 条第 2 款确定了地方金融组织负有义务建立通畅的争议解决机制，受理并解决金融消费者和投资者的投诉。与此同时，第 27 条亦以倡导性规范的形式鼓励地方金融组织建立行业自律组织，而行业自律组织的六项职责之一是调解地方金融组织与消费者和投资者之间的争议。

3. 没有对要素规定（N）

在 4 个没有规定的要素中，《上海市地方金融监督管理条例》没有对金融消费者教育作出规定，但《上海市推进国际金融中心建设条例》第 38 条对政府部门和金融机构的金融风险防范意识教育责任作出了规定，但这里的金融机构是否包括地方金融组织并不明确。

《上海市地方金融监督管理条例》对地方金融监管机构权限的范围、行使依据作出了明确的规定，保障了在国家法律和行政法规不完备条件下的执法的合法性。但作为地方金融监管组织法，《上海市地方金融监督管理条例》并没有对市地方金融监管机构的监管目标、问责性、与监管对象之间的争议解决等作出明确的规定，这不利于专业性、技术性的规制机构行使权限。

《上海市地方金融监督管理条例》亦没有对政策性融资担保体系以及其他公共金融体系作出规定。政策性融资担保体系及其他公共金融体系的功能是为小微企业、农户、居民提供便利化的基本金融服务，或者由市属国有金融资本直接提供，或者由地方金融组织和金融机构提供。但政府部门应当为后者提供相应的扶持措施和经济激励机制。

三、法律文本的体系性评估：山东、河北、天津、四川、上海、浙江、广西、内蒙古

省级人大常委会制定的地方金融监督管理条例在一定程度上具有地方性知识的特点。因此，对现行地方性法规进行体系性评估更能清晰地厘定地方

金融监管制度的共性规则和个性规则。

（一）评估结果

从表5-5的量化评估结果可以看出，山东、河北、天津、四川、上海、浙江、广西、内蒙古地方性法规体现了以下两大方面的特征：

表5-5 地方性法规的评估结果

要素	山东	河北	天津	四川	上海	浙江	广西	内蒙古	合计
①立法目的	Y/S	Y/S	Y/S	Y/S	Y/S	Y/S	Y/S	Y/S	8个Y/S
②管辖	Y/S	Y/S	Y/S	Y/S	Y/S	Y/S	Y/S	Y/S	8个Y/S
③责任	N	N	N	N	N	N	N	N	8个N
④具体目标	N	N	N	N	N	N	N	N	8个N
⑤定义	Y/S	Y/S	Y/S	Y/S	Y/S	Y/S	Y/S	Y/S	8个Y/S
⑥注意义务	Y/W	Y/W	Y/W	Y/W	Y/W	Y/W	Y/W	Y/W	8个Y/W
⑦职责分工	Y/W	Y/W	Y/M	Y/M	Y/W	Y/M	Y/M	Y/M	3个Y/W 5个Y/M
⑧机构	Y/W	Y/M	Y/M	Y/M	Y/M	Y/M	Y/M	Y/M	2个Y/W 6个Y/M
⑨政策	Y/M	Y/M	Y/M	Y/M	Y/M	Y/M	Y/M	Y/M	8个Y/M
⑩教育	Y/M	Y/M	Y/M	Y/M	N	Y/M	Y/M	Y/M	7个Y/M 1个N
⑪考察与研究	Y/W	Y/W	Y/W	Y/W	Y/W	Y/W	Y/W	Y/W	8个Y/W
⑫公众参与	Y/M	Y/M	Y/M	Y/M	Y/M	Y/M	Y/M	Y/M	8个Y/M
⑬金融发展环境规划	Y/M	Y/M	Y/M	Y/M	Y/M	Y/M	Y/M	Y/M	5个Y/M 3个Y/W
⑭金融发展环境管理	Y/W	Y/W	Y/W	Y/W	Y/W	Y/W	Y/W	Y/W	8个Y/W
⑮资金机制	Y/M	N	N	N	N	Y/M	N	N	2Y/M 6个N

要素	山东	河北	天津	四川	上海	浙江	广西	内蒙古	合计
⑯实施规程	Y/W	Y/W	Y/M	N	Y/W	Y/W	Y/W	Y/W	1个Y/M 6个Y/W 1个N
⑰纠纷解决	N	N	N	N	Y/W	N	N	Y/W	2个Y/W 6个N
合计	3个 Y/S 5个 Y/M 6个 Y/W 3个 N	3个 Y/S 4个 Y/M 6个 Y/W 4个 N	3个 Y/S 6个 Y/M 4个 Y/W 4个 N	3个 Y/S 6个 Y/M 3个 Y/W 5个 N	3个 Y/S 4个 Y/M 6个 Y/W 4个 N	3个 Y/S 6个 Y/M 5个 Y/W 3个 N	3个 Y/S 5个 Y/M 5个 Y/W 4个 N	3个 Y/S 6个 Y/M 5个 Y/W 3个 N	—

其一，从结构来看，地方性法规在 11 个方面高度相同或者相似。如果同时把《上海市推进国际金融中心建设条例》的金融风险防范教育考虑在内的话，地方性法规在立法目的、管辖、责任、具体目标、定义、注意义务、政策、教育、考察与研究、公众参与、金融发展环境管理、纠纷解决等 12 个要素的评估结果是基本一致的。除立法目的、管辖、定义做出了完整性规定之外，责任、具体目标、纠纷解决都没有得到明确的规定，注意义务、考察与研究、金融发展环境管理 3 个要素规定的比较原则。

其二，整体而言，地方性法规没有呈现出显著的区域差异性。在职责分工、机构方面，除山东、河北两部较早的立法之外，天津、四川、上海、浙江地方性法规均有了很大的改善，对两个要素作出了比较原则或者一般详细的规定。在法律文本上，天津立法在实施规程上仅是作出了原则性规定，但《天津市地方金融监督管理局行政执法工作办法》（津金监规范〔2019〕5 号）和《开展政务服务事项事中事后监管标准化实施细则的通知》（津金监局〔2019〕20 号）的颁布实施，对监督检查、行政处罚行为的流程化、标准化作出了明确、具体的规定。考虑这一方面因素，《天津市地方金融监督管理条例》中实施规程的内容得以具体化。

（二）评估结果的分析

从八省市评估结果来看，没有作出规定或者规定比较原则的要素集中体现为责任、具体目标、注意义务、职责分工、机构、考察与研究、金融发展环境管理、实施规程、纠纷解决。

1. 责任、具体目标

地方性法规在责任、具体目标上均没有作出明确的规定，而具体目标的设定同时受到责任的约束。中央政策对地方政府承担的监督管理和风险处置的对象和范围作出了明确的界定，但《立法法》第11条并未对金融基本制度的含义作出法律解释，这在一定程度上限制了地方立法机关的积极性。

省级人大常委会制定地方金融监督管理条例的法律依据包括《宪法》《立法法》《行政许可法》《行政处罚法》《行政强制法》，以及《商业银行法》《银行业监督管理法》《证券法》《融资担保公司监督管理条例》等上位法。此外，地方金融监督管理条例的制定还需要参照国务院和中央金融管理部门颁布的文件，如《关于小额贷款公司试点的指导意见》《融资性担保公司管理暂行办法》等。这就造成了地方性法规对责任、具体目标的界定受到诸多因素的制约，无法对其进行准确的描述。

另外，地方金融组织规则制定权是由中央金融管理部门来行使，地方性法规亦没有动因对责任、具体目标作出明确界定。然而现实却是，金融监管是由一套完整性、精细化的规则体系组成的，责任和具体目标的界定直接关系到规则体系的完备性及其实施效果。

2. 职责分工、机构

山东、河北地方监督管理条例没有明确区分省级、辖区市、县级政府在职责分工、机构上的差异。在地方金融组织发展初期，山东、河北采取了"谁试点、谁担责"的做法，试点县级政府出具的风险处置责任担保函成为省级金融管理部门审批试点资格的重要条件。然而在进入法治化发展阶段之后，省级、市级、县级政府及其金融管理部门的职责必然进行划分，这也是中央与地方事权划分"三级"（中央—省—市县）原则的具体体现，[1]地方性法规亦按照国家法律要求对省—市—县级政府职责、机构职能作出具体规定。

---

〔1〕　参见刘剑文、侯卓：《事权划分法治化的中国路径》，载《中国社会科学》2017年第2期。

3. 注意义务、考察与研究、实施规程

现代金融监管越来越强调监管机构的独立性和问责性。作为问责性的基础，金融机构的注意义务、考察与研究、实施规程要素的重要性日益凸显。据此，地方金融监管机构越来越重视监管行为的标准化。《山东省地方金融监管系统行政处罚自由裁量基准（试行）》已经颁布实施，而《浙江省地方金融监管局 2020 年工作思路》亦提出制定地方金融组织行政处罚裁量基准。河北省地方金融监管局则建立了规范化的行政执法流程，主要包括《河北省地方金融监督管理局行政处罚自由裁量权基准》《河北省地方金融监管行政执法规范用语指引》。

但在地方性法规中，地方金融监管机构的注意义务并没有得到具体地界定，对地方金融监管机构采取监管行动动因的考察与研究仅仅是作出了抽象性规定，这些概括性因素亦不能对地方金融监管机构的行为进行有效地约束。

4. 金融发展环境管理

从法律文本来看，地方性法规对公共信用管理的规定是比较原则的，但这并不意味着 8 省市公共信用法制建设较为薄弱。基于立法体制的原因，省级人大常委会在制定地方金融监督管理条例的同时，也会制定社会信用条例。《上海市社会信用信息条例》已经于 2017 年 10 月 1 日起施行，而《河北省社会信用条例》和《浙江省公共信用信息管理条例》则于 2018 年 1 月 1 日起施行。《山东省社会信用条例》和《天津市社会信用条例》已经进入了征求意见阶段。尽管四川省人大常委会尚无制定《四川省社会信用条例》的工作计划，但省政府于 2017 年 2 月颁布了《关于加快推进社会信用体系建设的意见》（川府发〔2017〕11 号）。因此，地方金融监督管理条例对社会信用的规定较为原则，对失信行为进行惩戒时，还应当遵照社会信用条例的规定。

5. 纠纷解决

大多数地方性法规没有对纠纷解决机制作出规定。这里的纠纷解决机制包括四种：一是立法要求地方金融组织建立畅通的纠纷机制，受理、解决金融消费者和投资者的投诉及争议事件；二是地方金融监管机构为地方金融组织与金融消费者和投资者纠纷提供的解决机制，如行政调解、支持金融消费者和投资者诉讼等；三是地方金融监管机构建立相应的工作规程以应对行政复议、行政诉讼；四是立法要求的其他替代性机制，以解决地方金融组织与金融消费者和投资者之间的纠纷。

从法律文本来看，对于这四种纠纷解决机制，只有《上海市地方金融监督管理条例》《内蒙古自治区地方金融监督管理条例》作出了简略的规定，其他六部地方性规范均没有对此作出规定。而在金融监管实践中，河北省金融局已经作出了积极探索，相继颁布了《行政复议工作规定》《行政应诉工作规定》等，对发生地方金融监管机构与监管对象之间争议时的行政行为给予规范。而《行政调解工作规定》则为地方金融组织与金融消费者和投资者争议解决提供了有效的解决机制。

四、地方性法规的完善路径

地方金融监管立法在法律内涵上并不等同于省级人大常委会制定的地方金融监督管理条例。从中央与地方金融监管立法权限划分的角度来看，宪法→立法法组织法→金融法律→行政法规→地方性法规形成了地方金融监管立法的体系。因此，从完善地方性法规的角度来看，在完善本身法律文本的同时，亦应当加强上位法的完善，尤其是中央与地方金融事权的法治化。

（一）金融事权的明晰

在上位法中，《宪法》《立法法》没有对金融事权作出明确、具体的界定，《宪法》第 3 条确定中央与地方国家机构职权划分的原则，但未确定中央与地方事权划分的具体领域及其标准，《立法法》第 11 条亦没有对金融基本制度作出法律解释，全国人大常委会法工委与省级人大常委会工作部门在立法中的认识并不完全一致。在金融法律体系中，仅有《证券法》第 98 条对区域性股权市场的定位作出了规定，同时授权国务院制定具体管理办法。[1]而在行政法规体系中，仅有《融资担保公司监督管理条例》颁布实施。尽管《地方金融监督管理条例》已经列入国务院年度立法工作计划，但至今尚未颁布。在这种条件下，省级人大常委会制定地方金融监督管理条例必然受到不完备的上位法的约束，而中央与地方金融事权划分不清晰更加剧了地方性法规的原则性、概括性规则的增多。

明确中央与地方金融事权包括三大基本内容：其一，全国人大常委会法工委应当启动法律解释工作，对《立法法》第 11 条金融基本制度的内涵和外

---

[1] 2019 年 12 月 28 日十三届全国人大常委会十五次会议第二次修订。

延作出具体解释。从地方性法规的制定过程来看，地方均向全国人大常委会法工委就有关问题进行请示，体现了一事一议的特征。从立法规范化、科学性的角度来看，全国人大常委会应当在对地方性法规研判和作出答复工作的基础上，作出统一的解释，为其他10余部地方性法规的制定提供依据和指引。

其二，国务院制定一部统一的地方金融监督管理条例成为一个可行的现实选择。《地方金融监督管理条例》的制定不仅有利于丰富地方性法规的内容和区域差异性，而且进一步规范中央金融管理部门的规则制定权，更有利于提高地方的积极性。《融资担保公司监督管理条例》的调整对象仅限于"7+4"地方金融组织中的一类，其他类型的地方金融组织主要接受中央金融管理部门制定的业务经营规则和监督管理规则。在法理上，中央金融管理部门颁布的部门规章和规范性文件并不能成为地方性法规的上位法，但对于地方金融监管机构而言，则要同时负责执行地方性法规、部门规章和规范性文件，这就导致地方性法规制定的两难困境。而统一的行政法规的颁布则有效地消除了省级人大常委会的立法难题，可以根据行政法规制定更为详尽、可操作的规则。

其三，全国人大常委会法工委的法律解释和国务院制定的行政法规解决的核心问题是明确监督管理、风险处置、扶助发展三项具体事项的内涵及其权限划分。中央与地方金融事权划分在监管对象上已经明确，即地方负责地方金融组织监督管理和风险防范处置。但在权限范围上，监督管理必然包括行政许可、行政检查、行政处罚、监管措施、行政强制等具体权能。但是，地方性法规受到《行政许可法》《行政处罚法》《行政强制法》的拘束。在只有《融资担保公司监督管理条例》颁布实施的条件下，制定地方性法规的主要目的是解决执法依据缺乏、权限不足的问题。但从金融监管权限依法有效行使的角度来看，行政检查、监管措施的法治化更能够提高金融监管质量，行政法规对行政检查、监管措施的规定更有利于监管权限的规范行使。

比较而言，风险处置更具有地方性特征。从发生金融风险事件的主体来看，除了地方金融组织之外，普通企业更有可能发生非法集资行为，而一旦发生企业债务风险，更会波及金融企业和其他利益相关者。因金融泛化而产生的防范和处置非法集资职责必然关系到不同层级政府的职责。因此，地方政府采取了网格化社会管理方式，建立金融风险监测体系。从实践来看，山东、河北、天津、四川、上海、浙江、广西、内蒙古等均体现了区域性特征和差异性做法。

优化金融营商环境成为地方金融管理局的主要职责，这也是地方金融监管局同时挂牌金融服务办公室或者金融工作局的原因。优化金融营商环境的一个核心内容是为保障所辖区域的小微企业、农户、居民能够便利地获得基本金融服务。而地方金融组织则是提供基本金融服务的主体，这在国务院发布的《推进普惠金融发展规划(2016—2020年)》得到了明确的规定。为此，《融资担保公司监督管理条例》和中央监管政策亦是鼓励省级政府制定促进"7+4"类地方金融组织发展的政策措施。从这一方面来看，扶助发展职责属于地方性事务，即使是在国家法律和行政法规没有规定的情况下，地方立法机关亦应当建立相应的制度安排。

（二）责任、具体目标的设定

责任、具体目标的设定实际上反映了立法机关对监管机构的法律约束。但在金融事权划分时，地方金融监管机构须遵守执行中央金融管理部门的规则，这就增加了地方立法机关设定责任、具体目标的难度。这就回到了一个基础性的法理问题，即中央与地方金融事权划分指的是立法权限，还是行政权限？从《宪法》第3条确定的"充分发挥地方的主动性、积极性"原则来看，金融事权应当包括立法权限和行政权限，即团体权限。地方金融监管的丰富内涵已经扩展至地方政府在金融领域履行监管职责的本义，[1]涵盖监督管理地方金融组织和防范处置金融风险。与此同时，地方政府亦承担优化金融营商环境的职责，尤其是建立公共金融体系，鼓励其为小微企业、农户、居民提供基本金融服务。其中，地方金融组织监督管理和金融风险防范处置属于规制行政，是对行政人的约束，而优化金融营商环境及建立普惠金融体系则是典型的给付行政。

在三种不同性质的事权得以明确之后，地方立法机关有权对行政机关的责任、具体目标进行设定。在德国法理中，规制行政属于联邦和州事务，而给付行政属于州以下的地方事务。据此，地方立法机构在地方金融事务中的能动空间主要集中扶助发展普惠金融体系，但在仅有《融资担保公司监督管

---

〔1〕　参见李发图：《推进地方金融监管法治化》，载《上海人大月刊》2020年第5期。

理条例》这一部行政法规的条件下，省级人大常委会亦有权在《立法法》《行政许可法》《行政处罚法》《行政强制法》的拘束下，制定相应的地方金融监督管理条例。因而，《山东省地方金融条例》《河北省地方金融监督管理条例》《天津市地方金融监督管理条例》《四川省地方金融监督管理条例》《浙江省地方金融条例》《广西壮族自治区地方金融监督管理条例》《内蒙古自治区地方金融监督管理条例》毫无例外地分章专门规定了这三类金融事项。但是，这些地方性法规并没有更进一步对不同金融事项在责任、具体目标作出规定。

在责任界定上，地方性法规应当设定不同层级的地方政府的职责，尤其是省级、市级、县级之间的职责差异，并鼓励市级和县级政府根据其财政情况扶持普惠金融体系的发展。

在具体目标界定上，地方性法规应当确定监管管理、风险处置、扶助发展上的不同目标。地方金融组织监管亦应以行为监管和金融消费者权益保护为核心，而金融风险防范处置则侧重于以社会治理的方式防控风险事件。扶助发展的重点则是建立公共金融体系，提高地方金融组织和金融机构为经济弱势群体提供基本金融服务的能力。

（三）职责分工、机构要素的完善

职责分工、机构要素的核心是从监管独立性和问责性的角度提出的基本要求。职责分工要求地方性法规明确界分地方金融监管机构和其他行业主管部门、行业自律机构之间的权责。而机构要素是对地方金融监管机构而提出的，判定内部治理结构是否能够有效实现其监管目标、体现监管权限的内在要求。

地方性法规均对地方金融监管机构的职责作出了规定，只是详略程度不同而已。唯应注意的是，山东、河北并没有对省级、市级、县级地方金融监管部门之间的职责进行区分，而是使用了"县级以上人民政府地方金融监管机构"来界定。而天津、四川、上海、浙江则明显区分了省（市）与设区的市、县（市、区）政府地方金融监管机构在职责上的差异。

在2018年政府机构改革中，山东、河北、天津、四川、上海、浙江、广西、内蒙古均成立省（市）地方金融监管局，但并非全部的县（市、区）级政府均建立了专门的地方金融监管机构，而是将金融事务授权发展改革部门或者财政部门来行使。因此在立法技术上，《四川省地方金融监督管理条例》《上海市地方金融监督管理条例》《浙江省地方金融条例》均明确界定省级政府确定的地方金融监管部门，以及设区的市和县（市、区）政府授权的金融工作部门。省级地方金融监管部门是独立性的监管机构，金融工作部门则可能是发展改革委、财政部门等，根据授权行使相关的金融事权。值得注意的是，地方金融监管部门与地方金融工作部门的另外一个区分是，地方金融工作部门不一定行使行政许可、行政处罚、行政强制、行政监管措施等。从四川、上海、浙江地方性法规来看，设区的市、县（市、区）地方金融工作部门主要承担的是发展职能，以及牵头组织处置非法集资活动。据此，设区的市、县（市、区）地方金融工作部门多是根据省级地方金融监管机构的要求进行监督检查、收集监管信息等。对于行政处罚权限，《四川省地方金融监督管理条例》允许省级地方金融监管机构委托市、县（市、区）地方金融工作部门行使。因此，地方性法规应当对不同层级的地方金融监管（工作）部门的职责分工作出清晰的界定。

省级人大常委会制定本省域的地方金融监督管理条例，应当将其定位为金融监管组织法。尽管地方金融监管机构的权限范围受到上位法和中央政策的约束，但地方性法规亦有权对省级地方金融监管机构的治理结构作出规定，以便于监管目标的实现。但遗憾的是，现行地方性法规均未对省级地方金融监管机构的处室设置及其职责进行明确的规定，而是体现在省（市）地方金融监管职能配置、内设机构和人员编制规定。但在法治意义上，职能配置、内设机构和人员编制规定（三定方案）仅是规范性文件，还不能成为地方金融管理局行使权限的法律依据，这就产生执法依据不足的问题。因此，地方性法规应当注重地方金融管理局的组织立法，根据监管目标的设定，对地方金融管理局的处室设置及其权限作出明确的界定。

（四）注意义务、考察与研究、实施规程要素的完善

注意义务、考察与研究、实施规程侧重于金融监管机构采取监管行动时的科学性、合理性、透明化。注意义务要求金融监管机构以谨慎包容的态度平衡发展与管制、创新与管制之间的紧张关系。山东、河北、天津、四川地方性法规均确定了地方金融监管工作积极稳妥、安全审慎原则。《上海市地方金融监督管理条例》确定了安全审慎、有序规范、创新发展三大原则。《浙江

省地方金融条例》则确定了分类管理、稳妥审慎、防控风险、创新发展原则。地方性法规均有所规定，但都较为概括，并没有进一步解释安全审慎或者稳妥审慎的基本含义与具体要求。广西和内蒙古的地方性法规亦有类似规定。

考察与研究的核心是要求采取金融监管行动应当具有一定的现实基础，即对金融交易行为、交易数据、风险聚集进行实时监测和理性评估的基础上，再决定是否以及如何采取监管行动。换言之，地方金融监管机构应当充分利用大数据、区块链等技术，提高监测能力，以便于作出合乎现实的理性判断。国家法律亦是鼓励地方金融监管机构运用现代信息技术。《河北省地方金融监督管理条例》第32条第1款、《四川省地方金融监督管理条例》第34条、《天津市地方金融监督管理条例》第23条第2款、《上海市地方金融监督管理条例》第6条第2款、《浙江省地方金融条例》第38条均要求运用大数据、云计算等现代信息技术提高金融风险监测和调控能力。但是，现行地方性法规仅仅提出了监管任务，并没有进一步对不同系统层面的数据之间的对接、跨行业跨部门基础数据的整合、金融风险预警防范判断指标和监测模型等作出明确的规定。

实施规程侧重于金融行政行为的规范化、流程化，对于行政许可、行政检查、行政处罚、监管措施等作出明确规定。天津对行政执法程序进行了规范，但并未明确监管措施的实施条件和程序。中央金融管理部门越来越注重实施规程，不仅规范行政许可、行政处罚等行为，而且也注重对监管措施的运用。中国证监会于2020年3月27日发布《关于就〈证券期货市场监督管理措施实施办法（征求意见稿）〉公开征求意见的通知》，进一步规范监督管理措施的实施程序，这也是地方性法规亟待解决的问题。

（五）纠纷解决机制的完善

地方金融监管是以微观审慎监管、行为监管与金融消费者保护为核心，逐步从协调服务为主转向监管与协调服务并重。微观审慎监管是从单一主体的角度要求地方金融组织的安全与稳健。即使地方金融组织是非存款类金融企业，但其业务开展与商业银行具有紧密的经济关联，例如从商业银行获得融资、开展银担业务、资金账户管理等。此外，地方金融组织亦有可能超过经营范围从事标准化业务、吸收公众资金等非法集资行为。因此，地方金融组织首先应当确保其安全稳健，地方金融监管法制应当据此确定相应的机制解决金融监管机构与地方金融组织之间的争议。

行为监管与金融消费者权益保护是地方金融监管机构的核心职责，地方金融监管法制应当在"监管者—地方金融组织—消费者"三方关系中给予平衡，建立为金融消费者和投资者权益保障提供多元化的争议解决机制。人民银行、原银保监会、证监会已经建立了相对完整的金融消费者和投资者纠纷解决机制，这为建立地方层面的纠纷解决机制提供了经验参照。在监管实践中，天津市金融局发布实施《天津市地方金融监督管理局关于做好地方金融消费者权益保护工作的通知》（津金监局〔2020〕2号）。但在法律文本上，《上海市地方金融监督管理条例》不仅将维护金融消费者和投资者合法权益作为立法目的之一，而且要求地方金融组织、行业自律组织建立相应的争议处理机制、纠纷调解机制。另外，《上海市推进国际金融中心建设条例》亦要求完善金融诉讼案件审理机制、金融仲裁机制。综合来看，上海地方性法规已经建立了地方金融组织投诉处理、行政调解、司法诉讼、金融仲裁、非诉第三方解决机制，这为其他地方性法规的制定和完善提供了参照。

第三节　地方金融监管制度的基本内容

《融资担保公司监督管理条例》和地方金融监督管理条例确定了多项监管制度。从地方金融组织稳健和金融消费者权益保障的监管目标来看，地方金融监管立法需要精细化、体系化的规则构建核心的地方金融监管制度。本书认为，地方金融监管立法的完善，应当在金融消费者和投资者适当性、合规及风险管理、分类管理、地方金融组织股权管理、地方金融组织风险事件处置及退出、防范处置非法集资的行政规制等六个方面给予特别的关注。地方性法规对这些制度做出了规定，但多是零散的原则性要求，这就需要进一步对其进行理论探讨。

一、金融消费者和投资者适当性制度

地方金融组织是普惠金融体系的基本主体，保护金融消费者和投资者权益成为制度设计的核心内容。从金融消费者和投资者保护的比较法制来看，基于客户划分而界定的金融机构适当性义务成为重要的法律机制。

金融机构适当性义务是指在金融商事组织为客户提供金融服务时，应当向客户取得有关金融产品或者服务相关知识、经验、财务状况以及消费投资目的等必要信息，以评估该金融产品或者服务对该客户是否妥适，有利于该金融商事组织能提供最适合该客户的投资服务或者金融服务。在英国、日本、美国、新加坡等国家立法普遍建立了金融机构适当性义务制度。

英国法界定的适当性义务内涵基本上包括了解客户、指出客户之需求、风险匹配、提供最适当之产品以及对适当性义务之说明。日本《金融商品交易法》第40条在界定适当性原则时要求，金融商品交易业者在开展业务时，不得违反适当性原则，即关于金融商品交易行为，依据客户的知识、经验、财产状况与签订金融商品交易合同的目的对客户进行不恰当的交易劝诱导致或者可能导致对投资者利益保护的不足，这是对适当性原则的一般性要求，第41条之二，第42条之二、第43条之四分别对投资咨询业务、投资管理业务、有价证券管理业务中的金融商品交易业者的适当性义务进行了特别规定。[1]

当然，金融商事组织的适当性义务因客户的类型而可能存在差异。在各国立法中，通常会根据客户之性质以及市场交易之属性，划分为一般零售市场客户和批发市场专业客户。部分国家，如英国，在一般客户和专业客户之外，还划定第三种客户类型，即适格市场相对人。依据客户划分类型，地方金融组织主要服务的对象——居民、农户和小微企业——属于典型的零售客户，应当受到较高的权益保护水平。正基于此，《山东省地方金融条例》第8条第2款、《天津市地方金融监督管理条例》第13条、《四川省地方金融监督管理条例》第10条、《上海市地方金融监督管理条例》第12条第1款、《浙江省地方金融条例》第17条、《陕西省地方金融条例》第15条第1款、《吉林省地方金融监督管理条例》第18条第1款、《贵州省地方金融监督管理条例》第19条第2款、《厦门经济特区地方金融条例》第27条第1款、《湖北省地方金融条例》第10条第1款与第2款引入这一制度。

从地方金融监管条例来看，地方金融组织适当性制度大体相仿，但在具体规则上存在相当大的差异，与英国、日本等国家法律规则也存在着重大差

---

〔1〕 参见《日本金融商品交易法：金融商品取引法》，朱大明译，法律出版社2015年版，第154页。

异。从地方金融监督管理条例来看，有以下五个方面值得进一步思考：

（一）适用法律关系的型态

我国地方金融监管立法确立的适当性义务适用于地方金融组织与其客户之间的金融交易，而其客户主要是小微企业、农户、居民等零售客户。这表明，地方金融组织的市场定位决定了适当性原则适用的实践基础。但英国、日本、美国、新加坡等国家立法确立的金融机构适当性义务主要适用于具有投资权限、投资顾问、单纯执行等情形，侧重于投资型理财产品、金融衍生产品等交易关系。而地方金融组织与其客户之间的交易关系典型的体现为小额贷款、融资担保、融资租赁、典当等业务，体现了生产性和消费性需求。但是，适当性义务课加在地方金融组织后，更有利于经济弱势群体的零售客户权益保障。因此，地方金融组织承担适当性义务具有客观基础。

（二）适当性之标准

有关金融商事组织适当性义务的核心问题是如何区分适当和不适当，以衡量金融产品的风险及回报与客户本身的个人资讯，并平衡金融商事组织的义务以及投资者自身的责任。山东、天津、四川、上海、浙江、陕西、吉林、贵州、厦门、地方金融监管条例并没有对适当性标准作出明确的界定，《四川省地方金融监督管理条例》仅确定了投资产品属性与投资者属性相匹配的单一标准。[1]《湖北省地方金融条例》要求不得向金融消费者推介与其自身需求、风险承受能力等不相符合的金融产品和服务。

风险适当性（risk suitability）强调金融产品或者服务的风险性和客户的风险偏好。在通常情况下，金融企业应当分别评估客户和金融产品的属性，并给予分级，在此基础上，将客户的分级与商品的分级相配对，此即构成风险适当性的基本内涵。虽然地方金融立法确定了风险适当性标准，但在实践中如何具体解释和运用成为重要的议题。

从金融产品或者服务的风险来看，小额信贷、融资担保、典当、融资租赁等主要面临信用风险、流动性风险、运营风险、市场风险。这些金融产品或者服务主要属于信用类金融工具，在资产价格下跌或者发生异常事件时，

---

〔1〕　参见四川省人大经济委员会等：《四川省地方金融监督管理条例释义》，法律出版社 2020 年版，第 39 页。

客户可能因为缺乏流动性资产而不能按时给予偿付，这就导致风险聚集。在实践中，客户和地方金融组织可以利用一些财务金融模型和财务指标来评判金融产品或者服务的风险程度，但也无法准确地将其转换为具体的法律规则。

从客户风险偏好来看，客户对金融产品或者服务的偏好程度，通常是依赖于自己的主观分类。实务上通过模拟情景测试的风险偏好程度无法真实反映出客户作出决策的真实情况。行为经济学理论已经指出，投资者往往夸大或者漠视自己真实的风险偏好，甚至作出非理性的决定。

单一的风险适当性标准无法全面的涵盖适当性的基本要求，这就需要引入其他标准，主要包括回报适当性标准和产品适当性标准。在实行创新型金融产品或者服务市场准入审批的条件下，金融监管机构应当对其进行审查。在这种意义上，对金融产品或者服务的适当性审查，即对其风险程度是否给予适当的回报补偿，体现了复合型的适当性标准。但是，金融监管机构实施的产品适当性审查是否能够成为地方金融组织和客户评判的基准还是存在质疑的，但至少丰富了风险适当性审查标准。

回报适当性标准是指金融企业在推介金融产品或者服务时，应当确保该产品或者服务符合客户的财务目标和投资目的。如果金融产品或者服务无法符合客户之需求时，该产品或者服务对客户而言即属不适当。但是，单一的回报适当性标准也会遇到风险适当性标准相同的概率问题，但将回报性标准融入风险适当性标准亦丰富其内涵。

（三）不适当性行为的主要形态

地方金融监管立法通过列举方式确定主要的不适当行为形态，对于执法和司法具有重要的意义，大大降低了因法律概念的抽象性而产生的法律适用困境。英国金融行为局在监管实践中总结了八种主要的形态：（1）缺乏资讯，没有获得充分的消费者信息；（2）缺乏明确性，不清晰的建议、解释或者信息；（3）缺乏多样性，不充分的投资组合多样化建议或者过度为消费者提供某一种产品；（4）缺乏研究或者理解，对产品或者提出的建议缺乏充分的研究，错误计算产品风险；（5）缺乏适当性，没有根据消费者目标或者风险偏好建立适当性标准或者提出建议；（6）非合格销售，在允许的豁免条件之外的金融产品行销；（7）税收制度，没有考虑消费者税负因素；（8）持续性评估；没有对金融产品进行允诺的持续性评估。[1]

（四）　金融消费者和投资者的资讯获取权

地方金融组织对客户风险偏好的定级在很大程度上取决于对客户资讯信息的获取量。但是，两大因素制约了获取客户资讯的数量和质量。其一，地方金融组织获取客户资讯是存在成本的。地方金融组织须配置专门的员工获取、整理、分析相关信息。获取的客户信息的数量越多，地方金融组织支付的成本就越大。其二，客户资讯主要保存在客户手中，地方金融组织获取数量的多少在很大程度上取决于客户提供的意愿，这就需要在金融消费者和投资者自行承担风险和地方金融组织责任之间进行平衡。如果在客户提供的资讯不及时或者不完整，除非在明知的主观状态下，客户应当自行承担购买相关金融产品或者服务的风险，地方金融组织亦已履行了了解客户的义务。

欧盟证券市场局（ESMA）2012 年发布的《欧盟金融工具市场指令监督实施简要——适当性》（MiFID Supervisory Briefing-Suitability）中，系统总结出五项有关客户资讯的基本内容：（1）客户的投资目标，例如持有期限、风险偏好、风险敞口、投资目标，对风险的态度，尤其是投资涉及的杠杆，以及与高度易变的资产类型的关联性；（2）客户的财务状况，包括资源、经常性收入水平、资产和财务承诺；（3）客户投资的时间期限，尤其是非流动性资产；（4）客户是否预留充分的资金来补充可预见的未来承诺，并有充足的支付能力来应对任何可能的投资损失；（5）客户的知识和经验，以判断其是否理解该交易涉及的风险，不能仅仅依赖客户的自我判断。客户知识和经验主要包括理解相关金融工具，特别是承受风险的能力。

（五）　客户弃权条款

地方金融组织承担的适当性义务是一种法定义务。与此相关的问题是，地方金融组织和客户是否可以通过合同约定客户放弃权利或者引入减少免除金融机构适当性义务的条款。

从适当性义务制度设计的目的来看，虽然地方金融组织和客户属于法律上平等的主体，但在实践中客户处于弱势地位，主要源于客户对金融产品或

---

[1] See Simon Morris, *Financial Services Regulation in Practice*, Oxford University Press, 2016, pp. 322-323.

者服务的信息不足。因此，适当性义务的设置目的旨在保护金融消费者和投资者，不得因当事人在合同中作出客户弃权约定而发生效力。换言之，这种客户弃权条款属于不公平交易条款，应当受到金融消费者保护法的保护。

二、合规及风险管理制度

地方金融组织是依据公司法成立的金融商事组织，不论市场准入是实行行政许可还是备案制，均提供特定类型的金融服务。但与存款类金融机构不同的是，地方金融组织并不存在存贷款期限和利率结构匹配的风险。从防范系统性金融风险的角度来看，最主要的是防止非法集资。因此，地方金融组织应当建立专门的合规部门，确保其商业模式、业务活动等符合法律法规的规定。但金融服务与一般商业活动不同的是风险管理性质，在这一过程中，地方金融组织内部控制发挥着关键性作用，尤其是风险管理部门。

（一）融资担保公司的制度探索

中央和地方法律政策对地方金融组织的合规和风险管理提出了明确的要求。比较而言，融资担保公司立法和政策进行了积极的探索，在首席合规官和首席风险官制度上取得了一定的经验。

2010年《融资性担保公司管理暂行办法》第24条对风险控制制度的人员配置提出了明确的要求，融资担保公司应当配置专门人员或者外聘专业人才，对于跨省域设立分支机构的，则应当设立首席合规官（CCO）和首席风险官（CRO），并且首席合规官和首席风险官应当由律师或者注册会计师承担。第24条体现了强制性规则的属性，不仅要求设立首席合规官和首席风险官，而且确定了其成员资质的限定条件。究其根本，在融资担保公司提供的业务服务创新和经营地域扩大的情况下，其经营行为的合法合规性以及风险程度直接关系到融资担保公司的可持续发展能力。但容易引发争议的是，中央金融管理部门是否有权限要求融资担保公司做出这一行为？

首席合规官和首席风险官属于公司的高级管理人员，但是《公司法》并没有对此作出明确的要求。作为普通商事公司立法，《公司法》不可能对此提出要求，而是由行业法作出具体的规定。《商业银行法》第59条仅是要求商业银行建立、健全风险管理和内部控制制度，实践中则是由原银保监会制定专门的风险管理指引，对于首席合规官和首席风险官的设置更多地赋予商业银行根据自身条件来自主设定。然而，从金融监管目标来看，首席合规官和首席风险官的设置在一定程度上更能明确和强化内部控制的责任分配，从而便于实现监管目标。但与此同时，其强制性设置会给金融机构带来一定的成本。基于此，2017 年《融资担保公司监督管理条例》取消了对设置首席合规官和首席风险官的要求，仅是设立时对董事、监事、高级管理人员的资质、业务规范，风险控制等内部管理制度提出了原则性要求。但在实践中，设置首席合规官和首席风险官成为省级监管政策的要求之一。

广州市地方金融监管局对首席风险官的适用范围作出了明确的规定。《广州市决胜防控金融风险攻坚战三年行动计划（2018-2020 年）》要求金融控股集团、市属国资金融机构、大型类金融机构、重要金融平台和功能区等设立首席风险官。对于地方上的类金融机构而言，大中型类金融机构设置独立的风险管理部门，小型类金融机构设置风险管理专职人员。比较而言，广州制度更是强调一般意义上的风险管理官的角色。

（二）地方金融组织的主要实践

首席合规官和首席风险官在公司法中属于高级管理人员，但承担着一定的公共责任，即通过地方金融监管机构的工作指导和业务联席机制，促使业务合规，提高风险管理的有效性，具有金融法上的元规制（meta-regulation）功能。[1]元监管是指这样一种监管技术，金融监管部门提出宽泛意义上的框架原则之后，由金融机构组织实施系统和程序，以满足监管目标。[2]元监管适用于，被监管主体具有激励、资源和技能来组织实施，这也是为达到商业目标和公司治理问责制所必需的。[3]

地方金融组织内设特定部门专司合规、内部控制、风险管理功能。从现代商事组织发展来看，商业行为的合规只是内部控制的一个基础性环节，而内部控制的范围除了法令遵循之外，还包括经营和财务方面的要求。根据2013 年修订的 COSO 委员会《内部控制——整合框架》，内部控制的目标包

---

〔1〕 See Iris H-Y Chiu, *Regulating（From）the Inside：The Legal Framework for Internal Control in Banks und Finuncial Institutions*, Hart Publishing Ltd, 2015, pp. 14-33.

〔2〕 See C Cogliance, E Mendelson, *Meta-reglation and self-regulation*, in R Baldwin and M Lodge（eds）. The Oxfordhandbook of Regulation, Oxford University Press, 2010, pp. 146-168.

〔3〕 See Iris H-Y Chiu, *The Law on Corporate Governance in Banks*, Edward Elgar Publishing, 2015, pp. 170-171.

括：取得经营的效率和有效性、确保财务报告的可靠性、遵循适用的法律法规。而企业全面风险管理的要求，除了商业行为合规之外，还包括正常商业行为引发的风险及其管理。但是，这些区别大多数是属于概念上的，但在实践中，三者的边界是模糊的，COSO 报告的内容重心已由内部控制走向企业风险管理。因此，风险管理涵盖了内控制度，而当然地包括法令遵循（见图 5-2）。

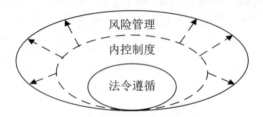

图 5-2 风险管理、内控制度与法令遵循三者关系图

1. 法令遵循

在一般意义上，商事组织应当内设专门的机构来履行合规功能，对董事会负责并报告工作，以确保其商业行为符合法律法规的要求。在英美公司治理研究与实务运作中，法令遵循机制或者合规机制之构建，与独立董事制度具有同等程度的重要性。[1]在通常意义上，对于一些创新型金融产品面临的法律风险，合规部门应当提出充分的法律意见。

在实践中，地方金融组织往往会通过聘请法律顾问的方式，由专业律师提供法律意见作为商业决策的参考。原银监会颁布《中国银监会关于银行业金融机构法律顾问工作的指导意见》（银监发〔2016〕49 号）对法律顾问行为给予规范。

2. 内部监督机制

地方金融组织内部监督机制的确定首先体现在内设的特定部门承担的监督职责，这主要是根据现行公司法而设立的。在一般意义上，监事会主要承担监督功能，对董事、高级经理人的业务行为进行监督。但作为金融服务提供者，地方金融组织在监督机制上具有特殊的制度安排。

其一，地方金融组织通过内设的审计部门对财务、业务进行监督。内部

---

〔1〕 参见黄铭杰：《公司治理与资本市场法制之落实与革新》，清华大学出版社 2013 年版，第 53-57 页。

审计部门在财务、业务监督中发挥着关键性作用。内部审计部门作为日常性监督机构，对财务信息的真实性、可信性进行监督，是作为地方金融组织实时监督的第一道防线。

其二，随着地方金融组织规模的扩大和上市，独立董事的引入成为重要的监督力量。我国上市公司和商业银行按照现行监管规定引入了独立董事制度，独立董事的重要职责是对公司高管人员进行监督。另外，董事会下设作为专门委员会的审计委员会，全部由独立董事担任，履行重要的监督职责。

3. 内部信息流通渠道

在法律实践中，监事、独立董事承担的监督职责的实现在很大程度上受制于公司信息的获得渠道和范围，基本上是经过经理等高级管理人员审定后报送上来的。因此，监事、独立董事很难获得充分、准确的公司信息。另外，独立董事作为外部专家兼职从事公司业务，其投入公司监督活动的时间和努力存在很大的质疑。因此，建立通畅的内部信息流通渠道至关重要。

其一，内部审计人员（internal auditor）作为地方金融组织的高级管理人员，其特殊地位确保了对相关部门及人员进行监督的便利性。内部审计部门应当定期向董事会提交工作报告，对公司内部控制及风险管理状况进行评估。

其二，内部审计人员应当与监事建立日常性监督信息共享机制。尽管内部审计人员与监事的监督重点有所不同，但内部财务舞弊和其他不法行为往往是关联在一起的。因此，公司内部不同监督部门之间的信息沟通和交流有利于违法行为的识别、界定和处置。

其三，建立内部的员工举报机制。地方金融组织一线员工对不法行为的影响与识别是较为清晰的，也是对风险因素异常变化的最直接感受者。因此，地方金融组织应当建立通畅的内部举报机制，保护举报人的权利。

值得注意的是，现行政策和立法试图通过物质奖励来激励对不法行为的举报，但仅限于举报人对地方金融管理局的举报。但从国际比较法制来看，物质奖励未必是一项有效的激励机制，英国金融行为局和审慎监管局在学习美国证监会、期监会等经验的基础上，并未引入物质奖励机制。而在实践中，举报人多是公司的员工，对其保护最有效的是劳动法保护，不得歧视举报人，否则构成犯罪。

同时，员工举报机制应当是多层次的，不仅包括向地方金融管理局和社会媒体的外部举报，而且包括公司内部建立的举报机制。[1]在这一方面，英国做法值得借鉴。英国金融行为局已经建立了层级制的举报机制，即内部举报和外部举报机制的结合。举报人既可以通过内部举报机制向所在公司的特设机构或者委托的审计委员会举报不法行为及其他可疑行为，亦可直接向金融行为局或者社会媒体举报不法行为。但金融行为局鼓励举报人内部举报，但同时禁止任何金融机构禁止或者限制员工向外部举报的权利。[2]

三、分类管理制度

（一）政策和立法进展

在中央立法层面，《融资担保公司监督管理条例》第 25 条要求地方金融监管机构根据经营规模、主要服务对象、内部管理水平、风险状况等，对融资担保公司实施分类监督管理。但是，《融资性担保公司管理暂行办法》并没有对监管机构提出分类监管的要求。而在地方实践中，江西、广东、山东等省级监管政策主动根据对监管对象的评级结果而实施不同的监管措施。《商务部办公厅关于开展融资租赁业风险排查工作的通知》要求研究建立监管评级制度，对融资租赁企业进行分类管理。《关于小额贷款公司试点的指导意见》没有提出分类监管的要求，但浙江、青海、辽宁等省地方金融监管机构还制定了详尽的监管评级指标体系，并根据评级结构为小额贷款公司提供激励性的监管措施。另外，上海、海南、福建在交易所的分类监管上进行了积极的探索。融资担保公司、小额贷款公司、地方交易所方面的分类监管制度的地方探索（见表 5-6），在某种意义上，是地方积极性得到充分发挥的一个具体体现，能够较好地解决地方金融监管资源有限与监管对象数量较多之间的紧张关系，也解决了管制与激励之间的冲突。地方金融立法进一步将分类监管纳入整个地方金融监管框架，使之成为一个基础性的监管制度。《河北省地方金融监督管理条例》第 22 条要求由省地方金融监管机构依法制定分类监管目录，明确监管对象、责任主体和监管措施，将地方金融组织纳入地方金融监

---

〔1〕 我国部分上市公司已经建立并在证券交易所披露了内部反舞弊与举报的制度。这些制度通常是由董事会表决通过的，通过特定的受理部门和处理规则保护并奖励进行举报的员工权利。

〔2〕 参见孟飞：《英国金融吹哨者保护制度的新发展及其启示》，载《上海金融》2018 年第 5 期。

督管理范围。《天津市地方金融监督管理条例》第 22 条规定，市地方金融监督管理部门应当建立地方金融组织分类监管制度，根据地方金融组织的经营范围、经营规模、管理水平、内控机制、风险状况等，确定对其检查的频率、范围和需要采取的其他措施。《上海市地方金融监督管理条例》第 24 条第 2 款规定，市地方金融监管部门可以根据监管评级情况进行分类监管，确定监督检查的频次、范围和需要采取的监管措施等。《浙江省地方金融条例》第 3 条则把分类管理确立为地方金融工作的四项原则之一。陕西、江苏、江西、内蒙古、北京、吉林、贵州、厦门、福建、湖南、湖北等地方金融监管条例亦确立了分类监管制度，根据分级分类情况确定监督检查的方式、频次、范围和需要采取的监管措施。

表 5-6　地方分类监管政策一览表

序号 \ 内容	监管政策名称	分类监管标准
1	《江西省融资担保公司监督管理实施细则》第 34 条	经营规模、主要服务对象、内部管理水平、风险状况、第三方信用评级结果
2	《广东省〈融资性担保公司管理暂行办法〉实施细则》第 43 条	监管记分和评级制度
3	《广西壮族自治区融资性担保公司管理暂行办法》第 52 条	综合评级
4	《山东省融资性担保机构分类监管暂行办法》第 5 条	公司治理指标、合规经营指标、业务开展指标、风险防范指标 现场监管及非现场监管中掌握的信息
5	《海南省融资性担保公司管理办法》第 53 条	监管记分和评级
6	《西藏自治区融资性担保公司管理办法（试行）》第 46 条	信用评级
7	《上海市关于加强本市小额贷款公司和融资担保公司事中事后监管的意见》第 22 条	非现场监管、现场检查情况及公司经营情况、合规情况、风险状况等确立为分类监管基准
8	《广西壮族自治区人民政府关于促进小额贷款公司发展的意见》四、（五）	年度考评、年度审计、日常监管

续表

序号	监管政策名称	分类监管标准
9	《贵州省小额贷款公司管理暂行办法》第37条第3项	监管评级
10	《河北省人民政府关于促进小额贷款公司持续健康发展的意见》	年审、评级分类、非现场监管
11	《河南省人民政府办公厅关于进一步促进小额贷款公司健康发展的意见》七、(十七)	监管评级
12	《吉林省小额贷款公司监督管理暂行办法》第29条	分类评级
13	《江苏省农村小额贷款公司扶优限劣工作意见(暂行)》第3条	分类评级
14	《内蒙古自治区关于支持小额贷款公司持续健康发展 加强金融服务的指导意见》六、(十九)	评级情况和日常监管情况
15	《青海省小额贷款公司分类监管办法》第15条	基本项:合规性11个方面 一票否决:严重违法违规行为
16	《浙江省小额贷款公司监管评级办法(试行)》第11条	基本项:支农支小、合规经营、风险防控、接受监管 一票否决:严重违法违规行为
17	《辽宁省小额贷款公司监管评级办法》 《辽宁省金融担保公司监管评级办法》	监管评级
18	《上海市交易场所管理暂行办法》第30条	监管评价
19	《海南省交易场所管理暂行办法》第30条	监管评价
20	《福建省交易场所管理办法》第23条	监管评价

（二）分类监管的策略

从地方金融立法的角度来看，分类监管应当作为地方金融监管的原则之一。2013 年《上海市融资性担保机构监管工作指引》较早地确定了依法合规、分工协作、适度审慎、分类管理等四项监管原则。另外，地方金融立法还应对分类监管的基本制度作出明确的规定，具体的评级指标体系的内容则是由地方金融监管机构来制定。《融资担保公司监督管理条例》第 25 条仅对分类监管的标准作出了原则性的规定，是否能够适用于其他地方金融组织，以及差异化的监管措施和争议解决应当在地方金融立法中给予明确的规定。

其一，地方金融立法原则上应将分类监管制度适应于所有的监管对象。中央立法已经将分类监管制度适用于融资担保公司，地方监管政策已经自行将其适用于小额贷款公司、融资担保公司、地方交易所。地方金融监管机构自 2008 年之后在监管实践中，主要是对小额贷款公司和融资担保公司实施监督管理，已经积累了一定的分类监管制度经验。典当行、融资租赁公司、商事保理公司也是于 2018 年 4 月起由商务主管部门转移给地方金融监管机构。而地方交易所、投资公司在每个省市区的数量是非常少的。在这种情形下，地方金融监管机构可以将对小额贷款公司和融资担保公司取得的分类监管制度经验延伸至其他地方金融组织。

其二，地方金融立法确定的分类监管标准是否仅限于《融资担保公司监督管理条例》第 25 条列明的四个方面？分类监管的有效性在很大程度上取决于分类标准的科学性。《融资担保公司监督管理条例》确定了四个方面，即经营规模、主要服务对象、内部管理水平、风险状况。《河北省地方金融监督管理条例》第 22 条并没有对分类标准作出规定。《天津市地方金融监督管理条例》第 22 条确定的五个方面的标准基本上与《融资担保公司监督管理条例》相同，即经营范围、经营规模、管理水平、内控机制、风险状况。《北京市地方金融监督管理条例》《厦门经济特区地方金融条例》确定的分类标准为经营范围、经营规模、管理水平、合规情况和风险状况等。

比较而言，中央立法确定的主要服务对象在地方金融立法中没有得到明确的体现，这是一个很大的缺陷。地方金融组织的市场定位是为小微企业、农户和居民提供服务的微型金融机构。这些服务对象为传统主流金融机构所忽视。在对地方金融组织进行评级时，必然考虑其市场功能的实现程度。

其三，地方金融监管立法应当明确差异化监管措施的类型和适用条件。从地方政策的实践来看，分类监管措施兼具规制性和扶持性两个方面的特点。前者是指，根据评级采取的监管强度、监管工具、检查频次等存在差异，这些差异会对监管对象的合规成本产生较大的影响。后者是指根据评级采取不同的扶持政策和奖励政策。从2023年《湖南省小额贷款公司分类监管评级办法》来看（见表5-7），地方金融监管机构根据评级的不同，在行政检查频度、业务范围、财政奖补等方面为其提供的标准存在很大的差异。对于评级为D的小额贷款公司，市、县级监管部门应当予以重点监管，督促其认真整改，整改验收不合格的，按照监管规定退出市场。其他省级监管政策也采取类似的差异化措施。

表5-7 湖南省小额贷款公司分类监管的差异化措施

措施种类 ＼ 等级	A级	B级	C级	D级
现场检查频度	适当减少现场检查频度	加大非现场和现场检查的频度、深度	加大非现场和现场检查的频度、深度	重点监管，督促其整改
一般业务范围〔1〕	√	√	√	—
特别业务范围	全省范围内开展贷款业务；向股东借款；同业资金拆入；接受非金融企业债权清收委托，受托处置非金融企业的抵债资产。	向股东借款；接受非金融企业债权清收委托，受托处置非金融企业的抵债资产。	向股东借款；	向股东借款；
财政奖补	√	√	—	—

〔1〕 一般业务是指2022年《湖南省小额贷款公司监督管理实施细则》第33条第1款规定的依法开展的金融业务，具体包括：（一）经营小额贷款业务；（二）向金融机构融入资金；（三）小额贷款公司同业资金拆出；（四）不良信贷资产转让；（五）发行债券、信贷资产证券化等标准化债权融资；（六）办理票据贴现（不包括转贴现）；（七）开展企业发展、管理、财务顾问等咨询类业务。而特别业务是根据上一年度分类监管评级等级而由地方金融监管机构批准的业务。

对于地方金融立法而言，激励和约束性质的监管措施应当在立法中予以明确，透明、清晰的监管措施会在事前为地方金融组织提供充分的激励，同时也能解决不公平竞争问题。金融市场作为现代市场经济的主要组成部分，应当通过市场竞争实现市场均衡。但是，如果某一地方金融组织从政府部门获得财政补贴很有可能构成不公平竞争。而地方金融立法明确规定的评级标准把为小微企业、农户、居民提供基本服务的情况作为重要的考量因素，那么，地方金融组织获得相应的财政补贴和其他扶持政策也就具备了正当性基础。

其四，地方金融立法应当提供相应的地方金融组织对评级及其相应措施的异议的解决机制。由于分类监管具有一定的扶助行政的性质，无法通过行政诉讼的方式解决争议。在这种情况下，地方金融立法应当确立相应的争议解决机构和程序规则，具体的工作指引则是由地方金融监管机构来制定和实施。

四、地方金融组织的股权管理制度

《融资担保公司监督管理条例》没有对发起人资质作出特别的规定，仅在第 7 条要求股东信誉良好，最近 3 年无重大违法违规记录，也没有对股东提出特别的积极作为义务，在法律适用上依据《公司法》规定。

现行地方金融监督管理条例没有对发起人资质和股权管理作出详细的规定，仅是《河北省地方金融监督管理条例》第 17 条规定设立地方各类交易场所的条件之一是，股东（发起人）必须是行业背景的骨干企业，具备良好的诚信记录。然而不容忽视的是，省级政策在设定小额贷款公司、融资担保公司的发起人的条件时，对企业资质作出了严格的规定，即符合特定资质条件的企业法人才能发起设立地方金融组织，并且鼓励国内国际大企业作为发起人，以机构投资者的股东身份发挥其积极主义投资者的角色。《浙江省地方金融条例》第 11 条第 2 款则对地方金融组织股权管理作出规定，地方金融组织应当加强股权管理，规范股东持股行为，并按照规定将股权集中到符合条件的股权托管机构托管。随着试点的推行，部分省级监管政策该提高了相应的资质要求（见表 5-8）。

表 5-8　小额贷款公司主发起企业的资质要求[1]

指标 地区	净资产（万元） （≥）	资产负债率 （%）（<）	三年赢利且利润 总额（万元）（≥）	其他
安徽	3000	70	500	—
福建	5000	50	1500	—
甘肃	2000	70	出资额的 2 倍	—
广东	5000（山区县 2000）	70	1000（山区县 500）	最末年度净利 润 300 万（山 区县 150 万）
河南	—	—	—	出资比例不低 于注册资本的 30%
黑龙江	1500	70	600（两年）	
海南	1500	70	500	
湖南	—	60	1000（两年）	权益类投资 余额不超过 净资产的 50%
吉林	—	70	—	权益类投资 余额不超过 净资产的 50%

[1]　本表根据以下政策进行整理：《安徽省人民政府办公厅转发省政府金融办关于进一步推进全省小额贷款公司规范发展意见的通知》（皖政办〔2011〕75 号）、《福建省人民政府办公厅关于印发〈福建省小额贷款公司暂行管理办法（2023 年修订）〉的通知》（闽政办〔2023〕25 号）、《甘肃省小额贷款公司管理办法》（甘金发〔2022〕57 号）、《广东省小额贷款公司管理办法（试行）》（粤金〔2009〕10 号）、《河南省地方金融监督管理局关于印发〈河南省小额贷款公司设立审批工作指引（2019 年修订版）〉的通知》（豫金发〔2019〕202 号）、《黑龙江省人民政府办公厅关于印发〈黑龙江省小额贷款公司管理办法〉的通知》（黑政办规〔2018〕56 号）、海南省地方金融监督管理局《小额贷款公司的设立条件和受理材料》（2021 年）、《湖南省地方金融监督管理局关于印发〈湖南省小额贷款公司监督管理实施细则〉的通知》（湘金监发〔2022〕70 号）、《吉林省地方金融监督管理局关于印发〈吉林省小额贷款公司设立审批操作指引〉的通知》）（吉金局文〔2022〕230 号）、江西省地方金融监督管理局《江西省小额贷款公司监督管理办法》（赣金发〔2022〕2 号）、《宁夏回族自治区人民政府办公厅关于印发〈宁夏回族自治区小额贷款公司管理暂行办法（修订）〉的通知》（宁政办发〔2016〕105 号）、《山东省地方金融监督管理局关于促进全省小额贷款公司持续健康发展的通知》（鲁金监发〔2019〕11 号）、《陕西省人民政府办公厅关于扩大我省小额贷款公司试点的指导意见》（陕政办发〔2008〕108 号）。

续表

指标 地区	净资产（万元） （≥）	资产负债率 （%）（<）	三年赢利且利润 总额（万元）（≥）	其他
江西	不低于拟出资 金额的 2 倍数	70	—	—
宁夏	不低于出资额	70	不低于出资额的 2 倍	—
山东	— （注册资本 2 亿 元以上、不受发 起地域限制的， 为 30 亿元）	70 （注册资本 2 亿 元以上、不受发 起地域限制的， 不高于 65%）	—	权益性投资 不超过公司 净资产 50%
陕西	3000	50	1000	三年累计纳税 总额不低于 1000 万

然而，在地方金融组织设立后，发起人便转变为持股份额较大的机构投资者或者控股股东，会通过各种各样的正式或者非正式的方式干预所投公司的运营。因此，机构投资者的股东角色定位或者股东管理成为地方金融立法亟待解决的问题。为此，省级监管政策通过专门的条款，甚至专章对股权管理进行了规定。现行地方金融监管立法虽然没有对此作出明确的规定，但作为现实存在的问题，应给予解决。但是，地方金融组织机构投资者首先受到公司法规则的约束，还需要从一般商事组织规则方面对其进行探讨。

（一）公司法中的机构投资者角色

在公司法中，机构投资者作为大股东或者控股股东对所投公司的影响主要体现在两大方面，一是作为股东对所投公司实施的监督，二是可能利用控股地位掏空所投公司，进行利益输送。现行公司法规则对第二个问题给予重点关注，而对于第一个问题的关注并不充分。

机构投资者作为外部监督者实际上来源于所有权和经营权分离的现实。在公司的实际经营权集中在高级经理人的情势下，相对于小股东，机构投资者因其持有较多的股份或其管理技能而具有对所投公司实施监督的经济激励，通过股东大会行使表决权选任资质较高的董事，并对高级经理人实施监控，或者通过其他股权行使方式而对经理层实施制约。从这一方面来看，机构投资者发挥的角色是积极型监督（active monitoring），旨在提高投资者权益的价值而对管理层进行的干预。与积极型监督不同的是，证券分析师等外部人承担着投机型监督（speculative monitoring）角色，仅对以前和现在的管理层完成的事项进行评价，并利用所得的信息去调整自己在公司中的位置，或者增加投资，或者撤资，或者保持静观不采取进一步的行动。[1]如果从机构投资者的种类和偏好来看，机构投资者可以划分为主动型（aggressive and proactive）和防御型（defensive）。前者是指机构投资者通过股东治理权利强行要求公司采取特定的行为，主要包括对冲基金等。后者则强调通过结构性改革要求董事会和管理层更为勤勉工作，以增加公司价值。[2]显而易见，从公司价值最大化的角度来看，发挥机构投资者的积极型监督是公司法制的政策目标。

但是，积极型监督与控制权是紧密结合在一起的，必须以控制权为行使监督权的前提条件，同时存在着一定的局限性，如与其他投资者利益一致性问题、与管理层合谋、自我利益输送等。在股东积极主义制度设计方面，英国公司管家制度值得借鉴。[3]

英国政府对机构投资者怀有很大的期待，认为应当积极鼓励机构投资者介入公司，使之在公司治理中扮演一定的监督角色。[4]早在1991年，英国机构股东委员会（Institutional Shareholders' Committee）就发布了机构股东责任的声明。在1992年Cadbury报告、1995年Greenbury报告、1998年Hampel报告也对机构投资者责任的行为准则作出规定，但都较为简单。

机构投资者行为准则是公司治理机制的一部分。英国在1998年发布第一部《公司治理行为联合准则》时，就把机构投资者纳入其中，具有"遵守或解释"的效力。机构投资者行为准则在2008年金融危机后出现了重大进展。2009年Walker报告认为，机构投资者对公司参与的不足是造成金融危机的重要因素之一。作为改革措施之一，Walker报告认为，应当发挥机构投资者有

---

〔1〕 参见［法］让·梯若尔（Jean Tirole）：《公司金融理论》，王永钦等译，中国人民大学出版社2015年版，第36-37页。

〔2〕 See Geoffrey Parsons Miller, *The Law of Governance, Risk Management and Compliance*, Wolters Kluwer Law & Business, 2017, p. 28.

〔3〕 参见孟飞：《民间资本进入金融业的制度逻辑》，上海交通大学出版社2019年版，第125-129页。

〔4〕 参见林少伟：《英国现代公司法》，中国法制出版社2015年版，第196页。

效参与金融机构和监督董事的角色，并提出了 10 个具体的政策建议。[1]

为此，英国机构股东委员会和英国政府相继发布了关于机构投资者的准则和报告。英国财务委员会（Financial Reporting Council）于 2010 年发布了第一版《管家守则》（UK Stewardship Code），并于 2012 年发布了新版《管家守则》，但仍遵守第一版的基本精神。然而，英国财务委员会发布的 2020 年版的《管家守则》对先前版本的内容进行了实质性修改，更加详细的界定了管家行为的原则。机构投资者的"管家"角色反映也强化了其在英国公司治理体系的中心地位，管家并非只是被动的监督公司事务，应在必要时主动进行干预。[2]2020 年《管家守则》规定了适用于资产管理人和资产所有人的 12 项原则：

原则一要求机构投资者向外披露他们的组织目标、投资信念、战略和文化，为客户和受益人创造长期价值，而这种管家精神能够为经济、环境和社会带来可持续收益。

原则二要求机构投资者披露支持管家的治理、资源和激励情况。具体包括，机构投资者应解释自身的治理结构和程序是如何赋能监督和问责的，以采取负责任的管家行动。

原则三要求机构投资者应披露处理利益冲突的政策，如何将客户和受益人的最大化利益置于首要地位，从而识别和管理现实或者潜在的利益冲突。

原则四要求机构投资者识别和回应市场和系统性风险，从而促进金融体系的正常运行。正因市场和系统性风险对整个市场运行产生影响，机构投资者应与其他利益相关者合作，持续提升金融市场的效率。

原则五要求机构投资者评估自己的政策以促进管家活动的有效性。另外，机构投资者应通过内部或外部方式保障其政策选择具有合理性基础，并确保披露报告的公平性、平衡性，以及可理解性。

原则六要求机构投资者应加强与客户和受益人的沟通，充分考虑其需求，并就投资管理行为和结果进行对话交流。

原则七要求机构投资者应履行社会责任，将管家活动与投资行为进行系

---

〔1〕　See The Walker Review Secretariat, "A Review of Corporate Governance in UK Banks and other Financial Industry Entities", 2009.

〔2〕　参见〔美〕克里斯多夫·M. 布鲁纳（Christopher M. Bruner）：《普通法世界的公司治理：股东权力的政治基础》，林少伟译，法律出版社 2016 年版，第 29-30 页。

统性的融合，将环境、社会、治理议题以及气候变化融入投资活动中。

原则八要求机构投资者应对服务提供商进行有效监督，确保其提供的服务能够满足自己的需要。

原则九要求机构投资者与发行人进行有效的合作，以维系或增加资产价值。合作方式包括但不限于，与董事长和其他董事的会议交流、与管理层的会议交流、向公司写信表达对特定事项的关注、通过公司咨询师提出重要公司议题。

原则十要求机构投资者披露与其他利益相关者在特定公司事项上的合作。机构投资者应与其他投资者在特定议题上进行合作，并和更为广泛的利益相关者建立交流合作关系。

原则十一要求机构投资者披露如何升级管家活动来影响发行人。正因管家活动对发行人具有较大的影响，机构投资者应披露如何选择或排序议题，以及议题对基金、资产或者布局上的影响差异。

原则十二要求机构投资者披露如何行使权利并承担责任。机构投资者在股权和固定收益市场中的行权方式是不同的，因而应予区分对待。

另外，2020年《管家守则》为服务提供商提供了6项可选用的原则。这6项原则的框架类似于适用资产管理人和资产所有人的原则一、原则二、原则三、原则四、原则七、原则五，仅是根据服务提供商的组织特征进行了内容调整。

值得注意的是，2020年《管家守则》对机构投资者的约束力采取了遵守或解释模式，如同《英国公司治理准则》。这种规制模式不同于强制性规范，它并不强行要求适用无保留条件地遵守规定，也异于任意性规范，因为它并非由适用对象任意选择是否遵守。根据这一规制模式，机构投资者须首先遵守《管家守则》的规定，根据这些原则积极地参与公司经营，监督公司董事。如果机构投资者因种种原因难以遵守其中一些规定，则必须对此进行解释。这种规制模式不仅具有一定的约束力，同时也体现了一定的灵活性。

（二）地方金融立法对机构投资者角色的重塑

1. 积极型监督角色

非金融企业法人发起设立地方金融组织主要是基于范围经济的考量，将其核心业务延伸至金融领域。特别是在民间资本进入金融业的进程中，中央和地方政府出台了多项扶持政策，地方金融组织因而进入了快速发展时期。从这一方面来看，机构投资者作为控股股东具有积极型监督的经济诱因。

在地方金融组织正常运营时，机构投资者主要是通过股东身份参与公司经营，以其股权对董事会和高级管理层实施监督。机构投资者参与地方金融组织经营管理的方式可以在公司章程中给予明确的规定，正如《上海市小额贷款公司监管办法》所规定："小额贷款公司应建立发起人承诺制度，公司股东应与小额贷款公司签订承诺书，承诺自觉遵守公司章程，参与管理并承担风险。"

在地方金融组织出现金融风险事件等异常情况下，机构投资者承担什么角色呢？现行监管政策并没有作出明确的规定。中央金融监管政策仅仅对企业法人发起设立民营银行时签订的风险承诺作出了规定，即恢复计划（recovery plan）。原银监会《中国银监会关于民营银行监管的指导意见》（银监发〔2016〕57号）要求民营银行在章程或者协议中载明"股东承担剩余风险的制度安排，推动股东为银行增信，落实股东在银行处置过程中的责任"。股东承担剩余风险的制度安排是允许民间资本发起设立民营银行的重要前提，其实质是对主要股东赋予有限责任之上的限制加重义务。[1] 这种控股股东的限制加重义务不仅在中国监管政策中有明确的规定，而且在美国[2]、日本[3]等国家金融立法中也有明确的规定。但应当值得注意的是，控股股东承担的限制加重义务不是对股东有限责任的否定，而是一种修正，有着严格限制的适用条件。

从美国和日本的法律规定来看，控股股东的限制加重义务主要是发生在金融机构风险处置这一特定情形的。这一义务在现行中国监管政策中也是存在的。原银监会于2013年发布《商业银行公司治理指引》第11条确定了股东资本维持义务，但公司法和破产法并没有相关制度的规定。

从美国、日本的立法来看，对控股股东的限制加重责任主要是针对商业银行和金融控股公司而言的。这种限制加重责任是否可以移植到地方金融组织呢？这主要取决于地方金融组织对区域风险的影响程度。地方金融组织的

---

〔1〕　参见国务院发展研究中心课题组：《首批民营银行两年考》，载《中国经济报告》2017年第2期。

〔2〕　《美国法典》第12卷第1831o-1节规定，银行控股公司对其子公司充当"财务力量的源泉"，对问题银行注资。

〔3〕　日本2001年《银行法（修正案）》第5条规定，持股超过50%以上的大股东，在银行经营状况危机，资本达不到法定资本要求时，大股东应当通过向银行增资，以及采取其他措施帮助银行改变资本状况。

风险敞口不同于商业银行，其对区域金融风险的影响机制是特殊的，风险源集中体现为融资风险、金融业务创新方面。但如果秉承普通商事组织的做法，地方金融组织发生涉众型风险事件时对区域金融稳定产生影响。因此，本书建议采取折衷方式，地方金融组织在传统融资方式和金融业务下，控股股东无须承担加重责任。但对于新型融资方式和创新型金融服务，控股股东则应当承担加重责任。同时作为风险处置措施之一，控股股东转让其股权受到严格的限制。在这一方面，地方金融立法已经尝试作出相应的规定。《陕西省地方金融条例》第 39 条规定，地方金融监管部门在发现地方金融组织业务活动存在重大风险隐患或者违法违规行为，可能造成金融消费者、投资者权益严重损害时，可依法责令其暂停控股股东转让股权或者限制有关股东的权利。江西省金融办《关于促进小额贷款公司规范健康发展的若干意见》（赣金发〔2015〕8 号）规定，在小额贷款公司不按照规定建立健全经营规则逾期未改正时，市级金融办可以采取责令控股股东转让股权或者限制有关股东的权利等监管措施。《上海市地方金融监督管理条例》第 17 条第 2 款规定，地方金融组织可以建立控股股东或者实际控制人承担剩余风险责任的制度安排，控股股东或者实际控制人可以出具书面承诺，在地方金融组织解散或者不再经营相关金融业务后，承担地方金融组织的未清偿债务。地方金融组织可以将控股股东或者实际控制人是否承诺承担剩余风险责任的情况向社会公示。

2. 大股东持股变动申报及披露

在工商产业资本进入金融领域过程中，对发起人（控股股东）持股变动进行申报及披露成为重要的监管规则。在比较法制上，英美欧陆国家多是通过股东适格性原则，对特定持股比例以上的大股东课以申报义务和通知义务，由金融监管部门进行多层级制的审核，但主要适用于金融控股公司和银行，并不适用于非存款类金融机构。金融控股公司和银行引入股东适格性原则之目的在于，规范控股股东行为，防止其滥用控股地位。但是，地方金融组织引入企业法人作为发起人旨在推动其组建和发展，换言之，亦是规范其控股行为。因此，对地方金融组织控股股东实施大股东持股变动申报及披露有必要的现实基础。

在小额贷款公司、融资担保公司发展初期，发起人（控股股东）对其发展起着重要的影响作用。为了维护地方金融组织的稳健性，现行省级监管政策往往对发起人（控股股东）的股权转让作出了限制，只有在特定期限过后，

才能进行转让。例如，《河南省小额贷款公司试点管理暂行办法》（豫工信
[2012] 525 号）第 13 条规定，小额贷款公司的股权可依法转让，但小额贷
款公司第一大股东（主发起人）持有的股权自公司成立之日起 3 年内不得转
让，其他出资人持有的股权自公司成立之日起 2 年内不得转让。上海市小额
贷款公司监管制度亦采取了这种做法。《上海市小额贷款公司监管办法》要
求，主要发起人股权三年内不得转让、质押，其他股东一年内不得转让、质
押。这一制度不仅适用于现阶段的小额贷款公司，亦适用于其他地方金融组织。

在大股东持股发生变动时，应当向地方金融管理局提请审核，地方金融
管理局提根据特定的触发条件和标准，根据控股股东的业务财务情况及其对
地方金融组织的影响进行核准。

基于地方金融组织主要是由工商大企业发起设立的现实，地方金融监管
立法应当对控股股东持股变动及披露采取类似做法，对控股股东的业务财务
情况及其对地方金融组织的健康发展的影响作出评估和审核，并将相关信息
给予披露。这是对控股股东事前监管的主要内容之一，以此与事后监管相对
应。在大股东持股变动时通过向地方金融管理局进行事前审核，在一定程度
上有利于防范不法行为的发生，并与事后限制股权的监管措施结合在一起，
共同规范控股股东的行为。

3. 大股东关联交易之限制

《公司法》第 21 条规定了股东受信义务，即不得滥用股东权利损害公司
或者其他股东的利益。公司股东滥用股东权利给公司或者其他股东造成损失
的，应当依法承担赔偿责任。这是关于股东不得滥用权利的一般条款，当然
地适用于控股股东。但是，控股股东作出的某种行为是否属于滥用股东权利，
须根据一般条款，依个案情节而定。而《公司法》第 22 条进一步对控股股东
在关联交易中对公司承担授信义务作出了规定。从这一方面来看，《公司法》
对控股股东关联交易行为之限制及其侵权责任作出了一般性规定，[1]但对于
地方金融组织控股股东关联交易的具体形态及其规制，地方金融立法应当作
出明确的规定。

《融资担保公司监督管理条例》第 17 条对控股股东的担保行为进行了规

---

[1]　最高人民法院民事审判第二庭、杜万华主编：《公司案件审判指导》（增订版），法律出版
社 2018 年版，第 826-827 页。

制，即融资担保公司不得为其控股股东、实际控制人提供融资担保，为其他关联方提供融资担保的条件不得优于为非关联方提供同类担保的条件。而在其他行政法规中尚无地方金融组织关联交易行为的具体规定。而在实践中，控股股东的关联交易行为不仅可能发生在融资担保领域，也有可能发生在小额贷款、融资租赁等领域，《山东省地方金融条例》第 39 条、《河北省地方金融监督管理条例》第 13 条、《四川省地方金融监督管理条例》第 11 条、《湖南省地方金融监督管理条例》第 14 条对大股东关联交易之禁止与防范制度提出了原则性要求，但缺乏更为精细的制度安排。因此，地方金融立法应当对规范关联交易行为，尤其是控股股东的关联交易行为作出明确的规定。

当然，利害关系人从事的关联交易的主体除了控股股东之外，还包括实际控制人、董事、监事、高级管理人员等。但是，对控股股东实施的规则当然地适用于其他利害关联人。

五、地方金融组织风险事件处置及退出

《国务院关于界定中央和地方金融监管职责和风险处置责任的意见》（国发〔2014〕30 号）对金融风险处置责任的边界作出了明确的界定，突出了属地管理的风险责任划分原则，要求地方政府对区域性金融风险承担主要责任。从区域性金融风险产生的组织类型来看，既有可能是地方金融组织引发的，也有可能是源自金融机构，甚至是非金融商事组织的非法金融活动，主要体现为非法集资行为。在这种情形下，区域性金融风险并不等于地方金融组织引发的风险，还包括源自金融机构的风险，甚至包括非法集资等行为引发的金融不稳定。但是，在地方金融风险处置中，地方政府发挥着重要的作用，不仅直接承担着地方金融组织的风险处置及退出、非法集资防范处置的责任，而且还承担着协调配合中央金融管理部门派出机构处置金融机构风险的责任。

（一）地方金融组织风险事件处置的责任主体

地方金融监管机构承担的处置地方金融组织风险责任是基于监管权限和处置责任相匹配的原则。换言之，对地方金融组织的市场准入、日常监督、市场退出及风险处置是内嵌在完整的金融监管权限之内。

地方金融组织的风险处置不同于商业银行，根本的原因在于，地方金融组织属于非存款类金融机构。在大多数情况下，现行《公司法》和《企业破

产法》所规定的市场退出机制已经能够满足正常情况下的市场退出。但是，地方金融组织在提供专业化的金融服务时也存在特定的风险敞口。

小额贷款公司在提供信贷服务和其他金融服务时的资金来源主要是股东的资本金、捐赠资金、银行业金融机构的融入资金。但是，这三种融资机制并不能保障小额贷款公司可供贷款的资金规模。浙江、广东等监管政策已经允许小额贷款公司通过向主要股东借款、定向募集资金、同业市场拆借等方式进行融资。[1]2016 年《上海市小额贷款公司监管办法》虽然没有对新型融资机制作出明确的规定，但已允许符合条件的小额贷款公司创新融资方式，扩大可贷资金规模。在实践中，部分小额贷款公司已经先后完成在上海股权交易中心发行私募债、在股权交易中心挂牌、与保险公司开展小额信贷履约保证保险贷款等项目，在上海证券交易所发行信贷资产证券化产品在稳步推进。[2]这种新型债务融资机制加大了违约风险敞口。

另外，小额贷款公司主要是向小微企业、农户和居民提供信贷资金，其贷款资金流向、贷款利率等成为小额贷款公司制度设计的重要考量因素。与此同时，市区政府也可能为小额贷款公司的小额信贷和其他金融服务提供了担保或者其他扶持措施。因此，在小额贷款公司发生重大组织事件或者违约事件时，将严重危及所服务对象获得信贷资金的稳定性，也可能导致制度设计的落空。

融资担保公司在为小微企业和农户提供担保时，应当对其资本金、关联担保、保证金收取及管理等给予特别关注。

在某种意义上，地方金融监管机构在实践中已经取得了处置小额贷款公司、融资担保公司风险事件的制度经验。浙江省金融办于 2013 年 2 月发布了《浙江省小额贷款公司风险监管处置细则（试行）》，其后于 2015 年 3 月发布《建立小额贷款公司平稳有序退出机制的通知》。上海市金融办已经建立了有关小额贷款公司和融资担保公司风险处置的基础制度框架，集中体现为《上海市小额贷款公司重大风险事件处置及退出管理办法》《上海市融资性担保机构重大风险事件处置及退出管理办法》《关于加强本市小额贷款公司和融资担

---

〔1〕　2013 年《浙江省小额贷款公司融资监管暂行办法》、2016 年《广东省小额贷款公司利用资本市场融资管理工作指引（试行）》、2020 年《广东省小额贷款公司法人股东借款操作指引（试行）》。

〔2〕　参见郑杨主编：《上海金融发展报告 2017》，上海人民出版社 2017 年版，第 169 页。

保公司事中事后监管的意见》，针对不同等级的重大风险事件而采取相匹配的风险处置措施。

综合来看，对于小额贷款公司、融资担保公司、区域性股权交易市场，以及典当行、商业保理公司、融资租赁公司，省级监管政策确定了地方金融监管机构作为责任主体，其他类地方交易场所则是由行业主管机构来承担监管对象的风险事件处置责任。但是如果出现责任主体不明确的情况，《天津市地方金融监督管理条例》第35条确定了剩余责任的分配原则：对可能引发或者已经形成的金融风险，国家未明确风险处置责任单位的，由风险发生地的区人民政府负责组织、协调有关部门开展风险处置相关工作，并及时报告市地方金融监督管理部门。《浙江省地方金融条例》第28条亦确定了设区的市、县（市、区）政府承担风险处置的剩余责任。《陕西省地方金融条例》第48条确定了由风险发生地设区的市、县（市、区）政府负责组织、协调有关部门开展风险处置工作。换言之，天津、浙江、陕西的地方性法规仍是以属地管理责任来界分的。

（二）地方金融组织风险事件的处置措施

地方金融组织风险事件的处置措施因引起的原因不同而存在很大的差异，如果涉及违法违规行为的，在令其限期改正后，如果逾期未改正的，则采取更为严格的限制性措施，这在地方金融监督管理条例和监管政策中均有所规定。

现行地方金融监管立法对风险事件处置措施进行了规定，但较为原则化。然而，省级监管政策规定的处置措施是多样化的。根据《上海市融资性担保机构重大风险事件处置及退出管理办法》第11条和《上海市小额贷款公司重大风险事件处置及退出管理办法》第11条对风险处置措施的规定，地方金融组织风险处置措施主要包括以下几种：（1）警示谈话、书面警示、书面责令限期整改；（2）行业内通报批评，通报其他利益相关方；（3）暂停新业务；（4）对董事、监事、高管人员实行行业禁入；（5）取消试点资格或者吊销经营许可证。《上海市地方金融监督管理条例》第32条第2、3款规定，地方金融组织存在重大风险隐患的，市地方金融监管部门可以依法采取责令暂停相关业务、责令停止增设分支机构等控制风险扩大的措施。在上述措施仍不能控制风险扩大、可能严重影响区域金融稳定的，经同级政府批准，地方金融管理部门可以对该地方金融组织依法采取接管、安排其他同类地方金融组织实施业务托管等措施，并联合有关部门进行风险处置。这里有四个问题值得进一步探讨：

其一，地方金融立法确定处置措施的范围是否应当受到限制？

《四川省地方金融条例（草案）》第 11 条确定了六类处置措施，[1] 同时要求以制定监管规则的方式，确定监管措施的实施程序，这六项措施实际上参考了《银行业监督管理法》第 37 条规定的六项措施。[2] 但是，2019 年 3 月 28 日审议通过的《四川省地方金融监督管理条例》第 33 条并没有采纳这种意义，而是赋予省地方金融监管机构采取责令暂停业务，采取查封、扣押地方金融组织活动相关的电子信息设备及存储介质、财务账簿、会计凭证、档案资料等措施。对于地方立法机关而言，一个主要的考量因素是，可否设置有关《行政强制法》第 3 条所称的"金融业审慎监管措施"。从地方金融监管机构的执法需求来看，应当是可行的。四川省地方金融工作局在确定这些监管措施时，是参照《证券法》《融资担保公司监督管理条例》等法律法规规定，并征求原银保监会的意见。[3] 遗憾的是，这些措施并没有被立法机关所采纳。

其二，地方金融监管立法是不是应当引入行政接管或者机构重组的风险处置措施？

《银行业监督管理法》第 38 条确定了国家金融监督管理总局对银行业金融机构采取的接管或者机构重组的权限，但其适用的条件是严格的，只有同时符合两个条件时方可采取接管或者机构重组措施，即：（1）已经或者可能发生信用危机；（2）严重影响存款人和其他客户的合法权益。但是，《银行业监督管理法》第 38 条确定的适用条件并不适用于地方金融组织。从现行的 19 部地方金融监督管理条例来看，《江西省地方金融监督管理条例》《内蒙古自

---

〔1〕　2018 年 7 月 24 日-26 日四川省十三届人大常委会第五次会议审议。

〔2〕《银行业监督管理法》第 37 条确定的行政监管措施包括：（1）责令暂停部分业务、停止批准开办新业务；（2）限制分配红利和其他收入；（3）限制资产转让；（4）责令控股股东转让股权或者限制有关股东的权利；（5）责令调整董事、高级管理人员或者限制其权利；（6）停止批准增设分支机构。2022 年《地方金融监督管理条例（草案征求意见稿）》第 24 条规定的风险处置措施的类型与《银行业监督管理法》第 37 条是基本相同的。

〔3〕　在 2018 年 7 月 24 日四川省十三届人大常委会第五次会议上，四川省地方金融工作局局长欧阳泽华所作的《关于〈四川省地方金融监督管理条例（草案）〉的说明》。

治区地方金融监督管理条例》《贵州省地方金融监督管理条例》《湖北省地方金融条例》确立了地方金融组织的接管制度，在地方金融组织出现重大流动性风险，无法偿还到期债务的重大风险隐患，或是可能严重影响区域金融稳定的，地方金融监管部门报经省级政府同意后实施。

其三，地方金融立法是引入地方金融风险处置基金，还是通过地方资产管理公司处置金融风险？

为强化地方政府对地方金融组织的风险处置责任，理论界提出了设置以省级政府为出资主体的地方金融风险处置基金的政策建议，旨在构建权责对称的激励约束机制，[1]这主要是基于 2008 年国际金融危机中的政府救助而得出的结论。但是，这个理论建议并没有被现行地方金融监管立法所采纳。本书认为，基于现行中国法制框架和域外立法教训，地方资产管理公司在处置地方金融组织风险及不良债务上更能发挥其制度优势。值得注意的是，资产管理公司（AMC）与资产管理业（asset management industry）是不同的，后者多是指单位信托、全能银行、退休基金、共同基金等提供的投资管理、理财顾问等服务，或者多元化资产组合管理。

从中国资产管理公司（AMC）的市场定位来看，地方资产管理公司属于特殊金融业，并且每个省市区的数量是非常有限的。自 1999 年 4 月起，财政部出资成立信达、华融、长城、东方四家资产管理公司，分别定位于处理中国建设银行、工商银行、中国银行和农业银行的不良资产。而经原银保监会审批设立的地方资产管理公司则承担着城市商业银行和其他金融企业不良资产处置的职责。[2]地方已经进行了积极探索，并取得了一定的地方金融风险处置经验。[3]因此，当地方金融组织出现风险事件后，先基于自身救助而纾困，这主要是指大股东制定的恢复计划（recovery plans），在自身救助失效后，再由地方资产管理公司介入进行不良资产处置。但是，地方资产管理公司在处置不良金融资产时，也会面临金融风险，需要根据其组织形式建立适当的风险防控制度。

---

[1] 参见蓝虹、穆争社：《论地方金融风险处置基金的建立与完善》，载《上海金融》2013 年第 6 期。

[2]《河北省地方金融监督管理条例》第 21 条、《天津市地方金融监督管理条例》第 20 条、《中国银保监会关于加强地方资产管理公司监督管理工作的通知》（银保监办发〔2019〕153 号）。

[3] 参见张震宇等：《地方资产管理公司的挑战》，载《中国金融》2017 年第 15 期。

从德国法制经验来看，风险处置基金的设立具有临时性，是在应对系统性金融风险及金融危机时的处置机制。德国议会于 2008 年 10 月通过了《金融市场稳定基金法》，联邦政府依法设立了 4800 亿欧元的金融市场稳定基金，以解决金融市场信用紧缩、金融业流动性不足及强化金融业之资本。从救助对象来看，德国金融市场稳定基金主要是为银行业、保险业、证券业等，提供了保证机制、资本重建措施、风险资产承受等三种金融稳定措施。但该部立法为临时法，自 2008 年 10 月 18 日实施至 2009 年 12 月 31 日失效。

德国金融纾困机制实际上是典型的政府纾困机制（bail-out），这种纾困机制在理论界对金融风险处置的反思中备受质疑。从防范系统性金融风险来看，纾困机制要严格区分针对是整个金融市场提供流动性援助，还是针对个别具体的金融机构进行注资，[1]二者在救助原则和救助措施上存在很大的不同。中国地方金融监管的对象属于非存款类机构。而非存款类机构的业务规模和市场支配力不会对金融体系产生系统性冲击。

其四，地方政府是否以及如何介入地方金融组织的市场退出？

地方金融组织的一个特征是非存款类微型金融机构不得向社会公众吸收存款。因此，如果地方金融组织因为自身经营不当或者外部市场变化而自愿退出市场的，地方政府亦无介入的必要，只有在发生重大违法违规，造成消费者和投资者重大损失、严重危及金融秩序的情况下，地方政府及地方金融监管机构才具有介入的必要性。《四川省地方金融监督管理条例》第 20 条、《天津市地方金融监督管理条例》第 21 条对此做出了明确规定。

在这一方面，浙江监管政策提供了经验借鉴。浙江省金融办发布的《关于建立小额贷款公司平稳有序退出机制的通知》将小额贷款公司退出市场的情形分为四种：（1）通过减少注册资本逐步市场退出；（2）因自身原因主动性市场退出；（3）因重大违规而被强制性市场退出；（4）通过司法裁决市场退出。其中，前两种退出方式属于市场机制，地方金融监管机构不得介入。因第 3 种涉嫌违法违规行为，地方金融监管机构应当责令其停止业务，组织清算，并追究相关人员的法律责任。第 4 种是在法院的主持下实施破产清算，地方金融监管机构承担协助义务，积极协调各利害关系方在法院主导下开展

---

〔1〕　参见徐肇鸿：《由经济观点论银行体系中系统风险之成因及事后处理机制之规范原则》，载《东吴法律学报》2013 年第 24 卷第 3 期。

清算、重整或和解工作。

六、防范和处置非法集资的行政规制

防范与处置非法集资成为地方政府承担的主要职责之一，也是地方金融监管立法的核心内容，现行地方金融监督管理条例均作出了明确的规定。现行立法和司法对非法集资行为的规制模式主要采取了刑事先行和主导的处置模式，试图通过刑事制裁威慑和阻却非法集资行为。但是，这种模式忽视了行政规制在防范和处置非法集资行为过程中的技术专业优势，导致案件久拖不决或者案结事未了，投资者权益未能在最大程度上得到保护。出现这种情况的一个制度根源在于，现行立法和司法政策对非法集资行为的界定和打击主要是从刑法的角度进行的，地方金融监管机构参与的空间是非常有限的。而从防范和处置金融风险的角度来看，非法集资是指未经依法许可或者违反国家有关规定，以许诺还本付息或者给予其他投资回报等方式，向不特定对象吸收资金的行为。[1]

（一）行政规制前置的制度优势

从对非法集资行为规制原则来看，行政处罚与刑事处罚的关系应当是"以行政处罚为主，以刑事处罚为辅"，在处罚顺序上应当是"以行政处罚为先，以刑事处罚为后"。刑法在介入时机上要后于行政法，在介入深度上要保持克制，尽量让渡更多的执法空间和时间给行政执法和行政监管。根据刑法谦抑性原则，刑事处罚应当作为民事、行政手段之后追究责任的措施。[2]应当注意的是，地方金融监管机构介入防范处置非法集资行为的功能在于其采取的行政监管措施。行政监管措施作为一种临时性管制手段并不以非法行为为前提。在地方金融监管机构发现监管对象的经营活动可能构成重大风险时，就可采取相应的监管措施。而在监管对象及时采取措施消除重大风险隐患之后，地方金融监管机构经过确认后可解除监管措施。尽管行政监管措施作为一种事实行为，不具有可诉性，但亦应遵循法定原则和比例原则，即金融监

---

〔1〕《防范和处置非法集资条例》第2条。

〔2〕参见肖凯：《互联网金融领域行刑衔接法律适用问题研究》，最高人民检察院法律政策研究室编：《金融犯罪指导性案例实务指引》，中国检察出版社2018年版，第59-71页。

管措施的种类是法律明确规定的，并且地方金融监管机构采取措施的强度与其金融风险程度相一致。对于法定原则，《融资担保公司监督管理条例》第30条确定了三种监管措施：（1）责令其暂停部分业务；（2）限制其自有资金运用的规模和方式；（3）责令其停止增设分支机构。如果《防范和处置非法集资条例》能够确定相应的行政监管措施，那么，地方金融监管机构就能够将其监管力量延伸至金融风险形成的初期。另外，地方金融监管机构通过采取相应的行政监管措施，能够在最大程度上防止非法集资人的财产被转移或者价值减损，确保最大程度上减少投资者的利益损失，从而维护金融稳定。

（二）非法集资监测预警系统的建设

在中央层面，国务院处置非法集资部际联席会议推进全国非法金融活动风险防控平台建设。而在这一方面，部分省级政府已经进行了积极探索。

1. 非法集资监测预警体系的建设

浙江省非法集资监测预警系统——"天罗地网"监测防控系统是由省金融办、省委政法委、省公安厅、省工商局、省数据管理中心、原浙江银监局、原浙江保监局等十部门协同搭建。"天罗"和"地网"分别对线上和线下金融风险进行日常监测。"天罗地网"检测防控系统的检测对象包括三类：（1）"一行两会"审批并监管的持牌金融机构；（2）地方政府及相关部门审批并监管的类金融机构，如小额贷款公司、担保租赁公司等；（3）其他从事金融活动的各类市场主体，包括无牌照、无监管、实际开展活动的主体。

上海市发挥自贸试验区制度创新优势，率先搭建了上海新型金融业态监测分析系统。上海市金融办于2017年发布《上海新型金融业态监测分析平台使用管理办法（试行）》，初步完成平台设计的系统开发，通过行业监测、园区监测、企业信息查询、实时监测四个子平台（见图5-3），从行业和区域两个维度服务于新型金融业态的风险排查工作。平台系统监测对象覆盖带有金融属性的各种新型金融活动与行为，主要包括三类：（1）接受地方政府监管的新型金融活动，如小额贷款公司、融资担保公司、商业保理公司、典当行、融资租赁公司等正规持牌机构的业务；（2）非正规持牌机构（互联网企业、交易所等）以各种名义开展的筹融资活动，如P2P网贷、股权众筹、大宗商品质押融资等；（3）其他组织开展的金融相关中介活动。而平台系统的数据来源主要包括：工商数据、舆情数据、企业背景数据（招聘、专利、法院判决、行政处罚等）、上海公共信用信息数据、线下数据、P2P 众筹等网上交易数据、税务、公安等其他政府部门内部信息、行业协会等自律组织信息一行两会监管信息、其他数据等。[1]

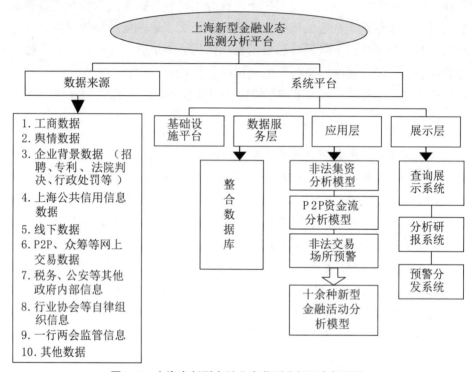

图 5-3　上海市新型金融业态监测分析平台框架图

2. 非法集资风险监测预警系统的互通共享

在中央层面，人民银行、国家金融监督管理总局、证监会已经建立了较为完善的金融风险监测预警体系，涵盖的对象主要包括全国性的金融机构和市场，并侧重于包括居民、政府、金融企业、非金融企业在内的宏观金融风险防范化解。对于非法集资风险，国务院处置非法集资部际联席会议制度将着手监测预警体系建设，推进全国非法金融活动风险防控平台建设。

地方政府承担的金融风险监测预警职责范围分为两个核心部分：其一，

---

〔1〕　参见郑杨编著：《全球功能监管实践与中国金融综合监管探索》，上海人民出版社 2016 年版，第 187-190 页。

对地方金融组织的信用风险、操作风险、流动性风险、市场风险，以及涉众性风险的监测，并防止其向商业银行传染，导致后者的声誉风险和流动性风险。其二，对包括地方金融组织在内的非法集资风险监测预警的属地管理责任。实际上，这两个方面是存在交叉重合的。因此，省级政府建立的金融风险监测预警系统包括这两个方面的内容。

如果省级非法集资监测预警系统能够通过技术性手段相互开放系统层面数据接口，实现跨区域非法集资监测信息共享，那么，这会加大跨区域合作的力度，为地方金融监管机构和其他相关部门防范、预警和降低跨区域非法集资风险提供科学依据，促使风险联防联控更加及时、主动。

非法集资监测预警系统平台的有效对接是以相关配套制度为前提条件的。其一，当某一地方政府部门发现跨非法集资行为时，其监测信息会自动地发送其他地方政府金融监管机构或者金融工作部门。这种主动报送非法集资监测信息是政府部门的一项作为义务，监测信息接收部门应当及时通报采取行政措施的进展情况。

其二，如果跨区域非法集资行为发生在两个以上行政区域，需要跨域合作监管，那么，相关非法集资预警监测平台在接收到预警信号时，作为触发条件，相关地方政府部门应当直接启动监管行动。

其三，省级地方金融监管部门应当共同协商确定风险预警防范判断指标和监测模型，进一步优化金融风险评估模型，提高金融风险监测的及时性、准确性。

其四，从上海新型金融业态监测分析平台来看，省级之间监测信息的互联共享主要是在展示层，但其有效性取决于大数据的采集和集成。这意味着，省级地方金融管理局应当加强省市区域内的跨部门协调沟通，与市场管理部门、公安部门、协会中介、中央金融管理部门派出机构合作，相互开放系统数据接口，与企业库数据、企业风险等级数据、公共信用数据库、舆情数据库等对接，以及时准确地锁定金融风险对象。

中央与地方金融监管机构的优化

2018 年国务院进行机构改革，确立了"一委一行两会"的中央金融监管体制。继此之后，全国 31 个省级政府均建立了地方金融监管局，承担监督管理与协调发展的职责，并逐步转向专业性、独立性的规制机构。而在 2023 年党和国家机构改革中，金融监管体制进一步进行了重大调整和优化。因此，在微型金融领域，中央金融管理部门与地方金融监管机构均应当进一步优化职能，提升监管效率和质量。另外，自 2007 年 1 月以来，国务院成立了处置非法集资部际联席会议制度、融资性担保业务监管部际联席会议制度、清理整顿各类交易场所部际联席会议制度、金融监管协调部际联席会议制度，以及原金融稳定发展委员会。在 2023 年开启的金融监管体制改革中，中央金融委员会、中央金融工作委员会的组建，以及中央金融监管部门职能的调整亦对中央与地方关系产生重大影响。因此，中央和地方金融管理机构的功能优化成为金融监管机构功能调整的重要内容。

第一节　中央金融管理部门的功能优化

在 2023 年开启的金融监管体制改革中，中央金融监管部门的职能得到了进一步的优化组合，对地方金融组织的监管权限得到了清晰的界定，但在具体实施过程中还存在一些需要面对的难题。因此，中央金融管理部门及其之间的工作机制还应进一步完善，尤其是涉及中央层面多个部门之间的协同。

一、中央金融监管机构的改革

2023 年开启的地方金融监管体制改革是按照建立以中央金融管理部门地

方派出机构为主的地方金融监管体制的要求而进行的。总体而言，中央金融管理部门享有经营规则和监管规则的制定权，并对地方政府进行指导、协调、监督，这也是经过 10 余年实践探索而得出的经验。人民银行、国家金融监管总局、证监会等享有的监管权限得到了优化，尤其是有关地方金融监管的权限。

2023 年《中国证券监督管理委员会职能配置、内设机构和人员编制规定》确定证监会承担的职责之一是"指导和监督与证券期货基金相关的地方金融监管工作，指导协调地方政府履行相关金融风险处置属地责任"。而 2023 年《国家金融监管总局职能配置、内设机构和人员编制规定》确定国家金融监管总局承担"指导和监督地方金融监管相关业务工作，指导协调地方政府履行相关金融风险处置属地责任"。而在打击非法金融活动职责的分工中，国家金融监督管理总局不仅与人民银行、证监会等金融监管部门进行合作，而且要与互联网信息内容管理部门、电信主管部门、市场监督管理部门等进行合作。值得注意的是，《国家金融监管总局职能配置、内设机构和人员编制规定》对地方政府承担的职责作出了界定，即负责辖内非法集资等非法金融活动防范和处置工作，开展风险排查、案件查处、善后处置和维护稳定等工作。

国家金融监督管理总局、证监会等中央金融监管部门亦在调整优化派出机关的职责，这就包括派出机关与地方政府在地方金融组织监管、金融风险防范处置、普惠金融发展等领域的分工与合作。2021 年《中国银行保险监督管理委员会派出机构监管职责规定》第 28、29、30 条对原银保监局、原银保监分局与地方政府之间的关系作出了界定。而 2022 年《中国证监会派出机构监管职责规定》第 19、20、21、23、24、25、34 条对派出机构与地方政府的协作、协调、指导、监督关系等作出了规定。在地方金融组织经过 10 余年的发展之后，中央金融监管部门逐步强化了其对地方金融的监管权限，构建了以中央金融管理部门地方派出机构为主的地方金融监管体制。

二、国务院部际联席会议制度

对于地方金融组织监督管理和金融风险防范处置，中央层面体现了多头联合工作的特征。小额贷款公司、融资担保公司的监管规则是由多部门联合制定发布的，整顿区域性股权市场、打击非法集资更是由多部门联合实施的。在这种状况下，中央金融管理部门之间往往通过部际联席会议制度的形式进行合作。

（一）部际联席会议制度的类型

综观联席会议制度的功能，主要分为三种类型：一是跨部门对监管对象实施监督管理和扶助发展。在监管对象发展初期，中央金融管理部门在实施监管的同时，承担着促进其发展的职责，融资性担保业务监管部际联席会议制度即为典型。二是应对涉众型违法违规行为而开展联合打击行动，包括处置非法集资部际联席会议制度、清理整顿各类交易场所部际联席会议制度。三是应对系统性金融风险而进行统筹监管的工作机制，包括金融监管协调部际联席会议制度、原金融稳定发展委员会。第一种和第二种联席会议制度模式主要涉及中央与省级政府之间的职责分工和联合行动，而在第三种模式中，2023 年的金融监管体制改革不再保留国务院金融稳定发展委员会及其办事机构，而是将国务院金融稳定发展委员会办公室职责划入中央金融委员会办公室。中央金融委员会负责金融稳定和发展的顶层设计、统筹协调、整体推进、督促落实，研究审议金融领域重大政策、重大问题等，作为党中央决策议事协调机构。

（二）部际联席会议制度的推行

金融监管协调部际联席会议的制度设计是应对影子银行风险跨部门跨地区跨行业风险传染而设置的，旨在加强"一行三会一局"的工作联动。随着实体经济结构及其对金融体系影响机制的变化，加强监管统筹成为防范化解系统性金融风险的重要任务。在这种新的情势下，国务院组建了原金融稳定发展委员会。

在现阶段，融资性担保业务监管部际联席会议制度、处置非法集资部际联席会议制度、清理整顿各类交易场所部际联席会议制度不存在废止的问题，仍有继续开展联合工作的现实需求。但是，这三项部际联席会议制度的功能应当聚焦于中央金融管理部门之间的协调工作。现行中央与地方金融监管框架已经逐步清晰：中央金融管理部门负责制定经营规则、监管规则及基本制度，而省级政府负责执行，具体由省级政府确定的地方金融监管机构和其他机构实施。原金融稳定发展委员会分别对中央金融管理部门和省级政府权限的行使进行监督、问责。这是原金融稳定发展委员会承担的"指导地方金融改革发展与监管，对金融管理部门和地方政府进行业务监督和履职问责"的核心内容。原金融稳定发展委员会的具体工作是由其设在人民银行的办公室来实施。[1]而在中央金融委员会组建后，对地方政府监管行为的问责机制尚需进一步明确。

（三）　部际联席会议制度与成员单位之间的关系

部际联席会议制度的核心功能是牵头单位通过这种工作机制加强与其他中央部门之间的监管协同，避免多部门管理可能出现的不作为或者不当作为。对于融资担保公司而言，初期试点工作是由原银监会及其他部门共同推行的，2010年《融资性担保公司管理暂行办法》也是由联席会议的成员单位联合发布的。在《融资担保公司监督管理条例》颁布实施后，四项配套措施和补充规定也是由联席会议成员联合发布的，但原银保监会发挥着牵头和主导性的角色。[2]非法集资部际联席会议制度、清理整顿各类交易场所部际联席会议的职责更侧重于各个成员单位之间的分工与合作，在预防处置非法集资、整顿地方交易所的不同阶段和领域引入新的成员单位。

（四）　省级政府在国务院部际联席会议制度的角色

省级政府作为重要的执行主体在联席会议制度中应当享有参与和表达意见的权利。在监管对象上，中央金融管理部门和地方政府的利益诉求并不完全一致，地方政府更偏好于通过审批权的获得而集聚金融资源，扩大本地产业规模。因此，在业务规则和监管规则制定上，省级政府应当能够根据本行政区域的实际情况在相关的联席会议上表达自己的利益诉求和意见，在正式的制度框架下获得与中央金融管理部门进行协商、讨论的机会。即使是在整顿地方交易场所、打击非法集资事务，因具体工作是由省级及以下地方政府来组织实施，联席会议也应当听取省级政府的意见。否则，对于后续工作的具体实施，省级及以下地方政府可能作出选择性的执法行为。因此，联席会

---

〔1〕　引自《中国人民银行2019年预算》。

〔2〕　2018年4月2日，原银保监会和其他成员单位联合发布《融资担保业务经营许可证管理办法》《融资担保责任余额计量办法》《融资担保公司资产比例管理办法》和《银行业金融机构与融资担保公司业务合作指引》四项配套措施。

议制度应当在其议事规则和规程中，将省级政府作为成员单位纳入正式制度中。然而同时产生的一个问题是，省级政府并没有必要参加每一次会议。因此，联席会议制度应当将省级政府作为非常任成员单位，在涉及制定规则时，允许省级政府参会表达自己的意见和建议，但没有表决权。

第二节 地方金融监管机构的法律定位

在 2018 年地方政府机构改革之前，承担地方金融监管职责的机关除了金融办之外，还包括经信委、财政局、中小企业局等，并且地方金融办的组织性质存在很大的差异。省级政府设置的金融办多是作为直属事业单位，甚至挂靠在省级政府办公厅，这极易引发监管行为的合法性问题，与此同时，金融办作为金融监管机构应当体现的专业性、独立性无法得到有效的保障。而在 2018 年地方政府机构改革之后，31 个省级政府均成立了地方金融监督管理局。以上海为例，根据党中央、国务院批复的《上海市机构改革方案》，上海市在原金融办的基础上组建上海市地方金融监管局，其职责也发生了重大转变。上海市地方金融监管局承担的职能从以协调服务为主转向监督管理与协调服务并重，将监管放在更加突出的位置上，同时进一步做好协调服务工作。[1] 在 2023 年金融监管体制改革进程中，省级地方金融监督管理局更名为地方金融管理局，并在省委金融委员会的领导下实行省委金融委办公室、省委金融工作委与省地方金融管理局合署办公。市级层面亦采取这种合署办公模式。地方金融立法应当首先确定金融监管机构，并通过优化处室设置来具体履行相应的职责。遗憾的是，现行地方金融监督管理条例虽然对立法宗旨作出了明确的规定，但均没有对地方金融监管机构的法定目标作出界定，也没有对内部治理结构作出行政组织法上的规定。省级人大常委会制定的地方金融监督管理条例应当是金融监管组织法，但地方性法规在这一方面几乎是空白。

---

〔1〕 2018 年 11 月 28 日上海市地方金融监管局、市金融工作局领导班子宣布的会议文件。

一、地方金融监管机构的监管目标

（一）现行监管目标之间的冲突

地方政府承担对金融监管职责的同时，也会主动提供发展金融产业的扶持政策，为金融机构和地方金融组织提供优惠政策。但在机构设置上，对地方金融组织实施监管和为金融产业提供扶持政策职责的是由地方金融管理局来承担的。这也意味着，地方金融管理局在组建时通常加挂金融服务局或者金融服务办公室的牌子。

地方金融管理局承担的监管和发展双重职责主要表现为两个方面：其一，地方金融管理局承担的权力清单中，除了金融监管权之外，还包括制定金融产业规划、金融协调、扶持金融产业发展等职责。（见表6-1）为此，地方金融管理局的内部处室设置，除了监管功能部门之外，还包括其他扶持类功能的处室。其二，地方金融管理部门支出的预算结构中，扶持产业发展占据绝大部分。以上海市地方金融监督管理局为例。在2024年财政预算中，金融项目支出约为13.5亿元，其中的行政支出项目约为0.42亿元，而金融发展支出为13.4亿元。

表6-1　全国31个省级地方金融管理局职责[1]

职责 省市区	金融业规划	"7+4"监管	金融风险预警与统计	非法集资事件处置	对市县级政府指导监督	资本市场推进（企业上市）	金融机构体系促进	金融科技	金融消费者投资者保护	区域金融协调	金融信用体系建设
上海	√	√	√	√	√	√	√	√	√	√	√
北京	√	√	√	√		√					√
天津	√	√	√							√	
重庆	√	√		√	√	√	√				

[1]　本表根据31个省级地方金融管理局2024年度部门预算和职能配置、内设机构和人员编制规定整理。

职责 省市区	金融业规划	"7+4"监管	金融风险预警与统计	非法集资事件处置	对市县级政府指导监督	资本市场推进（企业上市）	金融机构体系促进	金融科技	金融消费者投资者保护	区域金融协调	金融信用体系建设
四川	√	√	√	√	√	√	√				
黑龙江	√	√			√	√	√				
吉林	√	√		√	√	√	√				
辽宁	√	√				√	√				
山东	√	√		√		√	√				
河北	√	√		√		√	√			√	√
内蒙古	√	√	√	√		√	√				
新疆	√	√			√	√	√	√			
山西	√	√			√	√	√				
江西	√	√	√		√	√	√	√			√
湖北	√	√	√		√	√	√				√
湖南	√	√	√			√	√		√		√
江苏	√	√		√		√	√	√		√	
安徽	√	√		√		√	√				
浙江	√	√				√	√			√	
云南	√	√	√	√	√	√	√				
贵州	√	√				√	√				√
广东	√	√	√	√		√	√		√		
广西	√	√	√	√		√	√				
宁夏	√	√			√	√	√				√
青海	√	√	√	√		√	√				
河南	√	√	√	√			√				
甘肃	√	√		√	√	√	√				

续表

职责 / 省市区	金融业规划	"7+4"监管	金融风险预警与统计	非法集资事件处置	对市县级政府指导监督	资本市场推进(企业上市)	金融机构体系促进	金融科技	金融消费者投资者保护	区域金融协调	金融信用体系建设
海南	√	√		√		√	√				√
福建	√	√		√		√	√				
陕西	√	√		√		√	√				
西藏	√	√		√		√					

　　金融发展项目支出主要是用于推动金融中心建设、加强地方金融监管、集聚金融资源、促进金融业发展等项目。[1]其他省级地方金融管理局亦存在类似的做法。在部门人力资源和财政资金预算给定的条件下，地方金融管理局对发展事务的投入扩大时对监管事务的投入就会减少，这可能降低对不法金融行为的防控能力，以及区域金融风险预警的能力。这是地方金融监管机构兼具监管和发展双重职责产生冲突的集中体现。

　　地方金融管理局为金融产业提供扶持政策很容易产生道德风险。在追求金融产业规模和金融业对 GDP 贡献率的数字化目标下，地方政府通过提供财政资金和其他扶持政策来聚集金融要素，鼓励金融创新使金融产业规模做大做强。但在实践中，金融企业在追求利润最大化的目标函数下往往会充分利用现有的制度缺陷进行套利，从而在合法性前提下谋求经济利益，甚至通过隐性违法的方式提供金融服务。在这种情形下，如果地方政府再为金融企业提供财政资金补贴和其他扶持措施，反而会产生道德风险，更加放纵金融企业违法行为的发生。

　　从经济政策的实施效果来看，地方金融管理局提供的扶持政策由于缺乏实施效果评估，导致产生的经济效应存在很大的不确定性。优化扶持政策要求必须对其实施效果进行评估，通过成本收益分析来判定是否继续实施。但在缺失金融产业扶持政策实施效果评估的条件下，地方政府往往会通过对金

---

　　[1]　引自《上海市地方金融监督管理局 2024 年度部门预算》。

融产业提供扶持资金，来彰显扶持政策的力度，但其实际效果如何并无法确定，这往往也会造成财政资金的低效投入。

在规范意义上，地方金融管理局应当通过营造公平竞争、执法公正的市场环境来鼓励地方金融组织进行金融创新。从西方现代金融市场发展实践来看，政府为市场提供的公平竞争环境所产生的绩效远远高于扶持特定的金融企业所产生的绩效。在公平竞争的市场环境下，金融服务种类、提供服务的方式、金融组织形式等方面的创新是内在的。市场竞争为市场参与主体提供了经济动力，并能产生以保护金融消费者和投资者为中心的经济效应。

当然，从地方金融组织体现的普惠金融来看，政府部门应当为其提供财政资金和其他方面的扶持。但提供这种扶持政策的政府机构应当是财政部门，而不应当是金融监管机构。正是基于这方面的原因，发展和监管之间的关系处理成为完善地方金融监管首要解决的问题之一。[1]

那么在法理上，地方金融监管机构的监管目标应当是什么呢？具体而言，地方金融立法如何在金融发展和监督管理的平衡关系上作出理性选择呢？就本质而言，这取决于监管对象的属性。

"7+4"监管对象属于典型的微型金融机构，提供的普遍服务属于典型普惠金融服务。因此，地方金融监管体现了鲜明的普惠金融特征，与中央金融监管存在着定位上的差异，集中体现以下三个方面：

其一，从监管对象的组织性质来看，地方金融组织主要是单体的非存款类金融机构。这些微型金融机构具有贴近服务对象的信息特点，缺乏跨区域提供金融服务的制度优势。在这种情形下，地方金融组织缺乏设立分支机构的经济诱因，与商业银行集团化、国际化经营存在本质上的不同。地方金融组织与商业银行的另外一个重大区别是，地方金融组织不得从事吸收社会公众存款业务，面临的流动性风险与商业银行存在本质上的不同。

其二，从监管对象提供的金融服务性质来看，地方金融组织提供小额、分散、非标准化的信贷资金及其他金融服务，集中体现为零售金融业务。区域性股权市场也是秉承私募股权市场的定位，禁止集中化、标准化的交易方式。

其三，从监管对象提供服务的需求方来看，地方金融组织主要面向小微

---

〔1〕 参见殷勇：《进一步完善地方金融监管的几点思考》，载《清华金融评论》2018 年第 11 期。

企业、农户、居民，尤其是科技创新型小微企业。

因此，我国地方金融监管机构的法定监管目标应当是：（1）地方金融组织的稳健；（2）金融消费者和投资者权益保护；（3）防范和打击金融欺诈。

（二）安大略省、纽约州金融法制的经验

对金融监管机构的法定目标给予明确的界定有利于提高金融监管权的透明度。从安大略省、纽约州立法来看，它们均对省（州）金融监管机构的监管目标作为了明确的界定，只是存在详略程度上的差异。

根据《安大略省金融服务委员会法》，金融服务委员会的监管目标包括：（1）提供监管服务，以保护社会公共利益，增强社会公众对所监管金融业的信心；（2）对有关所监管的金融业的事项，为省财政部门提供建议；（3）提供必要的资源以保障审判庭（Tribunal）适当运行。[1]

纽约州立法机关制定《金融服务法》的初衷之一就是鼓励发展金融产业，以在全球金融市场中维持其竞争力。《金融服务法》第102条确定的州金融服务局在实施监管时承担12项监管目标，综合来看，主要分为四个方面：（1）提升纽约州立银行和其他金融机构的吸引力和竞争力；（2）根据州金融产业部门、消费者和居民的金融需求，建立现代化的金融监管体制，提供并促进持续、有效的金融监管；（3）保障纽约州银行业、保险业和其他金融服务业的稳健性，确立对金融机构的审慎行为监督；（4）确保纽约州居民、商业部门和消费者能够以适当的成本获取银行、保险和其他金融服务，保护社会公共利益和金融消费者利益，通过及时、易懂的金融信息提供，教育和保护金融消费者权益的实现。简言之，纽约州金融服务局对金融服务实施监管旨在通过持续的监管革新与快速、动态的金融产业发展相匹配，防范金融风险，保护金融消费者权益并防治市场欺诈。《金融服务法》规定的12项监管目标实则表明，地方金融监管机构应当以金融机构的稳健性和金融消费者保护为核心目标，以此提高制度竞争力，吸引更多的金融要素资源流向本州地区，进而促进金融产业发展和经济增长。虽然纽约州金融监管立法确定了州金融服务局的监管目标之一是促进州金融产业发展，提升其在国际金融市场上的竞争力。

---

〔1〕　审判庭（Tribunal）是根据《金融服务委员会法》设立的，作为一个独立性机构主要受理被监管机构在合规监管过程中提起的异议，具有司法权的组织，即使是金融服务委员会主席提出的决议亦有可能在审判庭接受审查。

但是，纽约州立法并不是通过扶持政策和财政资金支持来实现这一公共政策目标的，而是通过金融市场的竞争来实现的。在美国金融体系的形成初期，政府的介入是重要的力量，具有发展金融型政府的特质，即政府作为金融市场的参与者，承担着市场创造（market-making）、市场推动（market-moving）、市场提升（market-levering）、市场维护（market-preserving）的角色。[1]

政府及其金融监管机构更多的是通过营造公平竞争的市场环境来推动金融机构的发展。纽约州金融监管法制发展的一个显著特征是强化金融市场的竞争，为金融机构和服务创新提供公平竞争的环境，而没有直接提供扶持政策和财政资金支持，因为财政补贴会扭曲金融机构的市场行为。

比较而言，安大略省金融服务委员会的监管对象主要是非公众存款类金融机构，而纽约州金融服务局则把州立银行纳入自己的监管范围之内。但是，两大金融监管机构的法定目标是一致的，具体包括：保护社会公共利益，维护社会公众对金融系统的信心；保护金融消费者权益，防治金融欺诈；以适当方式、合理价格，满足居民、商业和经济发展的需求。

（三）我国地方金融监管机构的监管目标优化

法定金融监管目标的确定有利于金融监管机构作出适当的战略决策，确保金融监管过程的理性化，以及监管工具的适当选择。我国地方金融监管目标应当包括：地方金融组织的稳健、金融消费者保护、防范处置金融欺诈。这一目标的设立旨在实现金融监管和产业发展的适度分离。换言之，金融产业发展是通过有效的金融监管实现的，只有在金融服务的供给方（地方金融组织）和需求方（金融消费者）都得到保护的条件下，金融产业才会获得可持续的发展空间。地方金融组织的稳健实质上是要求金融服务行为的规范化，体现了行为监管的特殊意义。地方金融组织主要是非存款类的微型金融机构，审慎监管成为金融监管的核心，这与保护金融消费者权益在本质上是一致的。

金融消费者保护是地方金融监管的本质性要求。国家金融监督管理总局已经建立了金融消费者保护机制。地方金融监管立法虽然倡导加强金融消费者保护，但具体规则仅限于地方金融组织适当性义务，并没有相应的内设部门和其他监管规则来保护金融消费者权益。从完整的利益诉求和保护机制来

---

〔1〕 See Robert C. Hockett, Saule T. Omarova, "Public Actors in Private Markets: Toward A Developmental Finance State", *Washington University Law Review*, Vol. 93, No. 1., 2015, p. 103.

看，金融消费者不仅有权参与监管规则的制定，而且金融监管机构应当受理并处理其投诉，如果属于其他政府部门的管辖范围，地方金融监管机构应当给予金融消费者必要的技术援助。我国地方金融监管立法不仅应当建立金融消费者保护规则，而且应当建立相应的消费者参与和保护机制，尤其是应当设立专门的反金融欺诈和消费者保护部门，并赋予其金融调查的权限。

防范处置金融欺诈成为地方金融监管机构的重要职责，旨在通过打击非法金融行为维护社会公众对金融市场的信心。在某种意义上，防范处置金融欺诈也是维护金融消费者合法权益的重要保障。毫无疑问，地方金融监管机构虽然在打击非法集资和非法证券活动中发挥着关键性作用，但并不是唯一的政府部门。从我国发生的金融欺诈事件来看，可能作出不法行为的主体范围是宽泛的，既包括金融机构，也包括地方金融组织，甚至包括非金融类的企业和个人。在这种条件下，地方金融监管机构在调查非法金融行为时，如发现应当归属其他政府部门职权范围，则应及时移交案件。

二、地方金融监管机构的内部治理结构

金融监管目标的实现，首先需要特定的组织及人员来履行。地方金融监管权限的有效行使是通过地方金融监管机构的内设组织来具体实施。从全国31个省级地方金融管理局的内部组织结构来看（见表6-2），设立多个专门的地方金融监管处履行监管职能，同时设立专门的风险处置处来负责非法集资的预警、监测、处置成为通常作法。但无一例外的是，地方金融管理局均设置资本市场处、金融机构处，履行促进企业上市、吸引金融机构入驻等服务职能。在被重塑为独立、专业的金融监管机构后，省级地方金融管理局及以下地方金融监管机构如何改革内设组织成为发挥地方金融监管职能的关键因素。在全国31个省级政府中，只有河北省地方金融管理局专门设置了地方金融消费者权益保护处。[1] 在这一方面，纽约州金融服务局、安大略省金融服务委员会提供了经验借鉴。

---

[1] 根据《河北省地方金融监督管理局职能配置、内设机构和人员编制规定》，地方金融消费者权益保护处负责地方金融消费者权益保护工作，研究拟订相关政策并组织落实；调查处置损害地方金融消费者权益案件，组织办理地方金融消费者投诉；负责信访、舆情等工作。

表 6-2　全国 31 个省级地方金融管理局内部设置情况[1]

职责／省市区	法制法规处	金融发展协调处	金融机构（银行保险）服务处	资本市场服务处	地方金融监管处	金融风险处置/应急打非处	其他部门
上海	√	√	√	√	√（3个）	√	调查统计处、金融合作处
北京	√	√	√	√	√（3个）	√	金融科技处
天津	√	√	√	√	√（4个）		网络信息处
重庆	√	√	√	√	√（3个）	√	创新金融监管处
四川	√		√	√	√（4个）	√	
黑龙江	√		√	√	√（3个）	√	
吉林	√		√	√	√（4个）	√	融资服务合作处
辽宁	√		√	√	√（3个）	√	
山东	√	√	√	√	√（4个）		
河北	√	√	√	√	√（4个）		地方金融消费者权益保护处
内蒙古	√	√	√	√	√（3个）		
新疆	√	√	√	√	√（2个）		
山西	√		√	√	√（3个）	√	非银行金融机构处
江西	√		√	√	√（3个）		
湖北		√	√	√	√（2个）	√	
湖南	√		√	√	√（2个）	√	
江苏	√		√	√	√（3个）		
安徽			√	√	√（3个）	√	

---

[1]　本表根据 31 个省级地方金融管理局 2024 年度部门预算和职能配置、内设机构和人员编制规定整理。

续表

职责 省市区	法制法规处	金融发展协调处	金融机构（银行保险）服务处	资本市场服务处	地方金融监管处	金融风险处置/应急打非处	其他部门
浙江			√	√	√（3个）	√	新兴金融处
云南	√		√	√	√（2个）		
贵州	√		√	√	√（2个）		
广东	√		√	√	√（3个）	√	普惠金融处
广西	√		√	√	√（3个）		金融改革和对外合作处
宁夏			√	√	√（3个）		
青海			√	√	√（2个）		
河南	√		√	√	√（2个）		
甘肃			√	√	√（2个）		
海南			√	√	√（2个）		自贸区金融处
福建	√	√	√	√	√（2个）		
陕西	√		√	√	√（1个）	√	
西藏〔1〕					√（1个）		综合处、改革处、财政处、督导处

纽约州金融服务局主要是根据监管对象而设置不同的组织部门，履行不同的监管职责，内设银行部、保险部、不动产金融部、金融欺诈和消费者保

---

〔1〕　根据《中共西藏自治区委员会办公厅关于印发〈中共西藏自治区委员会全面深化改革委员会办公室（中共西藏自治区委员会财经工作委员会办公室）职能配置、内设机构和人员编制规定〉的通知》（藏委厅〔2019〕31号），党委改革办（区党委财经办、区金融监管局）为独立编制和独立预算机构，内设5个正处级行政机构，其中之一为金融监管处。承担的职责之一是负责贯彻执行国家金融方面的法律法规，组织协调拟订全区金融发展规划和政策，承担全区有关金融协调服务、地方金融监管、地方金融风险防范处置和协调有关金融机构服务实体经济、推动金融改革发展等工作；完成自治区人民政府交办的其他任务。根据《西藏自治区机构改革方案》，自治区党委金融办、金融工委（区地方金融管理局）于2024年2月挂牌成立。

护部等部门。随着网络金融产品及虚拟货币等新型金融产品的出现，州金融服务局对内设部门进行了优化调整，于 2016 年和 2017 年新设了合规部和金融创新办公室，以应对金融欺诈和金融产品创新产生的监管冲击。从组织结构来看，金融欺诈和消费者保护部具体承担金融消费者权益保护的五大方面的职责：消费者援助、犯罪调查、消费者测试、民事调查、消费者教育和覆盖。更为重要的是，金融消费者保护的范围是宽泛的，不仅包括购买金融产品和服务的消费者，而且包括低收入群体购买适当金融产品和服务，这也是消费者教育和覆盖（Consumer Education & Outreach）中"覆盖"的内在要求。

安大略省金融服务委员会则体现出另外一种模式。安大略省金融服务委员会主要由三大部分组成。一是理事会，主要是评估和审核关键金融规划、战略性和问责性文件，在五名成员中，一位是金融服务委员会的主席。二是主席和政府公务员，公务员对主席负责工作。为了便于日常实施行政管理，主席领导三个内设组织，即行政委员会、公司管理委员会、审计和风险委员会。三是独立享有行政司法审判权的审判厅，作为排他性的终审机构处理监管实施过程中出现的争议，以保障监管对象和金融消费者的合法权益。

尽管纽约州金融服务局和安大略省金融服务委员会在内设组织机构上存在很大的差异，但一致的做法是组建专门的保护金融消费者的组织机构。基于司法体制的原因，安大略省金融服务委员会设置审判庭的做法并不具有制度移植价值。从这一方面来说，纽约州金融服务局的组织设置更具有借鉴价值。即使省级地方金融管理局设立了扶持金融产业发展的金融发展处，但仍需要设置金融消费者保护处，并根据主要监管对象设置地方金融监管处、金融行为监管处。其中，金融消费者保护处的主要职责是地方金融组织的消费者权益援助、教育，以及金融欺诈行为的调查和处罚。地方金融监管处主要是对小额贷款公司、融资担保公司、融资租赁公司、商业保理公司、典当公司、区域性股权交易市场实施监督；金融行为监管处主要是对一般商事企业从事的金融行为进行监督，在这一领域涉及地方金融管理局与原银保监会派出机构、证监会派出机构之间的合作监管。

三、地方金融监管机构的监管措施

地方金融监管效率的高低在很大程度上取决于其享有的监管措施的种类。

从《融资担保公司监督管理条例》来看，地方金融监管机构享有特定范围的金融监管措施，这些监管措施形成了地方金融监管机构的权限基础。

金融监管措施作为金融监管的重要内容已经成为学界和业界的共识，但理论界对行政管制措施或金融监管措施的性质和范围存在不同的认识。一种观点认为，金融监管措施不能等同于行政处罚、行政强制、行政检查。广义上的金融监管措施涵括行政处罚、行政强制、行政检查，以及特殊的监管措施，而特殊监管措施无法归入现有的行政行为类型之中。[1]《银行业监督管理法》之第四章"监督管理措施"作出了专章规定，但监督管理措施作为体系性的概念，还应当包括第五章"法律责任"中的处罚措施，以及《商业银行法》中有关机构和业务准入的监管措施。

然而，由于我国尚未颁布"行政程序法"，无法对行政检查、行政管制措施作出规定，而行政处罚、行政强制应依《行政处罚法》《行政强制法》而行使，并受其拘束。因此，行政检查、行政管制措施应当在金融监管立法中给予明确规定。金融监管措施应当包括行政检查和行政管制措施。地方金融立法确设定行政许可、行政处罚、行政强制受到《行政许可法》《行政处罚法》《行政强制法》的拘束，而在行政检查、行政管制措施上，地方金融立法具有一定的创制空间。

（一）　行政许可

行政许可是对机构、业务资质的限制。《融资担保公司监督管理条例》已经对市场准入条件做出了明确的规定，同时授权地方确定本区域的具体实施标准，为地方立法提供了依据。应当注意的是，由于地方金融监管是一种规制行政，旨在保障营业自由。因此，地方金融立法只能在中央立法明确授权时，才能提高监管标准。《融资担保公司监督管理条例》第 7 条第 1 款第 2 项设定了注册资本不得低于 2000 万元的准入标准，但第 2 款授权省市区根据本地区经济发展水平和融资担保行业发展的实际情况，有权提高注册资本最低限额。据此，《四川省地方金融监督管理条例》第 13 条将注册资本最低限额提高至 1 亿元。

然而，《融资担保公司监督管理条例》对注册资本最低限额的规定是在地

---

[1]　参见邢会强：《金融监管措施是一种新的行政行为类型吗？》，载《中外法学》2014 年第 3 期。

方实践的基础上而测定的。2010 年《融资性担保公司管理暂行办法》第 10 条提出的最低标准为 500 万元，但地方监管政策普遍提高了这一准入条件。除安徽等少数省级政府实行 500 万元的国家标准之外，其他省级政府根据经营区域、区域差异而设定不同的标准。例如，2010 年《四川省融资性担保公司管理暂行办法》规定，在市（州）范围经营业务的融资担保公司的注册资本最低限额为 1000 万元，在全省经营业务的为 3000 万元，跨省提供融资担保业务的则为 1 亿元。而在上海，最低注册资本的标准是单一的，即 1 亿元，但区县政府主导设立且主要以中小企业为服务对象的，可适当降低。〔1〕这表明，即使是中央立法也应当考虑地方的实际需求和主要做法，尽可能地为地方预留自主空间。

一个现实问题是，现阶段除《融资担保公司监督管理条例》之外，国务院尚未颁布其他行政法规，地方金融立法应当根据中央政策的精神合理地设定机构和业务的许可条件。当然，投资公司、社会众筹机构等实行备案制，但地方金融监管机构也应当备案信息进行审查。地方金融立法在设定行政许可条件时，应当遵守《行政许可法》第 15 条的规定。唯应注意的是，地方金融立法设定的是经营许可证，而非中央金融立法设定的金融许可证。

（二）行政处罚

地方金融立法的一个重点是设定行政处罚，对违法违规行为实施制裁，使地方金融立法具有"硬法"特征，但应当根据《行政处罚法》第 11 条的规定区别对待。在融资担保公司监管领域，地方金融立法可根据《融资担保公司监督管理条例》有关行政处罚的规定，在行政处罚种类、幅度的范围之内作出具体规定。

而在其他监管领域，地方金融立法可以设定除限制人身自由、吊销企业营业执照以外的行政处罚，但应当尊重中央金融管理部门规章对警告或者一定数量罚款的规定。

从这一方面而言，地方金融立法对行政处罚的创设空间是有限的，这在一定程度上限制了行政监管的威慑性。

---

〔1〕 2010 年《上海市融资性担保公司管理试行办法》。

（三）行政强制

根据《行政强制法》第 10 条的规定，行政法规有权设定查封场所、设施或者财物，以及扣押财物这两种行政强制措施。而地方性法规在尚未制定法律、行政法规的条件下，仅能采取查封场所、设施或者财物，以及扣押财物的措施。但是，这仅是一般法上的规定。根据《行政强制法》第 3 条第 3 款规定，如果金融监管机构采取金融业审慎监管措施，则依照有关金融法律、行政法规的规定执行。

那么，什么是金融业审慎监管措施呢？从立法目的来看，《银行业监督管理法》《证券法》《保险法》均有规定，在金融机构违法审慎经营规则，行为严重危及该金融机构的稳健运行、损害客户合法权益时，金融业监督管理机构可依法采取限制分红、限制资产转让、限制股东转让股权、阻止直接责任人出境、禁止其处分财产权利等监管措施，这些措施性质上属于行政强制措施。[1] 但是，对于地方金融监管机构而言，并不能直接适用这一法律规定。原因在于，国家法律和行政法规没有对"7+4"监管事项中的行政强制措施作出规定。即使是《融资担保公司监督管理条例》第四章规定了多项措施，但均不属于行政强制措施，而是属于行政管制措施。

《山东省地方金融条例》《河北省地方金融监督管理条例》《天津市地方金融监督管理条例》均没有设定行政强制措施。《四川省地方金融监督管理条例》第 33 条确定了"查封、扣押地方金融组织经营活动相关的电子信息设备及存储介质、财务账簿、会计凭证、档案资料"行政强制措施，但适用条件是较为严格的：采取的机构仅限于省级地方金融监管机构，市县级地方金融工作部门无权行使，且只能在可能引发或者已经发生金融风险的情形下采取。《上海市地方金融监督管理条例》第 21 条亦确定了行政强制措施。而《浙江省地方金融条例》第 24 条第 3 款则允许地方金融监督管理（工作）部门在地方金融组织的业务活动已经形成重大金融风险时，采取扣押财物，查封场所、设施或者财产强制措施。

从这里可以看出，基于行政强制措施的属性，行政法规和地方性法规在设定行政强制措施时，是非常谨慎的。但这有可能产生的问题是，地方在面

---

[1]　全国人民代表大会常委会法制工作委员会编：《中华人民共和国行政强制法释义》，法律出版社 2011 年版，第 16-17 页。

临重大风险事件或者紧急情况需要采取强有力的监管措施，以制止非法行为的扩大或者金融风险外溢时，地方金融监管机构采取的措施种类是有限的。

（四）行政检查

行政检查是地方金融监管机构采取的日常性行为，包括现场检查和非现场检查两种主要方式。现场检查作为行政事实行为，而不是法律行为，并不直接创设、变更、消灭相对人的权利义务，但应当遵守一般行政法原则，尤其是程序正当性原则。[1]但为了保障现场检查的合法性和有效性，行政法规和地方性法规应当规定一定的现场检查措施。《银行业监督管理法》第34条确定了四项现场检查措施，[2]这也为行政法规和地方金融立法提供了参照。《融资担保公司监督管理条例》第28条确定的四项现场检查措施与《银行业监督管理法》是完全一致的。山东、河北等地方金融监管条例规定的现场检查措施亦与《银行业监督管理法》《融资担保公司监督管理条例》相一致。由于现场检查会对监管对象的正常经营产生影响，因此，地方金融监督管理条例采纳了中央金融立法模式。从这一方面来说，即使是《银行业监督管理法》的规范对象不是地方金融组织，但具有"示范法"的意义，为地方金融立法提供了重要参照。

非现场检查在监测、防范金融风险上的意义愈发重要，成为提高地方金融监管能力的重要内容。《融资担保公司监督管理条例》第24条要求地方金融监管部门运用大数据等现代信息技术实时监测风险。在这一方面，广东、上海已经进行了积极探索。2017年6月，广东省政府依托广州商品清算中心建设地方金融风险监测防控中心。截至2018年8月，防控中心已对接全省约1096万个各类市场主体信息，覆盖222 439家重点目标企业。[3]

上海市金融办于2017年发布《关于上海新型金融业态监测分析平台使用管理办法（试行）》，完成平台设计的系统开发，通过行业监测、园区监测、

---

〔1〕 参见周佑勇：《行政法原论》，北京大学出版社2018年版，第320-322页。

〔2〕 《银行业监督管理法》第34条规定的现场检查措施包括：（1）进入银行业金融机构进行检查；（2）询问银行业金融机构的工作人员，要求其对有关检查事项作出说明；（3）查阅、复制银行业金融机构与检查事项有关的文件、资料，对可能被转移、隐匿或者毁损的文件、资料予以封存；（4）检查银行业金融机构运用电子计算机管理业务数据的系统。

〔3〕 参见编辑部：《广东省地方金融风险监测防控中心：创新科技监管模式 打好防范化解重大金融风险攻坚战》，载《广东科技》2018年第10期。

企业信息查询、实时监测四个子平台，从行业和区域两个维度服务于新型金融业态的风险排查工作。随着上海金融业的发展，上海在新型金融业态分析平台的基础上建立上海金融综合监测预警平台，对接市广告监测中心、市网信办网络舆情处、城市网格化综合管理平台、金融风险舆情监测系统等，提高打击非法集资的预警能力。[1]

（五）行政管制措施

1. 性质与种类

行政管制措施亦称行政监管措施，是指对单纯命违反义务人除去违法状态或停止违法行为，并不具有裁罚性。对于金融业而言，行政管制措施具有重要的意义，在金融立法中以专章或者专门法条中给予明确规定。《银行业监督管理法》第四章以专章形式通过 10 个条款对监督管理措施进行明确规定，而《上海市地方金融监督管理条例》第三章亦以专章形式通过 11 个法条对监管措施的种类、实施条件、监管评级、信用管理、行业自律、举报处理等进行了详细规定。值得注意的是，证监会于 2008 年颁布实施《证券期货市场监督管理措施实施办法（试行）》，对规范监管措施的实施发挥了积极的作用。根据 2019 年《证券法》等法律要求，证监会将制定《证券期货市场监督管理措施实施办法》。[2]《证券期货市场监督管理措施实施办法（征求意见稿）》确立了 16 项具体的监管措施。[3]

金融企业进行风险管理是其提供金融产品和服务时的基本职能，金融风险的形成与其非法行为具有一定的关联，但并不完全一致。金融企业面临的风险可能是非法行为引起的，也有可能是经营策略的失误，甚或是宏观经济

---

〔1〕 参见郑杨等：《全球功能监管实践与中国金融综合监管探索》，上海人民出版社 2016 年版，第 159-160 页。

〔2〕 证监会将制定《证券期货市场监督管理措施实施办法》纳入 2021 年度立法工作计划中的"力争年内出台的重点项目。"

〔3〕 证监会于 2020 年 3 月 27 日发布《关于就〈证券期货市场监督管理措施实施办法（征求意见稿）〉公开征求意见的通知》，监管措施包括：（1）责令改正；（2）监管谈话；（3）出具警示函；（4）责令公开说明；（5）责令定期报告；（6）暂不受理与行政许可有关的文件；（7）限制作为特定对象认购证券；（8）责令暂停或者终止并购重组活动；（9）认定为不适当人选；（10）责令增加内部合规检查次数；（11）公开谴责；（12）责令处分有关人员；（13）责令更换董事、监事、高级管理人员等或者限制其权利；（14）停止核准新业务；（15）限制证券期货基金经营机构业务活动；（16）限制股东权利或者责令转让股权；（17）法律、行政法规、规章规定的其他监督管理措施。

条件的变化所导致。当金融监管机构发现金融企业面临的风险加剧时，就应及时采取相应的预防性措施或者制裁性措施，即行政管制措施。但是，行政管制措施仅仅是对违法行为或者风险事件的消除或者限制，亦即停止违法违规经营行为以恢复合法状态，本身并不是对监管对象的裁罚。因此，行政管制措施不能成为行政诉讼的对象。但是，作为行政程序的一种类型，行政管制措施应当体现程序正当性，并符合比例原则。具体而言，金融监管机构在采取和实施行政管制措施时应当符合以下三个要求：（1）在采取限制管制措施之前，应当为管制对象提供一个自我纠正的机会，即令其限期改正，逾期未改正的，则采取相应的管制措施。（2）具体管制措施应当与其违法违规的程度及风险状况相匹配，即比例原则。（3）行政管制措施具有临时性，在违法违规行为或者风险事件消除后，金融监管机构应当及时解除行政管制措施。

《银行业监督管理法》第 37 条规定了六项行政管制措施，而《融资担保公司监督管理条例》第 30 条仅确定了其中的三项，即责令其暂停部分业务、限制其自有资金运用的规模和方式、责令其停止增设分支机构。地方金融监管立法对行政管制措施的规定是比较零散的，多是集中于约谈高管，风险提示，暂停业务，失信惩戒，查封场所、设施或者扣押财物。

从地方性法规来看，行政管制措施除了上位法确定的种类之外，还包括了一些非正式的监管措施，这在一定程度上丰富了地方金融监管机构的做法。另外值得注意的是，省级监管政策确定的行政管制措施可能更多，甚至在某种程度上突破了上位法的规定。例如，2008 年《四川省小额贷款公司管理暂行办法》第 27 条根据小额贷款公司资产质量的等级而分别采取责令调整董事或者高管人员、停业整顿、适时解散或者关闭等措施。这种做法实际上采用了分类管理的方法，借鉴了国际货币基金组织（IMF）倡导的根据资本充足率而采取不同措施的监管路径。而这种根据风险状况而采取不同监管措施的监管模式也是为中央立法所支持的。《融资担保公司监督管理条例》第 25 条对此作出了明确规定。而在地方金融监管实践中，浙江、上海等地方金融监管局已经颁布实施了相关的分类管理办法。[1]

---

〔1〕 2020 年《上海市融资租赁公司、商业保理公司监管评级与分类监管指引》、2014 年《浙江省小额贷款公司监管评级办法（试行）》。

2. 行政管制措施的法律正当程序

行政管制措施不同于行政处罚或者行政强制，适用情形不仅包括地方金融组织发生违法违规行为，而且包括发生风险事件，以便发挥及时矫正功能。但是，行政管制措施亦对适用对象的行为及权限产生直接或者间接的影响，应当遵从比例原则实现法律正当程序。具体而言：

其一，行政管制措施是一种独立性的金融监管措施，对于违法违规行为应当给予行政处罚的，地方金融监管机构不能以监管措施代替行政处罚。但对于监管对象不履行或者不当履行监管措施的，地方金融监管机构亦有权依法依规进行行政处罚。

其二，地方金融监管机构在实施行政管制措施时，应当遵循程序正义，告知监管对象拟采取监管措施的类型和事实、理由、依据，并告知其享有陈述、申辩以及举行听证的权利。而对于责令改正、监管谈话、出具警示函、责令定期报告等预防性监管措施基于经济效率原则可以限制当事人的陈述、申辩以及举行听证权利的行使。

其三，制裁性行政管制措施应当具有期限性和临时性。在期限结束时，或者期限结束前，地方金融监管机构主动或者根据当事人的请求，在判断当事人行为合法合规或者不再危及地方金融组织稳健时，应当解除行政管制措施。

其四，对于制裁性行政管制措施应当提供行政复议或者行政诉讼的救济机制。中央金融管理部门在实践中逐步建立了监管措施的行政复议或者行政诉讼的救济机制，允许当事人不服监管措施的，有权申请行政复议或者提起行政诉讼。[1]

四、地方金融监管机构的问责性

地方金融监管机构作为专业性的规制机构，应当承担问责性（accountability）。问责性也是巴塞尔委员会 2006 年《核心评估原则方法》倡导的基本标准之一。监管机构的问责性包括两层含义：其一，对监管机构不当行为进行责任追究；其二，监管机构作为责任人向问责人就其履行职责作出解释，

---

〔1〕　原银保监局作出的行政监管措施决定书中，均允许当事人在不服决定的条件下，申请复议或提起诉讼。参见中国银行保险监督管理委员会行政监管措施决定书［2022］3 号。

主要包括立法机关、政府、司法机关、被监管机构等问责主体。[1]在法律实践中，地方金融监管机构亦面临着诸多的问责要求，具体包括人大代表、审计部门等问责，[2]以及来自金融消费者和投资者提起的怠于行使职权的行政诉讼。

（一）人大代表的问责

根据《地方各级人民代表大会和地方各级人民政府组织法》《全国人民代表大会和地方各级人民代表大会代表法》的规定，地方人大代表有权对地方金融监管机构进行视察，提出建议。而地方金融监管机构则负有义务对人大代表的建议进行答复。根据上海市地方金融监管局在其官网发布的《2023年初人大代表建议和政协提案办理工作总体情况》，两会期间及会后共收到111件人大代表建议和政协委员提案，其中，10件人大建议主（合）办件中，9件已被采纳。

（二）监管机构怠于行使职权的行政诉讼

司法实践出现了投资者起诉证监会的行政诉讼案件。在刘志清诉证监会一案中，刘志清作为投资者曾向证监会举报所持股票的上市公司管理层侵占公司资产，并因此侵犯了其合法财产。举报信中详细说明了上市公司管理层违法、违规的情况和取得证据的途径，证监会未向其出具举报回复。因此，投资者认为，证监会的不作为是一种渎职行为，应当赔偿其经济损失。[3]一审法院以不属于法院受案范围为由，裁定不予立案。而二审法院指明，《证券法》第1条界定的立法目的之一是保护投资者的合法权益，但是证监会作为证券市场的监督管理部门对投资者权益的保护并不具体到不特定的股民个人，股民个人的合法权益应通过证监会对证券市场整体秩序的维护予以实现。[4]

---

〔1〕 参见周仲飞：《银行法研究》，上海财经大学出版社2010年版，第87-107页。

〔2〕 从我国金融审计制度的发展历程来看，审计部门对地方金融监管机构的监督成为提高金融监管质量的核心机制之一。详见孟飞、段云先：《金融审计制度的演变与发展》，载《财会月刊》2020年第7期。

〔3〕 刘志清诉中国证券监督管理委员会案，北京市第一中级人民法院（2016）京01行初751号行政裁定书。

〔4〕 刘志清诉中国证券监督管理委员会案，北京市高级人民法院（2016）京行终4342号行政裁定书。

刘志清案实则表明，金融监管机构不能因其权限不行使而直接与金融消费者和投资者之间形成具体的法律关系，这也是与国际司法实践的做法基本一致。

　　地方金融监管机构对于当事人举报信息或者基于其他资讯而决定是否进行调查并采取监管措施属于自由裁量权的范畴。德国理论界和实务界早在100多年前就开始了对当事人是否享有公权利而得请求国家赔偿的讨论，并在现阶段形成了保护规范理论。保护规范理论的概念要素主要有二：一是公法规范存在；二是为该规范有保护或促进个人之利益为主要目的，抑或与公益同时存在。这样的主观公权利如果受到侵害，则应给予救济机会，包括行政诉讼和国家赔偿。但是，保护规范理论运用的困难之处在于，如何借由各种判断要素，推导出某一规范具有保护特定利益之特质。

　　尽管欧盟、德国、法国、荷兰逐步强化金融监管机构问责性，[1]但从英美国家来看，金融监管机构的免责成为一般原则，只有在金融监管机构恶意或者违反基本权利时，才对其怠于行使职权承担国家赔偿责任。英国《2000年金融服务和市场法》规定，金融行为局和审慎监管局对其监管行动或者疏忽原则上不承担责任，只有在相关行动存在恶意或者与欧洲人权公约不相容时才承担相应的责任。在理论上，金融监管机构在承担侵权责任的情形下，可能会督促金融监管人员更为勤勉地采取监管行动，但实践中会遇到一些行使权利的障碍。综合而言，金融监管机构怠于行使职权而免于承担赔偿责任的理由主要包括：其一，监管事务的复杂性导致金融监管机构采取行动较为迟缓。金融监管机构在发现违法违规线索或者接收举报后，只有在获得准确、充分的信息和证据后才会启动行政调查程序。

　　其二，金融企业出现违法违规行为后，承担对金融消费者和投资者的赔偿责任。金融监管机构虽以保护金融消费者和投资者权益为监管目标，并不足以致令其成为金融消费者和投资者求偿的对象。

　　其三，举证责任上的困难。金融消费者和投资者基于侵权事由提起的国家赔偿存在很大的证据困难，金融消费者和投资者不仅要证明金融监管机构怠于行动或者行为不当，而且要举证其与自己所受损失具有因果关系。实际上，金融消费者和投资者所受损失是由金融企业管理人员行为造成的，而非

---

〔1〕　参见董世坤：《金融监管机构第三方侵权责任：欧盟经验与中国借鉴》，载《辽宁大学学报（哲学社会科学版）》2013年第5期。

监管机构的行为。

其四，更为重要的是，个体的金融消费者和投资者提起的国家赔偿诉讼并不一定有助于金融监管目标的实现或者有助于社会福利水平的提升。[1]法院在进行对金融监管机构的决定进行司法审查时，多是倾向尊重金融监管机构的决定。

---

[1] See John Armour, et al. , *Principles of Financial Regulation*, Oxford University Press, 2016, pp. 573-574.

中央与地方金融监管权限之间的协调监督

中央与地方金融监管权限划分之目的并不是简单地将立法权和行政权进行分割，而是要发挥《宪法》所倡导的发挥中央和地方两个积极性。这意味着，在明确权限边界之后，中央与地方之间存在着一种良性的互动关系，以此实现金融监管权限划分之目的。这种互动关系，一方面体现了单一制国家中央的权威及其对地方的监督，另一方面也体现了中央与地方的协力，旨在更有效率地履行国家任务。

行政法规和中央政策已经确定了中央与地方金融权限之间的双重关系，《宪法》和其他法律也对中央与地方权限关系进行了规定，成为中央与地方金融监管权限互动关系的法律基础。行政法规和监管政策多用"指导""督促""协调""监督""配合""协同"等词汇界定中央金融管理部门与地方金融监管机构的关系。[1]而地方性法规和地方政策则确认，地方金融监管机构在中央金融管理部门履行职权时承担"配合"责任，接受中央金融管理部门的指导和监督。《上海市地方金融监督管理条例》第4条规定，市政府应当在国家金融稳定发展委员会的指导和监督下，建立金融工作议事协调机制，完善地方金融监督管理体系，落实地方金融监督管理职责，统筹本市金融改革发展、金融风险防范等重大事项。

从实践来看，广东华鼎担保公司风险事件对中央与地方双重关系的法治化提出了要求。

---

〔1〕 详见《融资担保公司监督管理条例》《中国银行业监督管理委员会、中国人民银行关于小额贷款公司试点的指导意见》《国务院办公厅关于规范发展区域性股权市场的通知》《区域性股权市场监督管理试行办法》《国务院关于同意建立处置非法集资部际联席会议制度的批复》。

案件简介：[1]广东华鼎担保有限公司于 2003 年 8 月成立，注册资本为 7.6 亿元，总部设在广州，并在广州、佛山、东莞设立分支机构。实务界一般认为，在与商业银行业务合作上，融资性担保行业资金放大倍数到 3 倍时才能保本，5 倍时才能盈利。[2]《广东省融资性担保行业 2011 年度发展与监管情况报告》显示，广东融资性担保行业平均放大倍数只有 1.74。融资性担保行业是一个高风险低回报的行业。融资担保公司的担保费一般为担保额的 3%~5%，而一旦担保的企业贷款发生违约，担保公司就要承担 100%代偿的责任。在这种行业情况下，华鼎担保公司采取非法手段谋求利益。2012 年 1 月华鼎担保公司案发后，检察机关起诉书提及的涉案企业和个人多达 310 个。一个具体案情是，2010 年 12 月涉案人陈平以个人的名义，由华鼎担保公司担保，向工商银行申请贷款 300 万元。获得贷款后，陈平将其中的 130 万元交由华鼎担保公司控制的一个贸易公司使用，陈平收取每年约 12%的资金增值收益（包括约 8%的贷款利息），陈平的实际收益大约为 4%。其后在 2011 年 3 月，由华鼎担保公司担保，陈平又向农业银行申请贷款 500 万元，得款后全部资金均由华鼎担保公司控股的一家贸易公司使用，陈平收取资金增值收益。直到 2012 年 1 月案发，华鼎担保公司资金链断裂，不能再支付给陈平资金增值收益，也无法偿还使用的银行贷款。广东华鼎担保公司的做法，在业内并不罕见。

在华鼎担保公司监管责任承担上，广东银监局与广东金融办产生了很大的分歧，以至于广东银监局愤而退出每季度召开的广东省金融联席工作会议。地方政府在事前和案发后，出现了监管行动懈怠问题，[3]即使后期采取了相关行动，也是要求商业银行承担风险。广东银监局对地方政府处置涉案问题的方式非常不满意，因为地方政府监管不力，导致了担保行业风险向银行业传染。

这一案例实际上反映了中央与地方金融监管之间的协调以及中央对地方金融监管的监督问题。按照当时中央政策的规定，广东银监局与广东金融办

---

〔1〕 根据新闻媒体报道整理，参见庞华伟：《金融办银监局"互斥"责任 华鼎危机"大事化小"》，载《中国经营报》2012 年 11 月 5 日，第 A03 版；庞华玮：《先天不足+监管薄弱=?》，载《中国经营报》2013 年 3 月 4 日，第 B01 版；庞华玮：《华鼎案定罪骗贷 24 家中小企业主无奈买单》，载《中国经营报》2014 年 2 月 17 日，第 B01 版。

〔2〕 参见郝正腾、张明娟：《青海省融资性担保行业发展中的问题分析》，载《中国市场》2017 年第 25 期。

〔3〕 参见孙国峰：《金融科技时代的地方金融监管》，中国金融出版社 2019 年版，第 86-87 页。

之间的权限划分是比较清晰的，但在各自的监管对象存在经济关联时，就需要中央与地方金融监管建立畅通的协力关系，才能及时、妥善地解决问题。即使是公安部门在行使刑事侦查权时，也需要中央金融管理部门的协助。广州市公安局经侦部在核查涉案企业资金数据向 56 家商业银行广州地区分行进行调查时，就是通过广东银监局召集商业银行开会来推进的。

中央与地方的互动关系是根据金融监管的性质确定的。金融监管是一种团体性公权力，包括立法权和行政执法权。对于金融业而言，行政执法权既包括具体行政行为，也包括规则制定的抽象行政行为，这就导致中央与地方的互动关系具有复杂性特征。综合来看，中央与地方金融监管权限互动关系的类型主要体现在以下四个方面（见图 7-1）：[1]

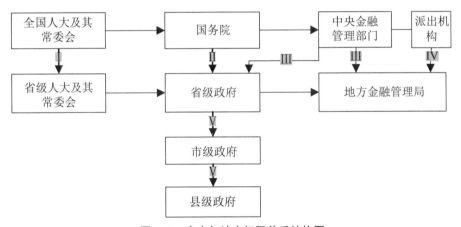

图 7-1　中央与地方权限关系结构图

---

　[1]　在宽泛意义上，中央与地方金融监管权限互动关系类型还包括第五种：地方人大及其常委会对中央金融管理部门派出机构执法情况的法律监督。根据地方人大组织立法，地方人大及其常委会有权对中央金融管理部门派出机构的执行法律情况进行监督。《中华人民共和国地方各级人民代表大会和地方各级人民政府组织法》第 11 条和第 50 条规定，县级以上人大及其常委会有权对本行政区域内对宪法、法律和行政法规的遵守和执行情况进行检查监督。根据文义解释，检查监督的对象当然的包括中央金融管理部门及其分支机构在本行政区域执行金融法律的情况。而地方立法机关颁布的人大常委组织法更加明确的界定对垂直管理机关的执法检查监督权。《四川省〈中华人民共和国各级人民代表大会常务委员会监督法〉实施办法》第 5 条作出了规定："常务委员会可以通过听取和审议专项工作报告、组织执法检查等形式，依法对本行政区域内不属于本级人民政府直接管理的国家行政机关、具有公共事务管理职能的组织遵守和执行法律、法规以及人民代表大会及其常务委员会决议、决定的情况实施监督。"但是，这种类型的发生不是在微型金融领域，而是发生于中央金融监管机构的监管对象。因此，本书不予进一步的讨论。

其一，全国人大常委会与省级人大常委会之间的关系（关系Ⅰ）。在中央与地方立法权监督方面，中央与地方的关系体现在全国人大常委会对省级人大常委会颁布的地方金融监督管理条例实施的监督审查。

其二，国务院与省级政府之间的关系（关系Ⅱ）。对于根据中央授权获得的金融监管权限，省级政府作为责任主体向国务院承担整体责任、负总责，并接受中央金融管理部门的业务指导。国务院将金融监管权限授权给省级政府，就应当对授予的权限进行监督，并且监督密度要比省级政府承担的地方事权要高。原因在于，一方面，地方金融组织的业务规则和监管规则主要是由中央制定、地方执行，地方政府的执行效果直接决定中央制定规则的目标是否能够实现以及实现的程度。另一方面，省级政府在接受中央授权后，有权确定由哪个省级政府部门、哪个层级的地方政府具体来实施，省级政府享有的自由裁量权是很大的。在授权没有得到有效约束的条件下，省级以下政府的执法行为很有可能偏离中央授权目标。

国务院对省级政府进行指导和监督工作，在早期是通过联席会议，或者是由中央金融管理部门具体实施的。而在国务院原金融稳定发展委员会于2017年11月成立之后，则由原金融稳定发展委员会具体实施，因为原金融稳定发展委员会职责之一是指导地方金融改革发展与监管，对地方政府进行业务监督和履职问责。而在2023年金融稳定发展委员会改制后，中央金融委员会及中央金融工作委员会，以及国务院部际联席会议的功能将会得以明确。

其三，中央金融管理部门与省级政府之间的关系（关系Ⅲ）。在早期的试点阶段，省级政府对小额贷款公司的监管权限是根据人民银行、原银监会的政策性文件而获得的。[1]但随着金融分权法治化程度的提高，省级政府行使监管权限的依据主要是行政法规和部门规章，这就出现中央金融管理部门与省级政府之间同时存在着监督与协调关系。监督关系表现为，中央金融管理部门对省级政府实施法律和中央政策的不当行为进行纠偏，以及对省级政府处置风险事件的督促。而在实践中，中央金融管理部门对省级政府的监督首要的是通过省级地方金融管理局来实施的。协调关系表现为，中央金融管理

---

〔1〕 参见《中国银行业监督管理委员会、中国人民银行关于小额贷款公司试点的指导意见》（银监发〔2008〕23号）。

部门在制定业务规则和监管规则时，省级政府的有效参与。

其四，中央金融管理部门派出机构与地方金融监管机构之间的关系（关系Ⅳ）。人民银行、国家金融监督管理总局和证监会实行垂直管理体制设置派出机构，这出现了中央金融监管部门派出机构与地方金融监管机构之间的关系。这种关系的界定是根据金融事权的属性来界定的，对于中央金融事权、由中央金融管理部门及其派出机构负责执行的事项，地方金融监管机构协调配合中央金融管理部门的工作。属于中央和地方共同管理、需要地方负责执行的金融事项，实行中央和地方分级管理，中央金融管理部门派出机构加强对地方金融监管机构的指导、协调、监督。[1]

在这四种关系中，第一种和第二种关系则体现了中央对地方的法律监督和行政监督，第三种和第四种关系体现了行政机关之间的协调关系。

第一节　中央对地方金融权限的监督关系

中央授权地方实施金融监管，本身意味着对地方的监督。换言之，授权和监督为一体之两面。2017 年第五次全国金融工作会议提出"统筹监管"的一个重要内容是对地方金融监管有效监督，纠偏问责。[2]原国务院金融稳定发展委员会的职责之一是指导地方金融改革发展与监管，对地方政府进行业务监督和履职问责。国家金融监督管理总局的一个职责是负责指导和监督地方金融监管相关业务工作。[3]然而，中央与地方金融权限的划分是一种团体权限，同时涵盖立法权和行政权。地方金融监管立法是接受中央的监督，现阶段主要是通过备案的方式，由全国人大常委会进行法律审查。但是，由于我国并未对金融事项的性质作出判定，导致中央在授权地方金融监管立法权和行政权的同时，对其实施的监督是弱化的，可能导致地方金融监管立法和执法与中央产生冲突，这就需要健全相应的争议解决机制来进行协调。

---

[1]　参见 2018 年《中共中央关于深化党和国家机构改革的决定》。

[2]　参见周小川：《守住不发生系统性金融风险的底线（认真学习宣传贯彻党的十九大精神）》，载《人民日报》2017 年 11 月 22 日，第 06 版。

[3]　参见《国家金融监督管理总局职能配置、内设机构和人员编制规定》。

一、中央对地方金融监管权限监督的法理基础

（一）监督种类：合法性监督与合目的性监督

在宪法理论上，中央对地方监督的方式及密度因事项的性质不同而存在差异，这也是金融监管事项属于中央与地方共同事务，还是地方事务的区分实益之所在。地方行使涵括立法权和行政权的团体性权力，享有一定范围内的自我决定的空间。在法理上，国家只能监督地方自治团体在办理地方事务时合法与否，这包括其在办理地方事务时是否履行法定义务、是否逾越法定权限，或者是否违反相关法定程序之规定。至于地方自治团体的决定除了合法之外，是否妥当合宜，国家对此无法置喙。但对于中央与地方共同事务，在性质上本属于中央事务，只是基于便宜或者行政效率之考量委由地方负责代为执行。因此，中央对地方所为的中央与地方共同事务的监督，不仅为合法性与否的审查，还可进一步为合目的性与否的考量。

根据第一章和第四章的理论分析，我国对地方金融组织监督管理和金融风险防范处置属于中央和地方共同事务，中央不仅对其实施合法性监督，而且包括合目的性或者妥当性监督。至于最终的监督效果如何，在很大程度上取决于监督的措施。

（二）监督主体与标的

1. 监督主体

对地方金融监管权限的监督与中央对地方金融监管权限的监督是存在差异的。地方金融监管权限的行使主体包括立法机关和行政机关。前者指的是省级人大及其常委会，这是非常明确的。但对于后者而言，行使地方金融监管行政权限的主体包括三类：中央金融管理部门，即行使经营规则和监管规则制定权的主体；省级政府，即制定地方政府规章和规范性文件的主体；地方金融监管机构，即省级政府确定的具体负责市场准入、日常监督、市场退出及风险处置、扶助发展的主体。从实践来看，除天津、上海实行市地方金融监管局实施单层制外，其他省级政府通常采取多层制，由市级政府和（或）县级政府及其确定的部门负责监督实施。因此，对地方金融监管权限的监督应当是一个复杂的体系，不仅包括全国人大常委会对地方性法规的监督，而

且包括省级人大常委会对本级政府及其地方金融监管机构的监督，[1]还包括国务院对中央金融管理部门和省级政府的监督，以及省级政府对其指定的地方金融监管机构的监督。在广泛意义上，司法机关对行政机关的监督亦包括在内，而审计机关对地方金融监管机构的监督成为对地方金融监管权限监督的重要组成部分。

但是，中央对地方金融监管权限的监督是具有特定的内涵，仅包括两种特定的情形：其一，全国人大常委会对省级立法机关制定的地方金融监督管理条例实施的法律监督；其二，国务院对省级政府、中央金融管理部门对地方金融监管机构的监督，既包括对部门规章、行政规范性文件的抽象行政行为的监督，也包括对行政许可、行政检查、行政处罚、行政强制、行政管制措施的具体行为的监督。需要指出的是，国务院有权对各级地方政府实施监督，但在微型金融领域，现行行政治理采取了省级政府对中央负总责的模式。因此，国务院对省级以下地方政府的监督并不是直接的，在发现其出现违法违规行为后，多是要求省级政府进行整顿。因此，国务院对省级政府监督的主要内容是对省级政府规章的备案审查。

2. 监督标的

（1）地方金融监督管理条例

对地方金融监督管理条例的监督实际上是对地方立法权的监督，应当依据《立法法》进行。根据《立法法》第108条第2项的规定，省级人大常委会在地方金融监督管理条例公布后的30日内报全国人大常委会和国务院备案，并且全国人大常委会有权撤销同宪法、法律和行政法规相抵触的地方性法规。《法规规章备案条例》也为此作出了明确的规定。

（2）省级政府规章

在制定地方性法规不成熟的条件下，省级政府可以先行制定地方政府规章，在条件成熟后再制定地方性法规，这对于地方金融监管而言至关重要。

---

[1]　2018年9月18日江苏省十三届人大常委会第五次会议听取和审议了省政府《关于深化地方金融监管体制改革、防范金融风险工作情况的报告》，江苏省十三届人大常委会第十九次主任会议通过了《关于深化地方金融监管体制改革、防范金融风险工作情况报告的审议意见》。为此，江苏省政府采取了一系列措施落实审议意见，并于2019年1月8日江苏省十三届人大常委会第七次会议上审议省政府关于深化地方金融监管体制改革、防范金融风险工作情况报告审议意见落实情况的反馈报告并开展满意度测评。

由于地方金融监督管理条例是一部综合性立法，涵盖全部"7+4"地方金融组织监管和金融风险防范处置。然而，由于监管对象在各个省域的程度、数量、规模并不一致，有可能导致制定地方性法规的条件尚不具备，但实践中出现的问题还需解决。因此，制定省级政府规章成为替代性的解决方案。省级政府在发展和监管地方金融组织时制定了大量的地方政府规章。按照《立法法》《规章制定程序条例》《法规规章备案条例》的规定，省级政府在制定地方政府规章公布后的 30 日内，报国务院和省级人大常委会备案，国务院有权改变或者撤销不适当的地方政府规章。

（3）省级及以下地方金融监管机构的监管行为

根据地方金融监督管理条例和行政规范性文件的规定，省级地方金融监管机构和省级以下地方金融工作部门的权限并不一致，具体表现为：其一，根据行政法规、中央金融管理部门制定的规则、地方金融监督管理条例，以及省级政府规章，制定监管细则和监管工作规程的权限属于省级地方金融监管机构，以确保监管规程和技术性标准至少在本省域内保持统一。其二，根据中央金融管理部门制定的试行政策，省级地方金融监管机构行使行政许可权限，对机构和业务的准入行使审批权，但可授权省级以下地方政府确定的金融工作部门来行使。其三，省级以下地方金融工作部门行使的权限多是属于行政检查，负责对地方金融组织的违法及风险行为进行预警、监测、信息的归集。对违法违规行为采取的行政处罚权限多是集中于省级地方金融监管机构，但亦可授权市级和县级政府地方金融工作部门行使。行政许可和行政处罚的授权属于行政委托，即市级和县级政府地方金融工作部门在作出相应的行政行为时，是以省级地方金融监管机构的名义实施的，其法律后果亦由省级地方金融监管机构来承担。对于行政行为不服提请行政复议或者行政诉讼的，由省级地方金融监管机构来应诉。

（三）中央对地方金融监管权限实施监督的法律依据

中央对地方权限的监督必须依据《宪法》和其他法律实施，实际上是对地方立法权和行政权的一种保护，减少中央对地方监管权限的不正当干涉，但因事务性质的不同，所依据法律的范围亦存在差异。

对于地方事务，地方已经获得了来自《宪法》保障的自我决定的裁量权。因此，中央对地方事权的监督应当严格按照《宪法》和法律的规定进行。在法律没有明文规定的条件下，中央机关不得进行随意干涉，并且采取的监督措施的种类和强度也必须具有法律的明文规定。

对于中央事务，中央监督机关享有适当性监督权，即使是现行法律没有作出明文规定的情况下，中央监督机构仍有权对地方机关行为的合法性和适当性主动实施监督，在认为行政行为违法或者不当时，均应基于委办权限而径行予以撤销、变更或者废止，无须另有法律依据。对于合目的性监督手段之行使，地方机关亦无行政救济权可言。

二、中央对地方金融监管立法权的监督

我国地方性法规和省级政府规章均实行备案审查制。全国人大常委会法工委已经对地方金融监管立法加强审查研究，防止出现超越立法权限和违背上位法规定的情形，[1]这主要是对省级人大常委会制定地方金融监督管理条例而言的。但是，即使是部分省（市、区）尚无制定地方金融监督管理条例的立法规划，也会根据中央政策制定省级政府规章。因此，中央对地方金融监管立法权的监督应当从地方性法规和省级政府规章两个方面实施。

（一）全国人大常委会对地方性法规的备案审查

1. 审查的类型

全国人大常委会对地方性法规的审查分为三种类型：违宪审查、违法审查、违规审查。三者之间的关系是，首先，在法律、行政法规对同一事项均有规定时，地方金融监督管理条例均不得与宪法、法律和行政法规相抵触，但主要依据是行政法规，因为宪法和法律的原则和要求已经具体规定在行政法规内。其次，在宪法和法律对同一事项都有规定时，地方金融监督管理条例不得与法律相抵触。最后，在只有宪法对同一事项有规定时，地方金融监督管理条例不得与宪法相抵触。在这三种情况下，审查类型依次为违规审查、违法审查、违宪审查。

那么，现阶段的地方金融监督管理条例主要是由省级人大常委会制定的，因此，省级人大和全国人大常委会均有权进行审查。然而，地方金融监管立

---

〔1〕 参见朱宁宁：《地方金融立法步伐加快合法性受到关注要严格遵循不与上位法抵触原则》，载《法制日报》2019年6月11日，第005版。

法是一部综合性法律，因此，在审查类型方面，无法完全纳入任何一种类型，即对融资担保公司监督事项实施违规审查，有可能对其他监管对象的行政权限进行违法审查，甚至包括违宪审查。

2. 审查的依据

全国人大常委会对地方金融监督管理条例的审查主要是根据《立法法》和《法规规章备案条例》而进行的，但在审查内容上应当考虑以下几部法律：

其一，《立法法》的规定。《立法法》确定了地方性法规备案审查的基本依据，全国人大常委会应当根据《立法法》规定，审查制定机关是否享有金融事项的立法权、制定程序是否具有瑕疵。

其二，《行政许可法》《行政处罚法》《行政强制法》的规定。地方金融监督管理条例的一个核心内容是设定地方金融监管机构的行政许可权、行政处罚权、行政强制权，其行政权能的设定及其幅度是否超越行政立法的规定。

其三，《融资担保公司监督管理条例》《防范和处置非法集资条例》及中央政策的基本精神。现阶段，《融资担保公司监督管理条例》和《防范和处置非法集资条例》是主要的中央立法，《地方金融监督管理条例》也将尽快出台。因此，全国人大常委会在进行审查时，就要判断其禁止性、限制性规则是否与行政法规相一致。而对于其他尚未存在相应的中央金融监管立法的金融事项，全国人大常委会应当根据中央政策的基本精神进行判定。

其四，《银行业监督管理法》《证券法》的规定。地方金融监督管理条例的一项核心内容是金融监管措施的确定。省级人大常委会在确定金融监管措施的种类和适用条件时，《银行业监督管理法》《证券法》相关规定提供了重要的参照，成为事实上的示范法。[1]

3. 审查的要素

《立法法》没有对地方性法规备案审查的要素作出明确的规定，综合第107条来看，全国人大常委会对地方性法规的审查要素主要包括以下几个方面：

---

[1] 2017年5月23日河北省十二届人大常委会二十九次会议上，河北省地方金融监管局副局长游明泉在《〈河北省地方金融监督管理条例（草案）〉起草说明》指出，条例起草中参考了《银行业监督管理法》《证券法》等金融法律法规。

（1）地方金融监督管理条例是否超越立法权限

地方金融监督管理条例在内容上是否超越权限，即立法事项是否属于《立法法》第11条规定的中央专属立法权的内容？如果属于第11条确定的中央专属立法权事项，则该地方性法规在规范内容上当然地属于超越立法权限。但是，《立法法》第11条对金融基本制度这一抽象性和开放性的法律概念并没有作出明确的解释，这就造成理论上和实务上的模糊不清。

对于何谓金融基本制度，理论界有以下两种观点：其一，区别说，即金融基本制度不同于金融监管。其要义是：金融基本制度是指对金融本身的界定，相当于金融制度的顶层设计，包括金融的组成、每个组成部分的业务范围、每个组成部分的产生方式和形式等。而金融监管是指对已有金融活动的管理，它的侧重在监管部分，包括行政机关中谁来管理金融、金融监管机关的组成、职权范围等等，并不涉及对金融本身的界定。[1]

其二，政策依据说，即在国家立法没有作出明确规定的情况下，参照中央政策的规定。这种理论学说是从我国金融立法的生成路径提出的。改革开放以来，我国金融体制改革推行试点政策，在条件成熟时再将政策经验固化为金融立法。金融基本制度并不是所有的金融制度，根据反对解释，必然存在非基本制度。而对于非基本制度，地方可以提供实施性立法、自主性立法，或者先行性立法来制定地方金融监督管理条例。[2]

这两种理论学说从不同的角度对金融基本制度的内涵和外延作出了界定，均具有一定的合理性。但综合来看，应当依据中央政策确定地方金融立法权限的边界，并根据具体情况来判断是否越权。原因在于：

首先，在2000年《立法法》审议通过时，中央和地方金融监管权限划分尚未在中央层面上作为一个议题给予立法上的界定。在中央层面，2011年3月发布的《国民经济和社会发展第十二个五年规划纲要》第一次规定"完善地方政府金融管理体制，强化地方政府对地方中小金融机构的风险处置责任"。《国务院关于界定中央和地方金融监督管理职责和风险处置责任的意见》（国发〔2014〕30号）第一次对地方金融监管对象的范围作出初步的完整性

---

[1]　北京航空航天大学宪法与行政法研究中心主任王锴教授提出此说，引自朱宁宁：《要严格遵循不与上位法抵触原则》，载《法制日报》2019年6月11日，第005版。

[2]　参见罗培新：《如何遏制易租宝等平台爆雷风险？法学专家：上海地方金融立法应当是"硬"法》，载 http://www.shobserver.com/zaker/html/157067.html，最后访问时间：2023年12月20日。

界定。直至 2017 年 7 月第五次全国金融工作会议才正式确定了"7+4"地方金融监管对象的范围。而至 2015 年《立法法》修正时，中央和地方金融立法权划分尚未成熟，没有在《立法法》修正中得以体现。2015 年《立法法》修正时对国家专属立法权事项变动的仅有两项：一是扩大了非国有财产变动事项的范围，由原来的征收扩大至征收、征用。二是对原来的税收基本制度的内涵作出了更为细致的规定，即税种的设立、税率的确定和税收征收管理等税收基本制度。换言之，金融及金融基本制度的内涵随着金融体制改革的不断深入而发生变化，这种变化最为集中地体现在中央政策中。因此，中央和地方金融事项要在《立法法》中得到明确的界定还需要中央政策经验积累到一定程度后才具有可行性。在现阶段及今后一个时期，对地方金融监管立法权的判定主要是根据中央政策而作出的。然而，全国人大常委会在回复省级人大常委会请示时认为，"7+4"类地方金融组织的准入属于国家立法权限。[1]

其次，理论界对《立法法》中的事务分类存在一个认知上的误区，即中央事务和地方事务的二分法，由此当然地认为，地方金融立法权事项属于地方事务。而在实践中，《立法法》和其他中央政策还确定了中央与地方共同事务这一分类，[2]因为中央和地方权限划分所指对象是同时包括立法权和行政权的，而非仅仅是行政权。地方金融监管事项属于中央和地方共同事务。因此，省级人大及其常委会当然享有特定条件下的地方金融立法权限，即存在中央专属立法的条件下，省级人大及其常委会制定实施性、补充性法律；而在没有中央立法而有中央政策和规则时，省级人大及其常委会行使先行立法权制定探索性法律。

（2）地方金融监督管理条例是否违反上位法

地方金融监管立法是否违反上位法，即地方金融监督管理条例对行政权能和监管措施的设定是否违反《行政许可法》《行政处罚法》《行政强制法》？这是目前最为亟待解决的问题。

制定地方金融监督管理条例的最主要的动因是在中央立法缺位的前提下，

〔1〕 参见四川省人大经济委员会等编著：《四川省地方金融监督管理条例释义》，法律出版社 2020 年版，第 37 页。

〔2〕 参见 2018 年国务院办公厅发布的《基本公共服务领域中央与地方共同财政事权和支出责任划分改革方案》。

地方金融监管机构的执法依据不足、执法地位缺失、执法手段缺乏。[1]因此，地方金融监管立法的一个核心内容是通过法律授权地方金融监管机构相应的行政权能，使其能够预防、制裁非法行为或者防止风险事件的发生与扩散。但是，《行政许可法》《行政处罚法》《行政强制法》对相应行政权能的设定具有非常严格的条件限制，这在一定程度上导致地方立法能力受到较大的限制，修改《行政许可法》《行政处罚法》《行政强制法》成为释放地方立法能力的替代性选择。[2]

由于在中央立法层面，目前仅有《融资担保公司监督管理条例》，而地方金融监督管理条例又是一部涵盖"7+4"监管对象的综合性立法，这要求省级人大及其常委会在设定行政许可的条件、行政处罚的种类、行政强制措施的类型时，严格按照国家法律确定的种类和幅度给予确定，否则构成违反上位法的强制性规定，但这在一定程度上促成了地方金融监管立法的保守性和地方金融监管行为的非正式化手段的广泛运用。从现行地方金融监督管理条例来看，有关行政许可的规定是比较原则性的；行政处罚和行政强制措施的规定在数量上相对较少，这主要是地方性法规设定行政处罚和行政强制的权限不足所导致的。因此在金融监管实务中，地方金融监管机构更倾向于运用非正式化的监管手段来解决现实问题，如监管谈话、风险警示、道义劝告等，以在有限的监管资源的条件下快速解决问题，而又避免运用正式手段而产生的应对行政复议、行政诉讼的繁琐问题。

（3）地方金融监督管理条例是否违背法定程序

在现代社会，很少发生地方性法规在立法程序上违反规定。但是，这里存在的一个问题是，省级人大常委会在制定地方金融监督管理条例时，是否以及如何征询国务院及中央金融管理部门的意见。

省级人大常委会必须依据《融资担保公司监督管理条例》制定地方金融监督管理条例，但《融资担保公司监督管理条例》确定的行政权限是否可以扩展适用于其他监管对象，还需要根据中央政策来确定。一个合理的解决方式是征询中央金融管理部门的意见。全国人大常委会法工委也鼓励地方金融

---

〔1〕　参见四川省金融工作局局长欧阳泽华于 2018 年 7 月 24 日在四川省十三届人大常委会第五次会议所作的《关于〈四川省地方金融监督管理条例（草案）〉的说明》。

〔2〕　参见余凌云：《地方立法能力的适度释放——兼论"行政三法"的相关修改》，载《清华法学》2019 年第 2 期。

立法机关广泛征求中央金融管理部门意见，确保规定内容不属于中央事权范围。[1]换言之，省级人大常委会征求中央金融管理部门的意见并非强制性义务，但可提高地方金融监管立法质量，降低违法风险。从地方性法规制定程序上来看，地方立法机关也没有对征求中央机关意见的程序要求作出明确规定。但在地方金融立法实践中，省级地方金融监管机构在起草时，往往会主动听取中央金融监管部门派出机构的意见和建议，获得其支持。

（4）地方金融监管规则和标准是否与中央一致

如果出现地方性法规与行政法规对同一事项规定不一致时，全国人大常委会应当根据法律、行政法规的规定和事项的性质来判定。在法律、行政法规明确授权的情况下，地方性法规在授权范围内制定较高或者较低监管标准的，应当允许，以因应不同地方发展的实际情况。例如，《融资担保公司监督管理条例》第7条第1款确定了设立融资担保公司时注册资本不得低于2000万元的监管标准，但第2款同时授权省、自治区、直辖市提高注册资本最低限额。这里的省、自治区、直辖市既包括省级政府，也包括省级人大及其常委会。因此，《四川省地方金融监督管理条例》第13条确定融资担保公司注册资本至少为1亿元的标准，并未违反行政法规的规定。

更为现实的问题是，如果地方金融监督管理条例与行政法规、中央监管规则不一致且无明确授权时，是否当然归于无效？从法理上来看，判断标准应当是该规定对行政相对人利益的影响程度。如果地方金融监督管理条例确定的是授益性的行政规则，提高相应的标准不应当然判定为无效。但如果是规制性行政规则，那么，该地方金融监督管理条例的规定应当确定为无效。

（5）地方创新型制度的认可空间

中央和地方金融监管权限划分的一个目的是调动地方的积极性，一个具体表现是地方金融监督管理条例提供一些创新型制度，在中央立法没有明文规定的情况下，全国人大常委会如何进行备案审查呢？

在法理上，全国人大常委会应当根据《融资担保公司监督管理条例》和中央政策要求进行审查。地方金融监管制度创新的范围是特定的，仅限于中央立法授权的范围，即鼓励或允许地方金融监管机构采取的管理措施。例如，

---

〔1〕 全国人大常委会法工委负责人接受记者采访时的表态，引自朱宁宁：《要严格遵循不与上位法抵触原则》，载《法制日报》2019年6月11日，第005版。

《融资担保公司监督管理条例》第 24 条要求地方金融监管部门运用大数据等现代信息技术手段实施实时监测风险。那么，地方金融监管管理条例对运用信息技术手段采集、归类、使用信息等作出规定的，这些创新型管理规则应当是受到认可和鼓励的。

另外，地方金融监管制度涉及的事项的性质也成为重要的考量因素。如果是鼓励地方金融组织为小微企业、农户、居民提供普遍金融服务的激励性监管规则，即使是中央立法并没有作出明确规定，也是符合地方金融监管的立法目的。但是，如果鼓励金融产业发展并无普惠金融服务目标，仅是扩大地方金融组织的经营范围或者地域范围的，全国人大常委会在备案审查时应当持谨慎态度。

4. 审查后采取的措施

全国人大常委会在对地方金融监督管理条例进行审查后，如果认为抵触宪法、法律、行政法规的，全国人大常委会有权予以撤销。

对于部门规章是否可以作为地方性法规的审查依据，《立法法》并没有作出明确的规定，但有可能出现地方性法规和部门规章对同一事项的规定不一致的情形。在这种情况下，国务院进行审查，如果认为应当适用地方性法规的，应当决定在该地方适用地方性法规的规定。如果认为应当适用部门规章的，国务院提请全国人大常委会裁决。换言之，国务院对后一种冲突的情形，并不能直接作出决定，而是转由全国人大常委会进行审查并作出最终的裁决。

（二）　国务院对省级政府规章的备案审查

省级政府规章主要集中在小额贷款公司、地方交易场所。小额贷款公司在地方试点推行后，部分省级政府根据中央政策制定了相应的政府规章。其他地方金融组织的规范性文件主要是由省级政府确定的主管部门来制定。一个实践中的问题是，省级政府规章以及规范性文件对《中国银行业监督管理委员会、中国人民银行关于小额贷款公司试点的指导意见》规定的经营范围、业务种类、监管标准等几乎全部作出了变动，但没有出现对其进行备案审查的事例。

在地方交易场所领域，在国务院发布多部整顿地方交易所的规范性文件之后，即《国务院关于清理整顿各类交易场所切实防范金融风险的决定》（国发〔2011〕38 号）和《国务院办公厅关于清理整顿各类交易场所的实施意见》（国办发〔2012〕37号），天津、北京、福建、湖南、陕西、山东等省级政府发布了有关地方交易场所的管理办法，以规范本省域交易所的发展。

1. 审查的依据

按照《立法法》的规定，对省级政府规章的审查依据包括宪法、法律、行政法规、地方性法规，但与省级政府规章发生直接关系的是行政法规和地方性法规。因为，省级政府规章既具有"行政"规章的特征，又具有"地方"规章的属性。但在实务中，国务院和中央金融管理部门制定的政策也是重要的审查依据。

2. 审查的要素

省级政府规章集中在小额贷款公司和地方交易场所两个领域，但针对其审查时，两个领域的省级政府规章存在着差异。

（1）小额贷款公司政府规章的审查要素

《关于小额贷款公司试点的指导意见》的规定过于原则，这为省级政府规章留下了较大的创制空间，这也导致国务院对其进行备案审查的意义大大降低。在某种程度上，《关于小额贷款公司试点的指导意见》并不是一部真正意义的监管政策，而是扶助发展型政策。

（2）地方交易场所政府规章的审查要素

地方交易场所的种类较多，其中问题频发的是区域性股权交易市场，也是现行政策数量最多的地方交易所类型。实践中问题丛生的一个重要原因是，区域性股权市场的定位在发展初期是比较模糊的。直到《关于规范证券公司参与区域性股权交易市场的指导意见（试行）》（证监会公告〔2012〕20号）才正式对区域性股权市场的定位及其监管体制作出明确的界定，即区域性股权市场是为市场所在地省级行政区域内的企业特别是中小微企业提供股权、债券的转让和融资服务的私募市场，接受省级政府监管。

实践中，区域性股权市场的违法行为集中体现为交易机制采取集中竞价、权益拆分为均等份额公开发行、权益按照标准化交易或者公开发行等。实际上区域性股权交易采取了类似于上海证券交易所和深圳证券交易所的公开发行和集中交易机制，这显然违背了设立区域性股权市场的初衷。为此，省级政府规章必须遵守中央政策中的禁止性规则，没有任何变动的空间，省级政府规章能够创制的规则集中为区域性股权市场挂牌的企业的资质条件和相关的扶持政策。因此，对省级政府规章的审查对象主要是禁止性规则。

3. 审查后采取的措施

国务院法制机构在对省级政府规章审查后，认为符合法律要求的，审查程序即告终结。如果发现省级政府规章不适当的，国务院有权改变或者撤销不适当的省级政府规章。尽管省级人大常委会也有权对政府规章进行审查，但只能作出撤销的决定。如果省级政府规章和国务院部门规章之间对同一事项的规定不一致的，则由国务院进行裁决。

（三）事前监督的完善

事前监督手段多是针对中央和地方共同事务而言的，主要包括一般性的咨商建议和保留核可权或者同意权。

1. 咨商建议权/咨询取得权

地方立法机关应当将其立法规划及相关资讯上报相应的中央机关，以便于中央监督机关能够全面地掌握地方立法信息，从而能够为地方立法提供必要的辅助。对于地方性法规的制定，各省级人大常委会多颁布了相应的制定程序条例。而对于地方政府规章的制定程序，则按照《规章制定程序条例》进行，部分省级政府还据此制定了本省管辖区内制定地方政府规章的规程。

但是，综合来看，地方性法规和省级政府规章在立项时均应对外公布立法项目信息，但公布信息的对象主要是社会公众，尚未承担报送相应的监督机构的义务，这就增加了中央监督机构搜集相关立法信息的成本。从公权力属性来看，省级立法机关和省级政府上报立法信息属于积极性作为义务，应当主动上报中央监督机关。如果中央监督机关根据对外公开信息而实施监督，则有可能延缓监督权的行使。

2. 保留核可权或者同意权

在德国，保留核可权或者同意权是指，地方自治团体于其自治权限内所制定的特定地方性法规，应经由监督机构核可或者同意后始生效力。

《立法法》仅仅确定了省级人大常委会对设区的市的地方性法规的批准权，只有报经批准后，设区的市的人大常委会发布公告实施。这种事前审查批准的监督方式并不适用于地方金融监督管理条例，这也体现了我国地方立法监督程序的不完善，在备案和审查上均存在程序设计缺陷。[1]

---

〔1〕　参见石佑启等：《地方立法学》，高等教育出版社 2019 年版，第 200-201 页。

三、中央对地方行政执法权的监督

从工作职责来看，国家金融监管总局、证监会均享有对地方金融监管工作的指导和监督的职能。国家金融监管总局对地方金融监管工作的监督事项是特定的，仅限于小额贷款公司、融资性担保公司、典当行、融资租赁公司、商业保理公司、地方资产管理公司等领域，因其对这六类地方金融组织享有经营规则和监管规则的制定权。证监会也承担着区域新股权市场和地方各类市场领域的业务指导和监督工作。但是，国家金融监管总局、证监会如何对地方金融监管执法权实施监督，现行政策还没有作出具体的规定。2021 年《中国银行保险监督管理委员会派出机构监管职责规定》第 29 条确立了银保监局、银保监分局有权纠正地方金融监管部门不符合相关监管规则的行为，但纠正的具体措施和程序尚不明晰。综合来看，中央对地方金融监管执法权的监督方式主要包括以下三种：

（一）纠正处分

中央监督机构对地方金融监管行为采取的最为常见的监督方式是纠正处分，在发现违法违规行为或者重大风险事件后，要求地方金融监管机构立即采取相应的监管措施。例如，2018 年 8 月，证监会向各地金融办下发《关于报送金融资产交易场所清理整顿工作进展情况的通知》，要求于 2018 年 8 月 24 日前上报辖区内《金融资产类交易场所业务情况表》。中央金融管理部门之所以发布监督指令，原因在于部分金融资产类交易场所未经中央金融管理部门批准擅自开展吸存、信贷等金融业务，违规面向社会公众发行或转让资管等金融产品。可以看出，纠正处分是中央金融管理部门对地方金融监管机构的消极不作为而提出的，要求其限期内采取相应的监督行动。至于地方金融监管机构的积极作为，如越权行为，中央金融管理部门是否可以采取纠正处分呢？现行政策没有作出相关规定，监管实务亦没有出现作出纠正处分的指令。在行政法理论中，地方金融监管机构属于地方政府，对其不当行为应当由所属的地方政府进行纠正。但从中央和地方金融事项的属性来看，对于作出的违法或者不当行为，中央金融管理部门应当具有相应的监督权直接要求地方金融监管机构予以改正。否则，现行制度所确定的国家金融监督管理总局、证监会所享有的监督权限就失去了存在的意义。

（二）指派专员

这是一种对人所为的压制性监督手段，由监督机关命受监督之人停职或者解除职务，必要时并派员代理该等职务。在发生地方金融风险事件时，中央金融管理部门往往会指派专员具体指导地方政府处置风险事件，但多是作为非正式制度存在的。

（三）代为履行

在地方金融监管机构不作为的条件下，中央金融管理部门是否可替代其作出相应的监管行为，以防止违法违规或者重大风险事件的发生或扩散？我国现行政策和监管实务均没有发生过这样的事例。就法理而言，在紧急状态下，中央金融管理部门有权替代地方金融监管机构，并以地方金融监管机构的名义作为相应的监管行为，并由地方金融监管机构承担相应的法律后果，即代为履行。[1]

在域外金融法制中，代为履行作为一项监督措施是被承认的。在欧盟金融监管机构体系中，第一层次是由欧盟银行业监管局、欧盟保险和职业养老基金监管局、证券和市场监管局组成。第二层次是欧盟金融监管机构联合委员会，其功能是增进第一层次监管机构之间的相互了解、合作，以及确保监管方法的一致性。第三层次是各成员国的金融监管机构，负责对特定对象的日常监督。在第一层次的欧盟金融监管机构与第三层次的各成员国金融监管机构之间的关系而言，欧盟金融监管机构享有一定的规则制定权，可以针对各成员国金融监管机构和监管对象制定一些指引和建议，但不具有法律约束力。与此同时，欧盟金融监管机构对各成员国金融监管机构享有特定情况下的监督权，具体表现为：[2]

其一，欧盟金融监管机构有权监督欧盟金融监管规则的统一实施。对于欧盟金融监管规则有不同解释的情况下，欧盟金融监管机构进行调查，必要时可以向有关成员国金融监管机构提出建议。如果相关成员国金融监管机构

---

〔1〕　代为履行是指，中央监督机关在作出限期纠正处分之后，被监督主体仍未依照纠正指令采取改正措施时，在法理和法制上要求中央监督机构采取进一步的介入措施，以消除不法状态，甚或是在一定的条件下，由监督机构替代或者指定其他组织执行被监督主体具不履行的法定义务。

〔2〕　参见刘轶：《金融服务市场一体化的法律方法——欧盟的理论和实践》，法律出版社 2015 年版，第 156-158 页。

没有采取此项建议，欧盟委员会有权作出决定，要求相关成员国金融监管机构予以遵守。在此前提下，相关成员国金融监管机构仍未遵守欧盟委员会决定的，欧盟金融监管机构可以直接针对监管对象作出具有约束力的决定。

其二，欧盟金融监管机构享有采取紧急监管措施的权力。如果出现威胁成员国金融体系稳定和完整性的情况下，欧盟金融监管机构应积极协调各成员国金融监管机构。但在特殊的紧急情况下，特别是出现跨境金融危机时，成员国金融监管机构难以作出有效的处置措施时，欧盟金融监管机构可要求有关成员国金融监管机构共同采取特定的措施。

欧盟金融监管机构的这种做法值得借鉴，因为其能够为各成员国金融监管机构的不作为及时提供有效的替代性解决方案。当然，替代履行应当是一种非常态的行为，仅限于可能或者已经发生重大违法违规或者风险事件，需要即时采取监管措施来防止重大违法违规或者风险事件的发生，或者遏制违法违规行为或者风险事件负面影响的扩大。

另外，替代履行应当遵循辅助性原则。只有在其他监督措施无效后，中央金融管理部门替代地方金融监管机构才适宜行使相应的职权。

第二节　中央与地方金融权限的协调关系

中央金融管理部门与省级政府、中央金融管理部门派出机构与地方金融监管机构之间存在着多样化的协调关系，既体现在规则制定程序上的参与，也体现在具体案件的监管协调上。其中，中央金融管理部门与省级政府之间主要是在业务规则和监管规则制定程序上产生的协调关系，而中央金融管理部门派出机构与地方金融监管机构更多的是在地方金融产业规划、金融风险预警监测系统，以及个案处置上的协调。从具体的工作部门来看，证监会承担的拟订区域性股权市场的监管规则和实施细则的职责由市场监管二司（清理整顿各类交易场所办公室）来履行，而对于国家金融监督管理总局承担的制定小额贷款公司、融资担保公司、典当行、融资租赁公司、商业保理公司、地方资产管理公司的经营规则和监管规则职责，具体工作由普惠金融司来组织实施。从协调层级来看，中央与地方金融权限的协调大致分为两个层面：中央和地方层面。在现阶段，我国出现的协调实践主要存在于地方层面，但中央层面的协调亦不容忽视，人民银行牵头启动建设的省级层面中央金融管理部门派出机构与省级地方金融机构的协调机制将成为重要的制度安排。

一、中央层面的协调

中央层面的协调主要是指，中央金融管理部门在制定经营规则和监管规则时，与省级政府之间的意见表达、信息交流，以及意见交换。但现阶段，我国尚缺乏相应的制度来保障。

（一）省级政府参与中央金融规则制定的法理基础

1. 规则制定与执行适度分离

从金融监管的国际经验来看，监管规则的制定与执行应当保持适度的分离，这既体现在同一金融监管机构分设不同部门分别行使两项权能，也体现在不同的金融监管机构分别行使不同权能。我国在 2018 年国务院机构改革中亦坚持这一原则，将原银监会、原保监会拟订银行业、保险业重要法律法规草案和审慎监管基本制度的职责划入人民银行。国家金融监督管理总局的职责之一是制定小额贷款公司、融资担保公司、典当行、融资租赁公司、商业保理公司、地方资产管理公司的经营规则和监管规则。[1]

规则制定与执行的分离有利于防范部门利益冲突，从而保障不同利益主体在规则制定上的平衡，同时在一定程度上提高执法效率。但是，制定主体在制定、修改或者废止规则时，应当为执法主体提供充分地阐明理由的机会和渠道，以便作出有效的判断和决策。

2. 试点政策的法治意义

小额贷款公司、融资担保公司、融资租赁公司、典当行、商业保理公司、区域性股权市场、地方资产管理公司等均是中央政策或者中央金融管理部门允许在特定行政区域以试点方式组建的，在取得初步成效后再将政策推广至全国范围。主要原因在于，中央金融管理部门在提供这些新型金融制度安排时无法制定一揽子的金融改革方案，只能通过框架性、原则性的中央政策为地方金融监管工作提供指引。这种方式实际上赋予了地方政府非常大的自由裁量权，省级政府及其金融监管机构制定了大量的地方政策，并且在很多方面突破了中央政策的约束，这在小额贷款公司方面表现得异常突出。30 个省

---

[1]　参见《国家金融监督管理总局职能配置、内设机构和人员编制规定》。

级政府（西藏除外）制定的政策在注册资本、经营区域、业务范围、利率规则等方面早已突破了《中国银行业监督管理委员会、中国人民银行关于小额贷款公司试点的指导意见》（银监发〔2008〕23 号）的规定。

试点政策的意义在于，通过特定时期的推行，中央金融管理部门对其进行实施效果评估，从而修改、废止该项政策。而在国家立法规划工作中，国务院将制定《非存款类放贷组织条例》列入 2015 年立法工作计划，但至今尚未出台。一个主要原因是，省级政策之间存在很大的差异，对同一规则的分歧是非常大的。究其实质，中央金融管理部门在拟定条例规则时，没有对中央试点政策和省级政策进行评估。政策评估的过程实际上是中央金融管理部门与省级政府之间对话、交流的协商过程，能够大大缩减行政法规的制定时限，并降低立法成本。

（二）省级政府参与中央金融监管规划的特定空间

在现阶段，部门规章和规范性文件的制定主要是通过非正式的座谈会、论证会、实地走访、公开征求意见等方式与地方金融监管机构进行监管信息交流。

《规章制定程序条例》第 17 条确定了起草部门规章时，涉及国务院其他部门的职责或者与国务院其他部门关系紧密的，起草单位应当充分征求国务院其他部门的意见。但是，第 17 条显然没有考虑中央制定规章、地方负责执行的特殊情况。国家金融监督管理总局、证监会在制定部门规章时没有义务征求地方金融监管机构的意见。

根据《中国银保监会规范性文件管理办法》（银保监会令 2020 年第 1 号）规定，对于涉及社会公众重大利益调整或者对行政相对人权利义务有重大影响的规范性文件，起草部门应当充分听取被监管机构、行业协会、金融消费者等利益相关方的意见，但没有把地方金融监管机构纳入在内。因此，应当完善我国地方参与中央层面规则制定的规程。在这一方面，德国联邦金融监管局（BaFin）与州交易所监管机关的合作机制提供了法制经验。

（三）德国联邦与州金融监管协调的经验借鉴

德国在证券领域实行联邦和州双层监管体制，即州交易所监管机关对交易所的运营和组织、交易参与人、金融工具、在交易所交易的权利和商品的类型以及交易品价格的确定实施监管，而联邦金融监管局（BaFin）对证券交易市场以及非法行为实施监督。

　　为了强化联邦和州监管机构之间的合作以及权限争议的解决，《有价证券交易法》第 5 条确定联邦金融监管局（BaFin）与州之间的协调机制，即联邦金融监管局成立一个有价证券委员会，其成员由 16 个州各派代表 1 名组成，即使是没有设立证券交易所的州亦可派员参加该委员会。有价证券委员会的职责有权参与监管，但仅限于向联邦金融监管局（BaFin）提供咨询。

　　在联邦金融监管局与州交易所监管机关之间的协调关系中，有价证券委员会可以向联邦金融监管局提出关于监管实务一般发展的建议，而联邦金融监管局（BaFin）亦每年至少一次向有价证券委员会报告监管工作、监管实务的发展以及国际合作事宜。在有价证券委员开会时，联邦财政部、司法部、经济与科技部，以及中央银行的代表可以参加会议。借助于有价证券委员会的中介功能，联邦金融监管局更能跨越州域限制，与各州间共同强化金融机构的监督工作，并解决联邦与州间交易所监管关系的不明确问题。[1]

二、地方层面的协调

　　地方金融监管机构与中央金融监管部门派出机构之间存在着多种形式的协调机制，主要体现为行政协助、行政协作、行政委托等行政法律行为，以及风险预警监测信息共享等行政事实行为。行政协助作为正式的行政程序之一，受到法律的规范，也是行政机关之间协力的主要形式。所谓行政协助，是指一个行政机关基于其他行政机关的请求，为特定的行为，而助其完成行政行为。行政协助的一个要件是，请求机关和被请求机关之间没有行政隶属关系，协助行为与被协助而作成的行为是两个分别独立的行为，但前者助后者发生。而行政协作不同于行政协助，多是发生在综合执法领域，多个执法部门既分工各司其职，又相互配合，共同完成公共治理的任务。[2]基于金融的信息产品属性，信息共享既可能发生在行政协助和行政协作过程中，也可能发生在独立的监管过程中，并日益发挥着重要的作用。

---

　　〔1〕　参见中国证券监督管理委员会组织编译：《德国证券法律汇编》，法律出版社 2016 年版，第 329-331 页。

　　〔2〕　参见朱丘祥编：《从行政分权到法律分权——转型时期调整垂直管理机关与地方政府关系的法治对策研究》，中国政法大学出版社 2013 年版，第 144 页。

（一）行政协助

行政协助体现为中央金融管理部门派出机构为地方金融监管机构提供的行政协助，也可能体现为地方金融监管机构为中央金融管理部门派出机构提供的行政协助。

1. 地方金融监管机构提供的行政协助

中央金融管理部门在对监管对象实施监督时，需要地方政府提供行政协助。根据《银行业监督管理法》第13条的规定，国家金融监督管理总局在处置银行业金融机构风险、查处有关金融违法行为等监督管理活动中，地方政府应当予以配合和协助。虽然银行业金融机构的监管主体是中央金融管理部门，地方政府不得干涉，但银行业金融机构在发生金融风险事件或违法违规行为时，往往涉及大量的存款人和其他债权人的权益保护问题，这是商业银行内在脆弱性的体现。因此，在处置这类风险事件时，地方金融机构应当支持并配合中央金融管理部门派出机构的监管活动。

2. 中央金融管理部门派出机构提供的行政协助

中央金融管理部门的监管对象在发生风险事件及强制退出市场时，地方政府承担着属地化的风险处置责任，旨在维护金融秩序和社会稳定。因此，在发生这种风险事件时，中央金融管理部门派出机构承担着行政协助的法定义务。在地方政府及其地方金融监管机构提出请求时，中央金融管理部门派出机构应当提供全面性的指导和协助。证监会派出机构承担的一个重要职责是，协助、配合地方政府进行地方金融改革（见表7-1）[1]，根据实务经验为地方政府的金融产业规划、地方金融组织发展、金融产业扶持等金融事项提供指导。国家金融监督管理总局的一个主要职责是，指导和监督地方金融监管部门相关业务工作。[2]

---

〔1〕 根据《关于修改〈中国证监会派出机构监管职责规定〉的决定》（2022年5月31日证监会令第199号）。

〔2〕 参见《国家金融监督管理总局职能配置、内设机构和人员编制规定》。

表 7-1　中国证监会派出机构的行政协助事项

金融事项	派出机构	地方政府及其部门
地方金融改革、反洗钱监管	协助、配合	主导作用
非法证券期货活动案件查处、善后处理	支持、协助、配合	主导作用
各类交易所清理整顿工作	协调、指导、监督	主导作用
非上市公众公司风险处置	协助、配合	主导作用
强制退市的上市公司	配合	托管、处置上市公司风险

上述两个方面的协助内容看似相同，但实际上反映出在对中央监管对象风险处置上中央与地方之间权责的不匹配性。具体而言，中央金融管理部门在对监管对象实施全过程监督时，已经将部分金融机构和特定资本市场的风险事件处置责任转移至地方政府，由地方政府承担属地管理责任，而中央金融管理部门仅承担配合、指导的行政协助责任。

（二）行政协作

中央与地方行政协作的形式是多样化的，主要体现为联席会议制度、规范性文件制定、金融产业规划、金融风险处理等领域等。

1. 省级联席会议制度

在地方金融组织发展和监管过程中，中央金融监管部门派出机构与地方金融监管机构之间多是以省级联席会议为工作平台，各自行使行政权限，共同解决问题，这已经成为微型金融领域的常态。

基于人民银行和原银监会提供小额贷款公司这一制度安排的事实，省级政府在试点推行阶段多设立了省级小额贷款公司监督管理工作联席会议或者试点工作办公室，由人民银行和原银监会派出机构，以及省级政府确定的监管部门作为主要成员。《中国银行业监督管理委员会、中国人民银行关于小额贷款公司试点的指导意见》（银监发〔2008〕23号）确定省级政府主管部门审批的原则。为此，省级政府主管部门往往在受理设立申请材料后，提交监管工作联席会议或者试点工作办公室讨论同意后再作出是否许可的决定。

而对于融资担保公司而言，国务院在试点初期就成立了多部门组成的融资性担保业务监管部际联席会议。在此框架内，省级政府也成立相应的融资性担保行业发展和业务监管联席会议，其组成单位应当包括中央金融管理部门派出机构。

省级联席会议机制还体现为处置非法集资上。各省按照中央要求均成立了处置非法集资联席会议制度或者处置非法金融活动联席会议制度。对于案件的定性，经由省级联席会议制度定性后，按照属地原则交由地方金融监管机构或者公安机关处理案件。

随着省级联席会议制度的规范化，部分省级政府已经整合多个联席会议制度的功能，以更有效地推进中央与地方、地方不同部门之间的监管协同。根据 2019 年 8 月《上海市人民政府办公厅关于建立上海市金融稳定协调联席会议制度的通知》规定，将上海市落实互联网金融风险专项整治工作实施方案领导小组、上海市打击非法金融活动领导小组、上海市清理整顿各类交易场所领导小组合并，建立上海市金融稳定协调联席会议制度。

2. 规范性文件的共同制定

在地方金融组织监管和金融风险处置的规范性文件制定方面，中央金融管理部门派出机构与地方金融监管机构之间进行了广泛的协商，这在一定程度上调动了地方金融监管机构积极性的同时对其行为进行规范。在小额贷款公司试点推行过程中，省级监管政策多是由中央金融管理部门派出机构与地方金融监管机构共同制定的。例如，为规范推进小额贷款公司试点工作，2009 年 9 月，陕西省金融办会同陕西省工商局、人民银行陕西分行、原银监会陕西银监局发布了《陕西省小额贷款公司监管暂行办法（试行）》。在其他方面，中央金融管理部门派出机构与地方金融监管机构也存在着广泛的行政协作，例如在动产担保统一登记、金融服务民营企业等领域。

3. 金融产业规划的共同实施

地方政府为贯彻实施国家任务或者扩大所辖行政区域金融产业规模时，往往通过金融产业规划的形式来推进。基于产业规划的总体性、协同性，地方政府在制定和实施金融产业规划时，与中央金融管理部门派出机构之间需进行充分的协调，以明确各自的权责范围和边界。在实践中，金融产业规划体现在普惠金融、五年规划和专项金融规划等领域。

（1）普惠金融发展规划

《推进普惠金融发展规划（2016—2020 年）》要求地方政府制定具体落实方案。为此，广东、四川、陕西、贵州等省级政府制定了相应的实施方案。

综观省级实施方案，既包括金融机构和地方金融组织的金融服务及其提供方式创新，也包括中央金融管理部门派出机构和地方金融监管机构的职责界定。尤其是，部分实施方案明确了中央金融管理部门派出机构作为责任单位或者作为多个责任单位中的牵头单位。从产业规划制定权限和程序来看，省级政府在明确中央垂直管理机构的职责时，必定事前与其进行充分的协商，征求其同意。普惠金融产业规划实施方案体现了地方政府与中央金融管理部门派出机构在各自权限范围内协力解决共同事务。

（2）五年规划和专项金融规划

中央金融管理部门连续编制了"十五""十一五""十二五""十三五""十四五"金融业发展和改革规划，[1]明确了五年期间的改革发展任务。相应地，省级政府和市级政府根据国家任务和本区域的五年计划也制定了相应的五年金融产业发展规划。而在实践中，在中央金融管理部门编制《金融业发展和改革"十五"规划》之前，部分省级政府甚至市级政府已经率先编制了本区域的金融产业规划，[2]甚至还根据本区域金融产业发展特点，编制专项类的金融产业规划。例如，北京市中关村管委会、市金融局、市科委于2018年10月联合发布《北京市促进金融科技发展规划（2018年-2022年）》，要求建立市局委、中央金融管理部门派出机构、区政府共同参与的决策协调机制。

4. 地方金融组织风险事件的联动处置

在处置地方金融组织风险事件中，地方金融监管机构需要与中央金融管理部门派出机构加强工作协同，才能妥善解决风险事件，这主要发生在小额贷款公司、农民专业合作社信用合作、融资担保公司领域。

小额贷款公司在提供服务时离不开与商业银行的业务合作。原因在于，首先，小额贷款公司是非存款类机构，不得吸收公众存款，其信贷资金来源仅限于股东缴纳的资本金、社会捐赠资金、政府奖励资金，以及商业银行的融入资金。因此，小额贷款公司的金融服务能力在很大程度上受到商业银行

---

〔1〕《金融业发展和改革"十五"规划》《金融业发展和改革"十一五"规划》《金融业发展和改革"十二五"规划》均是由人民银行、原银监会、证监会、国家外汇管理局编制。《"十三五"现代金融体系规划》则是由人民银行牵头，发展改革委、科技部、工业和信息化部、财政部、原农业部、商务部、原银保监会和证监会等九部委共同编制。《金融标准化"十四五"发展规划》则是由人民银行、市场监管总局、银保监会、证监会联合颁布的。

〔2〕《广东省金融改革发展"十二五"规划》、《杭州市"十二五"金融业发展规划》。

的影响。商业银行也是谨慎地对待为小额贷款公司提供的授信，在小额贷款公司出现违约风险时，会直接将风险传染给商业银行。其次，省级监管政策要求小额贷款公司在商业银行开设基本账户或者一般存款账户，禁止账外经营。在这种情况下，开设账户的商业银行承担着监测小额贷款公司资金流动的责任。类似的制度设计也存在于农民专业合作社信用合作、融资担保公司两类组织。

在上述情况下，地方金融监管机构在处置风险事件时，一方面请求中央金融管理部门派出机构给予行政协助，例如要求开户的商业银行提供涉案企业资金流动数据，另一方面也要协同制定处置方案分别对其监管对象采取相应的措施，防止各自监管对象产生的金融风险外溢给对方。

（三）行政委托

为提高行政管理效率，金融监管机构可以委托其他行政机关以自己的名义作出特定的行为，现行地方金融立法已经确定了这一做法。《四川省地方金融监督管理条例》第 5 条第 2 款确定了省地方金融监管机构承担的监管权限，其中当然地包括行政处罚权。但显而易见的是，省地方金融管理局无法对全省域的地方金融组织的违法违规行为作出准确的判断并施以制裁。在这种情况下，第 6 条第 2 款确定了行政委托，市级和县级地方金融监管机构接受省地方金融局的委托开展有关行政处罚的具体工作。这种委托机制显然提高了行政效率，因为市级和县级地方金融工作部门承担着对地方金融组织日常检查、数据统计等工作，具有信息优势。

为了提高监管效率，中央金融管理部门派出机构与地方金融监管机构可以将特定事项委托对方进行调查或者风险预警监测。在 2018 年国务院机构改革过程中，原银保监会的组织机构发生了很大的变化，31 个省市区和 5 个计划单列市在组建银保监局时在市级层面设置了分局，但仅在县级层面设立了监管组，在加强县域基层监管力量上仍有改进的空间。在这种过渡阶段，银保监局和证监局可以委托地方金融监管机构从事现场检查、数据统计等，实现县域层面的金融监管全覆盖。

中央金融监管机构通过行政委托地方金融监管机构实施监督的法律实践在德国、日本都是存在的。德国州证券监管机构可以在特定范围内以联邦金融监管局的名义采取行政措施。德国联邦金融监管局可提供机关借用的方式，授权州交易所监管机关在内幕交易禁令和操纵市场禁令的监管范围内采取经济措施。[1]日本在 1997 年金融监管体制改革中，对金融机构的检查和监督权由大藏省转移至金融厅。但是，金融厅实行集中统一监管体制，无法体现其对地方金融机构监管的优势。在这种情况下，金融厅委托各都道府县的知事实施对信用组合的检查监督。[2]

（四）信息交换与共享

地方金融组织是我国普惠金融体系的基本主体。尽管行政监管是由地方金融监管机构具体负责实施，但是，地方金融监管机构应当主动与中央金融管理部门派出机构建立常态化的监管信息交流机制。从行为的性质来看，信息交换和共享包括强制性和任意性两类。前者是在符合特定条件下，地方金融监管机构将特定监管信息主动报送中央金融管理部门及其派出机构。后者则是根据双方达成的框架协议，就特定范围的监管信息进行交换和共享。我国《融资担保公司监督管理条例》第 26、27、34 条确定了地方金融监管机构向中央金融监管机构履行报告义务的三种情形：其一，地方金融监管机构根据融资担保统计制度的要求，向国家金融监督管理总局报送本地区融资担保公司统计数据。其二，地方金融监管机构应当分析评估本地区融资担保行业发展和监督管理情况，按年度向国家金融监督管理总局报告，并向社会公布。其三，在发生重大风险事件时，地方金融监管机构应当及时处置，并向国家金融监督管理总局和人民银行报告。从严格意义上来说，行政法规确定的这种信息交换是单向的，并不能直接触发中央金融管理部门采取回应性监管措施，并且在很大程度上是一种事后性报送。中央金融管理部门派出机构与地方金融监管机构之间建立的互通互报机制也缺乏法律的强制性约束。

在这一方面，德国联邦与州监管机构的互报机制提供了借鉴。德国《交易所法》第 8 条对州交易所监管机关与联邦金融监管局之间的监管合作作出专门的规定，主要体现为两个方面：其一，州交易所监管机关与联邦金融监管局紧密协作，在遵守保密义务的前提下，相互交换对其履行职责有用的所

---

[1]　德国《有价证券法》第 6 条第 1 款，参见中国证券监督管理委员会组织编译：《德国证券法律汇编》，法律出版社 2016 年版，第 331 页。

[2]　参见［日］丹宗昭信、伊从宽：《经济法总论》，［日］吉田庆子译，中国法制出版社 2010 年版。

有信息。其二，州交易所监管机关有权发布关于维持交易秩序和保障交易所的交易业务的指令，要求交易所和交易参与人禁止使用外部结算系统避免交易暂停和交易终止，但一旦发生，应承担着毫不迟疑地向联邦金融监管局报告的义务。[1]

　　任意性信息交换和共享主要体现在地方金融风险预警监测机制方面。为了提高防控金融风险能力，部分省级地方金融监管机构已经建立了新型地方金融风险预警监测系统或者非法集资预警监测系统，通过科技手段实时监测金融风险水平。上海、浙江、广东、北京等已经建立并运用金融风险预警监测系统。地方金融风险预警监测系统的有效运行离不开与中央金融管理部门的信息交换。从上海、浙江、广东、北京等实践来看，地方金融风险监测预警系统均接入中央金融管理部门的监管数据，通过技术手段实现自动数据交互，从而提高金融风险预警监测能力。[2]

---

〔1〕　参见中国证券监督管理委员会组织编译：《德国证券法律汇编》，法律出版社 2016 年版，第 181 页、第 197 页。

〔2〕　上海市黄浦区于 2019 年 8 月启动主市首家地方金融风险监测预警平台。浙江则于 2018 年试运行金融风险"天罗地网"监测防范系统。广东省地方金融风险监测防控平台于 2018 年首次在广州运行，其后推广至全省。

结论与展望

第一节　研究结论

自 2007 年试点推行小额贷款公司、融资担保公司、区域性股权市场以来，中央与地方金融监管权限划分问题成为我国健全金融监管体系、防范化解金融风险的关键环节之一。但在以政策为主导的制度模式转向为以法治化、市场化为基本特征的中央和地方金融权限划分过程中，中央与地方金融监管权限划分的困境在于，以政策主导为主的传统划分模式与不完备的法制划分模式并存，导致地方性法规的创制空间有限、地方金融监管机构的执法依据不足，金融监管权限划分目标无法有效实现。地方金融监管立法和执法中存在诸多争议和法律困境，根源于中央与地方金融监管权限划分法律标准、权限边界、权限行使、权限互动关系的模糊性。本书对此问题进行了探讨，得出以下九个方面的基本结论：

其一，中央与地方金融监管权限划分是需要宪法对权限划分作出明确的规定，并体现金融事项的功能。金融监管事项具体包括地方金融组织监督管理与金融风险防范处置，而对地方金融组织的扶持和监管职责交织在一起，这就要求对中央与地方进行权限划分时，不仅考虑立法权和行政权，而且还要考虑规制行政权、给付行政权、风险行政权如何在省级与市级、县级政府之间优化配置。

其二，我国中央与地方金融监管权限划分具有特殊性。从划分领域来看，中央与地方分权主要出现在微型金融领域，即对地方金融组织的监管上出现了中央与地方监管权限的划分；而在金融机构领域，则不存在地方金融监管权限问题。从权限边界来看，中央与地方对地方金融组织形成了双重监管特征，即中央金融管理部门享有规则制定权，而地方金融监管机构享有市场准入、日常监督、市场退出及风险处置职责。在对同一监管对象上，中央与地方金融监管机构均承担特定范围内的职责。

其三，地方金融组织的服务对象及功能定位对中央与地方金融监管权限划分提出了特殊要求：一是立法权限属于中央，但应授予地方一定的创制空间；二是行政权限属于地方，但不适宜层层下放至县级政府；三是行为监管和金融消费者保护成为地方金融监管法制的核心；四是监督管理与非法集资事项交织，监管科技驱动权限划分边界的变动。

其四，中央与地方金融监管事权的界定应当根据具体事项而作出精确的判定。地方政府在金融领域履行监管职责具体包括：对地方金融组织监督管理、金融风险防范处置。这两类具体事项具有鲜明的中央与地方共同事务的特征。整体意义而言，中央立法后，由地方负责执行，是中央和地方共同承当的事务，而非单纯意义上的地方事务。这种金融监管事权的界定方式有利于敦促加快国家立法，只有在国家法律进行明确规定的条件下，地方金融监管机构才能做到执法有据、省级人大常委会才能在国家立法的框架下制定符合本省域实际情况的地方性法规。

与金融监管事项紧密相关的是普惠金融服务事项，现阶段推行的是中央与地方各级政府共同负责制。从中央政府到县级政府均成立了相应的普惠金融发展基金，并提供其他扶持措施。普惠金融服务属于典型意义上的生存照顾义务，尤其是对于公共金融体系而言。在应然层面，普惠金融服务发展事项属于地方事务，即使在国家立法没有明确规定的条件下，地方立法机关和行政机关也应积极主动的发展公共金融体系，尤其是发挥地方国有资本的公共职能。

其五，加快国务院《地方金融监督管理条例》的出台。从法律形式来看，中央与地方金融监管权限划分的法治化，首先要做到划分依据的法制化，要求通过国家立法对中央与地方金融监管立法权和执法权的边界作出明确的规定。从理想法治图景来看，中央与地方金融监管权限划分依据应当依次体现为：宪法→立法法组织法→金融法律→行政法规→地方性法规。然而现实法制却是，《宪法》《立法法》《地方各级人民代表大会和地方各级人民政府组织法》缺乏对金融事权的明确规定,《银行业监督管理法》亦没有作出规定,《证券法》仅是授权国务院制定区域性股权市场管理办法,只有《融资担保公司监督管理条例》这一部行政法规作出具体规定。在地方缺乏法律依据,而现实问题又亟须地方来解决的困境下,中央制定统一的《地方金融监督管理法》或者《地方金融监督管理条例》是一种最优的制度选择。而从全国人大常委会和国务院立法计划来看,现实的选择是国务院制定《地方金融监督管理条例》,对中央和地方的权限边界、职责范围、监管对象、监管措施、法律责任等作出统一、全面的规定。但在《地方金融监督管理条例》颁布实施之前,解决现实问题的选择仍只能是省级人大常委会制定在本省域范围实施的地方金融监督管理条例。即使国务院颁布实施《地方金融监督管理条例》,省级人大常委会仍有必要制定相应的实施条例,以保障本省域地方金融监管机构作为执法机关的差异性需求。

其六,《地方金融监督管理条例》应当确定地方金融组织监督管理和金融风险防范处置的共性规则。从现行地方性法规的规定来看,地方金融监管立法对共性规则的界定并不完全一致,但均确定了地方金融监管机关的法定职权和监管措施。从地方金融组织的功能以及金融风险性质来看,《地方金融监督管理条例》应当确定金融消费者和投资者适当性制度、合规及风险管理制度、分类管理制度、地方金融组织的股权管理制度、地方金融组织风险事件处置及退出、防范处置非法集资的行政规制等基本制度。

其七,《地方金融监督管理条例》作为组织法应当确定地方金融监管机构的法定监管目标,即维护地方金融组织的稳健性、金融消费者和投资者权益保障、防范处置金融欺诈。地方金融组织的稳健性实质上要求金融服务行为的规范化,体现了行为监管的特殊意义,而金融消费者和投资者保护是地方金融监管的本质性要求,防范处置金融欺诈维护了社会公众对金融市场的信心。

其八,中央与地方监管权限之间的协调,既体现在省级政府参与中央金融管理部门规章制定程序上,亦体现在地方金融监管机构与中央金融管理部门派出机构之间的行政协助、行政协作、行政委托,以及信息交换与共享。建立由省级政府作为成员的协调机制,明确规则制定的会商职能,但省级单位成员仅享有咨询和建议权,不享有表决权。

其九,中央对地方的监督,包括全国人大常委会专门委员会对地方金融监督管理条例的法律监督，即备案审查，以及国务院对省级政府规章的备案审查，以及中央金融管理部门对地方金融监管机构的监督。《地方金融监督管理条例》应当提供中央对地方行政执法权的监督工具，主要包括纠正处分、指派专员、代为履行。

第二节　研究展望

中央与地方金融监管权限划分是一项复杂的系统工程，在明确事务性质、划分标准、权限行使及互动的基础上，如何实现权限划分的目标成为关键性的制度安排。本书逐一对这些议题进行了探讨，但在未来研究中，还有两个议题值得进一步作出深入的分析。

其一，监管科技在地方金融监管中的运用及其法制保障。无论中央还是地方，均鼓励地方金融监管机构运用监管科技提高金融风险预警监测的能力。从广泛意义上来看，监管科技实际上包括双重含义：一是金融监管机构运用大数据、区块链等底层技术提高对监管对象的监管质量，即 SupTech（Supervisory Technology），主要分为资讯归集（data collection）和资讯分析（data analytics）两大维度；二是监管对象为符合法律和监管规则要求所发展出的各种金融科技应用，集中体现为合规方面，即 RegTech（Regulatory Technology）。现行地方性法规对前者提出了明确的要求，鼓励地方金融监管机构运用信息技术提高监管水平。实践中，多数省级地方金融管理局联合多部门建立新型金融业态监测分析平台或者非法集资预警监测系统。但是，地方性法规未对后者作出明确的规定。在金融监管体系中，金融企业的合规与内部控制是金融监管机构实施有效监管的基础。另外，地方金融组织的数量规模和功能定位意味着，运用科技手段提高合规水平，并降低金融服务成本对提供普惠金融服务具有变革性意义。因此，地方金融组织运用监管科技应当成为地方金融监管法制的一个重点。

其二，监管法与商事法在地方金融组织中的体现及其衔接。中央与地方金融监管权限划分必然解决公权力的监督问题。地方金融监管立法权和行政权应当接受中央的监督，亦接受市场的监督。市场监督的一个核心内容是，监管对象通过其权益保障制约监管权限的合法行使。这实际表明，地方金融组织作为商事组织享有的权利能够制约地方金融监管权力。在法律实践中，金融监管与金融担保物权、金融合同等紧密相联结。2008 年国际金融危机的深刻教训揭示：金融合约的设计将其风险外溢给金融市场，从而引发金融市场的不稳定性。从这一方面来看，金融监管不是一揽子解决金融市场问题的万能药方。2020 年 5 月 28 日十三届全国人大三次会议通过了《中华人民共和国民法典》，抵押权、质权、借款合同、租赁合同、融资租赁合同、保理合同等制度安排对小额贷款公司、融资担保公司、融资租赁公司、商业保理公司等业务经营产生直接的影响，也会间接影响地方金融监管机构的监管行为。因此，如何从金融担保物权或者金融合同法的视角来探讨地方金融监管权限的边界成为中央与地方事权划分的一个基础性问题。

参考文献

[1] 陈斌彬:《论中央与地方金融监管权配置之优化——以地方性影子银行的监管为视角》,载《现代法学》2020 年第 1 期。

[2] 陈醇:《金融法违约预防与违约处置制度研究》,法律出版社 2019 年版。

[3] 陈贵:《上海金融监管立法的制度创新特点》,载《上海人大月刊》2020 年第 5 期。

[4] 董世坤:《中央与地方金融权力配置研究》,载《经济法论丛》2014 年第 1 期。

[5] 段丙华:《债券违约处置中政府角色的央地配置》,载朱慈蕴、沈朝晖主编:《清华金融法律评论·2018 第 2 卷第 2 辑》,法律出版社 2019 年版。

[6] 段志国:《金融监管权的纵向配置:理论逻辑、现实基础与制度建构》,载《苏州大学学报（哲学社会科学版）》2015 年第 4 期。

[7] 封丽霞:《中央与地方立法事权划分的理念、标准与中国实践——兼析我国央地立法事权法治化的基本思路》,载《政治与法律》2017 年第 6 期。

[8] 傅勇:《中国的金融分权与经济波动》,中国金融出版社 2016 年版。

[9] 管斌、万超:《论我国金融监管权"央-地"配置制度的科学设计》,载《中国矿业大学学报（社会科学版）》2020 年第 1 期。

[10] 郭德香、李海东:《金融改革背景下我国地方金融监管模式研究》,载《郑州大学学报（哲学社会科学版）》2016 年第 5 期。

[11] 洪正、胡勇峰:《中国式金融分权》,载《经济学（季刊）》2017 年第 2 期。

[12] 胡继晔编著:《金融监管》,高等教育出版社 2023 年版。

[13] 黄辉:《中国金融监管体制改革的逻辑与路径:国际经验与本土选择》,载《法学家》2019 年第 3 期。

[14] 黄韬:《中央与地方事权分配机制:历史、现状及法治化路径》,上海人民出版社 2015 年版。

[15] 解冬:《良法彰显国际金融中心"法治软实力"》,载《上海人大月刊》2020 年第

5 期。

[16] 李发图:《推进地方金融监管法治化》,载《上海人大月刊》2020 年第 5 期。

[17] 李瑶:《推进金融监管体制改革》,载《中国金融》2018 年第 3 期。

[18] 李有星、柯达:《论政府竞争视角下的地方金融监管权配置》,载《浙江社会科学》2018 年第 9 期。

[19] 刘剑文、侯卓:《事权划分法治化的中国路径》,载《中国社会科学》2017 年第 2 期。

[20] 刘骏:《地方金融监管权真的可行吗》,载《现代经济探讨》2019 年第 1 期。

[21] 刘雁鹏:《中央与地方立法权限划分:标准、反思与改进》,载《河北法学》2019 年第 3 期。

[22] 刘志刚:《中央和地方的立法权限划分》,载《哈尔滨工业大学学报(社会科学版)》2016 年第 4 期。

[23] 刘志伟:《地方金融监管权的法治化配置》,载《中南大学学报(社会科学版)》2019 年第 1 期。

[24] 刘志伟:《地方金融监管权的理性归位》,载《法律科学(西北政法大学学报)》2016 年第 5 期。

[25] 刘志伟:《中国式地方金融:本质、兴起、乱象与治理创新》,载《当代财经》2020 年第 2 期。

[26] 罗培新:《社会信用法:原理·规则·案例》,北京大学出版社 2018 年版。

[27] 吕铖钢:《地方金融权的法律配置》,载《现代经济探讨》2019 年第 4 期。

[28] 马向荣:《地方"金融办"职能定位与金融分层监管体系催生》,载《改革》2014 年第 2 期。

[29] 苗文龙:《中国金融分权结构与金融体系发展——基于财政分权下金融风险的视角》,格致出版社 2018 年版。

[30] 秦颐:《双层金融监管体制:国际经验与构想》,载《上海金融》2014 年第 6 期。

[31] 邱少春、崔兵:《什么是有效的金融集权与金融分权?——基于"中国式分权"背景的分析》,载《理论月刊》2015 年第 1 期。

[32] 屈淑娟:《地方政府参与金融监管的制度逻辑及构建路径》,载《中国管理科学》2017 年第 7 期。

[33] 沈朝晖:《证券法的权力分配》,北京大学出版社 2016 年版。

[34] 盛学军:《政府监管权的法律定位》,载《社会科学研究》2006 年第 1 期。

[35] 四川省人大经济委员会等编著:《四川省地方金融监督管理条例释义》,法律出版社 2020 年版。

[36] 孙波:《论地方性事务——我国中央与地方关系法治化的新进展》,载《法制与社会

发展》2008 年第 5 期。

[37] 孙国峰：《金融科技时代的地方金融监管》，中国金融出版社 2019 年版。

[38] 孙天琦等：《金融秩序与行为监管：构建金融业行为监管与消费者保护体系》，中国金融出版社 2019 年版。

[39] 汤柳：《当前制度条件下中央与地方金融管理权的边界确定》，载《上海金融》2011 年第 7 期。

[40] 唐应茂：《中央和地方关系视角下的金融监管——从阿里小贷谈起》，载《云南社会科学》2017 年第 5 期。

[41] 唐应茂：《中央和地方关系视角下的金融监管——一个小额贷款行业的实证研究》，载《山东大学学报（哲学社会科学版）》2017 年第 6 期。

[42] 王冲：《地方金融监管体制改革现状、问题与制度设计》，载《金融监管研究》2017 年第 11 期。

[43] 王华庆、李良松：《地方金融监管制度思考》，载《中国金融》2019 年第 1 期。

[44] 王晓等：《完善地方金融监管协调体制》，载《中国金融》2018 年第 22 期。

[45] 王一鸣等：《完善地方金融监管体制思考》，载《中国金融》2019 年第 6 期。

[46] 吴弘：《法治经济的理论探索与市场实践》，法律出版社 2017 年版。

[47] 吴弘：《夯实国际金融中心法制基础——〈上海市地方金融监督管理条例〉解读》，载《上海人大月刊》2020 年第 5 期。

[48] 肖龙沧：《完善地方金融监管协调》，载《中国金融》2018 年第 23 期。

[49] 徐肇鸿：《由经济观点论银行体系中系统风险之成因及事后处置机制之规范原则》，载《东吴法律学报》2013 年第 24 卷第 3 期。

[50] 颜苏、王刚：《地方金融监管立法仍在路上》，载《中国金融》2019 年第 12 期。

[51] 殷剑峰：《关于我国财政金融体制改革"顶层设计"的思考》，载吴敬琏主编：《比较·第 65 辑》，中信出版集团 2013 年版。

[52] 殷勇：《进一步完善地方金融监管的几点思考》，载《清华金融评论》2018 年第 11 期

[53] 余凌云：《地方立法能力的适度释放——兼论"行政三法"的相关修改》，载《清华法学》2019 年第 2 期。

[54] 张永璟：《公共选择理论与中国经济改革》，载吴敬琏主编：《比较·第 93 辑》，中信出版集团 2017 年版。

[55] 郑杨等：《全球功能监管实践与中国金融综合监管探索》，上海人民出版社 2016 年版。

[56] 郑毅：《中央与地方事权划分基础三题——内涵、理论与原则》，载《云南大学学报（法学版）》2011 年第 4 期。

［57］ 周春喜、黄星澍：《地方金融的监管逻辑及规范路径》，载《浙江工商大学学报》2014 年第 5 期。

［58］ 周黎安：《转型中的地方政府：官员激励与治理》，上海人民出版社 2017 年版。

［59］ 朱丘祥编：《从行政分权到法律分权：转型时期调整垂直管理机关与地方政府关系的法治对策研究》，中国政法大学出版社 2013 年版。

［60］ 左连村：《加拿大金融监管研究》，中山大学出版社 2017 年版。

［61］ ［德］ 弗里茨·里特纳、迈因哈德·德雷埃尔：《欧洲与德国经济法》，张学哲译，法律出版社 2016 年版。

［62］ ［德］ 卡塔琳娜·皮斯托：《金融市场监管的理论基础》（上），廖岷等译，载吴敬琏主编：《比较·第 75 辑》，中信出版集团 2015 年版。

［63］ ［德］ 卡塔琳娜·皮斯托：《金融市场监管的理论基础》（下），廖岷等译，载吴敬琏主编：《比较·第 76 辑》，中信出版集团 2015 年版。

［64］ ［德］ 罗尔夫·施托贝尔：《经济宪法与经济行政法》，谢立斌译，商务印书馆 2008 年版。

［65］ ［德］ 施密特·阿斯曼：《秩序理念下的行政法体系建构》，林明锵等译，北京大学出版社 2012 年版。

［66］ ［法］ 安娜·多米尼克·梅维尔：《法国金融法》，姜影译，法律出版社 2014 年版。

［67］ ［美］ 查尔斯·凯罗米里斯、史蒂芬·哈伯：《人为制造的脆弱性：银行业危机和信贷稀缺的政治根源》，廖岷等译，中信出版集团 2015 年版。

［68］ ［美］ 迪利普·慕克吉：《分权化、层级制和激励问题：制度设计的视角》，刁琳琳译，载吴敬琏主编：《比较·第 96 辑》，中信出版集团 2018 年版。

［69］ ［美］ 亨利·汉斯曼：《企业所有权论》，于静译，中国政法大学出版社 2001 年版。

［70］ ［美］ 理查德·斯考特·卡内尔等：《美国金融机构法》（上下册），高华军译，商务印书馆 2016 年版。

［71］ ［美］ 罗伯特·席勒：《新金融秩序：如何应对不确定的金融风险》，束宇译，中信出版集团 2014 年版。

［72］ ［英］ 克里斯托弗·胡德等：《监管政府：节俭、优质与廉政体制设置》，陈伟译，生活·读书·新知三联书店 2009 年版。

［73］ Mads Andenas, Iris H-Y Chiu, *The Foundations and Future of Financial Regulation*：*Governance for Responsibility*, Routledge, 2014.

［74］ John Armour, et al, *Principles of Financial Regulation*, Oxford University Press, 2016.

［75］ Dan Awrey, "Law and Finance in the Chinese Shadow Banking System", *Cornell International Law Journal*, Vol. 48, No. 1., 2015.

［76］ Robert Baldwin, et al, *The Oxford Handbook of Regulation*, Oxford University Press, 2010.

［77］ Mehrsa Baradran, "How the Poor Got Cut Out of Banking", *Emory Law Journal*, Vol. 62, No. 3. , 2013.

［78］ Michael S. Barr, "Banking the Poor", *Yale Journal on Regulation*, Vol. 21, No. 1. , 2004.

［79］ Julia Black, Stephane Jacobzone, "Tools for Regulatory Quality and Financial Sector Regulation: A Cross – Country Perspective", *OECD Working Papers on Public Governance*, No. 16, 2009.

［80］ Iris H−Y Chiu, *Regulating (From) the Inside: The Legal Framework for Internal Control in Banks and Financial Institutions*, Hart Publishing Ltd, 2015.

［81］ Robert C. Hockett, Saule T. Omarova, " 'Private' Means to 'Public' Ends: Governments as Market Actors", *Theoretical Inquiries in Law*, Vol. 15, No. 1. , 2014.

［82］ Robert C. Hockett, Saule T. Omarova, "Public Actors in Private Markets: Toward A Developmental Finance State", *Washington University Law Review*, Vol. 93, 2015.

［83］ Niamh Moloney, et al. , *The Oxford Handbook of Financial Regulation*, Oxford University Press, 2015.

［84］ Francesco Parisi (ed), *The Oxford Handbook of Law and Economics: Volume 1: Methodology and Concepts*, Oxford University Press, 2017.

［85］ Francesco Parisi (ed), *The Oxford Handbook of Law and Economics: Volume 2: Private and Commercial Law*, Oxford University Press, 2017.

［86］ Francesco Parisi (ed), *The Oxford Handbook of Law and Economics: Volume 3: Public Law and Legal Institutions*, Oxford University Press, 2017.

［87］ Morgan Ricks, *The Money Problem: Rethinking Financial Regulation*, The University of Chicago Press, 2016.

［88］ Kennth E. Scott, "The Dual Banking System: A Model of Competition in Regulation", *Stanford Law Reviewl*, Vol. 30. , NO. 1. , 1977.

后 记

本书是在国家社会科学基金一般项目"微型金融领域中央与地方监管权的划分问题研究"结题报告的基础上形成的，也是另一本专著《民间资本进入金融业的制度逻辑》的延续性著作。在 2007 年开启的金融组织体系改革中，民间资本通过多种方式组建新型的金融组织，既包括民营银行，也包括小额贷款公司等地方金融组织。与改革开放初期不同的是，中央金融管理部门将地方金融组织监管权限授予省级政府来行使，省级政府及地方金融主管部门则采取了更加灵活而多变的监管体制，从而产生了中央与地方监管权限划分的法律议题。

金融监管权限划分的厘定为监管能力提升提供了基础，而金融监管权设定和行使所要面对的现实问题却以动态方式不断涌现，尤其是在金融法治竞争成为国家之间金融市场竞争的核心时，金融监管权的法治化更为凸显。在推进金融领域制度型开放进程中，规则、规制、管理、标准无不涉及到金融监管权的边界及其能力。2023 年 11 月 20 日，中央金融委员会会议提出了做好科技金融、绿色金融、普惠金融、养老金融、数字金融五篇大文章。实际上，可持续金融、数字金融正在影响着金融监管权的优化路径，这也是我近期致力于探索的领域。课题项目的部分研究成果已公开发表在《政治与法律》《东方法学》《上海经济研究》《上海金融》等期刊，在此对编辑们的支持表示真诚的谢意！

从 2015 年对金融分权问题的关注到本书的出版已有近 10 年的历程，研究期间得到了众多师友、同事的惠助和支持。在上海工程技术大学管理学院工作期间，胡斌院长、周洁书记和其他院领导给予了非常大的关照，提供了宽松的学术研究环境，我也在共同参与、共同讨论的诸多课题项目中获益颇丰。研究项目的完成离不开课题组成员储丽琴副教授、郭培栋副教授、管萍副教授的参与和支持。我也指导带教学生参与项目研究，但对她们要求的很多，给与的却很少。在工作期间，得到了众多领导和同事的关照和支持，亦无法一一列举，以免挂一漏万，只能用谢意来表达！

非常感谢上海司法研究所的诸位同仁，共同参与和见证了司法研究所的发展。在上海司法研究所主办和承办的诸多研讨会议使我受益良多，也督促我重读法理论著，颇具老友相逢的意味。

本书的出版得到了上海政法学院科研处的支持，有幸纳入"上海政法学院建校四十周年系列丛书"资助出版。感谢科研处刘军教授对系列丛书的精心策划，也感谢穆丽丽老师在协调出版事项中的辛勤付出。在出版过程中，魏星编辑的耐心细致、专业高效的工作令人敬佩！

最后，我要感谢家人的支持，正是容忍了我的选择，课题项目才得以完成，本书的出版才得以实现！